为教育涂色

——园长课程领导力的提升

苏　婧　丛书主编

刘峰峰　成　勇　本书主编

北京师范大学出版集团
BEIJING NORMAL UNIVERSITY PUBLISHING GROUP
北京师范大学出版社

图书在版编目(CIP)数据

为教育涂色：园长课程领导力的提升/刘峰峰，成勇主编. —
北京：北京师范大学出版社，2017.4(2023.10重印)
(幼儿园园长专业能力提升丛书/苏婧主编)
ISBN 978-7-303-22274-2

Ⅰ.①为… Ⅱ.①刘… ②成… Ⅲ.①幼儿园－课程－教学
研究 Ⅳ.①G612

中国版本图书馆 CIP 数据核字(2017)第 068215 号

图书意见反馈：gaozhifk@bnupg.com 010-58805079
营销中心电话：010-58802181 58805532
编辑部电话：010-58808898

出版发行：北京师范大学出版社 www.bnupg.com
　　　　　北京市西城区新街口外大街 12-3 号
　　　　　邮政编码：100088
印　　刷：北京溢漾印刷有限公司
经　　销：全国新华书店
开　　本：787 mm×1092 mm 1/16
印　　张：13.5
字　　数：240 千字
版　　次：2017 年 4 月第 1 版
印　　次：2023 年 10 月第 7 次印刷
定　　价：36.00 元

策划编辑：罗佩珍　　　　　　　责任编辑：郭　瑜
美术编辑：陈　涛　焦　丽　　　装帧设计：锋尚设计
责任校对：陈　民　　　　　　　责任印制：马　洁
封面插图：刘梓萌(北京市朝阳区福怡苑幼儿园)
指导教师：贾倩倩

丛书编委会

主　编：苏　婧

副主编：吕国瑶　张伟利　田彭彭

编　委：（按姓氏拼音排序）

曹慧弟　陈　立　成　勇　范建华

李　奕　刘峰峰　刘淑新　刘晓颖

柳　茹　申桂红　王　岚　王艳云

杨　颖　于渊莘　张爱军　朱继文

朱小娟　邹　平

这几年在和园长交流和接触的过程中，他们经常谈到的一个话题就是，现在当一个园长太不容易了，甚至怀疑自己是不是能力不行，胜任不了园长这个岗位。当然，这并不代表现在我们园长的能力下降了，有这种感觉恰恰说明他们已经在思考：新的社会和时代背景下，怎样才能当好一个园长？随着国家教育改革的不断深化，学前教育也越来越受到重视，迎来越来越多的发展良机，当然也面临着越来越多的挑战。一方面，在市场经济条件下，如何使自己的幼儿园办出特色、树立品牌，从而能够在竞争激烈、百花争放的大环境中站稳脚跟，长远发展，是所有园长必须考虑的现实课题；另一方面，在校长专业化的大背景下，园长专业化的呼声已初见端倪，公众对幼儿园园长的要求越来越高，怎样通过提升自身素养，进而提升幼儿园管理品质，推动幼儿园质量的全面提升，并最终促进幼儿的全面和谐发展，也是园长们不可回避的现实问题。所以，作为幼儿园的管理者、第一责任人，园长在幼儿园的改革和发展中，发挥着举足轻重的作用，不能觉得自己"业务"强就可以应对幼儿园发展过程中的所有问题，新的形势要求园长必须全面提升综合素养。

北京作为经济、文化、科技创新迅速发展的现代化都市，其幼教事业也发生着日新月异的变化。作为首都幼教改革的"火车头"，幼儿园园长们的专业水平决定着这列火车跑得有多快、跑的方向对不对。能不能在新的发展机遇中准确把握国家政策文件精神，做好幼儿园的整体规划？能不能在更为重视公共关系的社会背景下，协调各种关系，服务于幼儿园的对外宣传和品牌建设工作？能不能在家长整体素质提升、需求多样化的要求下，探索新的家长工作思路和方法？能不能结合幼儿园实际工作中遇到的困境，拓展资源渠道，运用科学思维研究出带有规律性的成果，提升幼儿园的整体科研水平？能不能在新教师成为保教工作主力的现实中寻求突破口，探索教师队伍建设的新模式，确保幼儿园保教质量的稳步甚至快速提升？能不能在国家日益重视幼儿身心健康发展的整体趋势下，切实做好幼儿卫生保健和安全管理工作……新的问题不断涌现，我们必须认真想一想：这些我们曾经思考过也取得了大量成果的工作，是否真正摸索到了规律？可以从中借鉴什么？如何在《幼儿园园长专业标准》的要求下真正发挥引领作用？这都是我们要继续深入研究的。

在这个机遇与挑战并存的时代，作为主管全园工作的领导者，园长肩负的责任、使命可谓任重道远。一个人成长为园长是不容易的，从初任园长到一名优秀园长短则需要三五年时间，长则需要六七年甚至更长时间。传统的师傅带徒弟式的传帮带方法仍不失为一种不错的方法，但在今天这样一个讲求成本和效率的时代，我们完全可以通过更加科学有效的方法，更快更好地促进园长的专业化成长，提升其领导力。因此，对幼儿园园长的领导行为、专业素养、专业能力进行研究，既是一个在幼教改革中必须面对的现实课题，具有重要的现实指导意义，也是一个事关幼教可持续发展的长远问题，具有深远的历史意义。

现代社会具有复杂性、多变性、随机性和竞争性，发展节奏快，新知识、新科学、新技术不断涌现。幼儿园并不与世隔绝，同样处于多变的社会之中，幼儿园的发展也要适应全面改革和社会发展的需要。所以，现代的幼儿园园长除了要拥有热爱幼教事业的情怀外，还需要有终身学习的意识，要在实际工作中通过不断学习、思考、再学习、再思考，掌握解决、处理各项园所事务的能力。

北京教育科学研究院早期教育研究所苏婧所长和她所带领的北京市学前教育兼职教研员队伍"园长管理组"成员，从 2013 年起致力于幼儿园园长专业素养、专业能力的研究。团队成员都是来自北京市各区县的教研员和名园长，在园长管理工作模式和专业发展等方面都很有心得，具有丰富的实践经验。这个团队在深入研究的基础上奉献给大家的这套《幼儿园园长专业能力提升丛书》，以扎实的理论知识结构为基础，以多年认真积累的实践研究为依据，总结提炼出 12 项园长胜任本职工作应具备的专业能力。书中对每一项专业能力的概念、基本原则、方法和途径等都进行了详细的论述，同时又通过大量的图示和鲜活的实例，让所述的内容变得生动活泼，便于理解和操作。对于幼儿园管理者来说，这 12 项专业能力既是要求，也是目标。他山之石，可以攻玉。虽然别人的经验并不能完全解决我们现实中遇到的问题，但是，借鉴别的园所好的经验，一定会有助于我们幼儿园园长的成长，帮助我们明确一个合格园长需要具备的基本能力和素质要求。同时，也会对我们科学系统地规划自己的园长职业生涯提供必要的指导，帮助我们成为全面而又专业的幼儿园管理者。此外，这套丛书也有助于我们澄清工作中一些认识不清的问题，提升我们的专业理论水平。

这套丛书是幼教工作者在幼儿园园长专业发展方面持续探索过程中的阶段性成果，它不仅给我们提供了借鉴，也为我们指引了方向。我相信，今后一定会有大量关于幼儿园园长专业发展的研究成果出现，这将对我们首都学前教育，甚至全国学前教育的发展产生积极的影响和促进作用。

北京市教育委员会学前教育处处长　张小红

2017 年 2 月

园长专业素养的研究框架、实施途径和策略

学前教育是终身教育的开端，是基础教育的基础，是国民教育体系的重要组成部分。办好学前教育，关系到亿万儿童的健康成长和千家万户的切身利益，关系到国家和民族的未来。

教育部颁发的第二个学前教育三年行动计划提出的重点任务是扩大总量、调整结构、健全机制、提升质量，而"提高幼儿园教职工的专业素质和实践能力，进一步规范办园行为，深入贯彻落实《3—6岁儿童学习与发展指南》，促进幼儿身心健康和谐成长"是其中的重要内容。"提升学前教育质量，是当前和今后学前教育必须努力的方向，对质量的追求是学前教育工作者必须不断付出努力的工作。"幼儿园园长作为幼儿园的第一责任人，其素质直接关系到幼儿园的发展及幼儿教育的质量。学前教育的内涵发展急需具有专业水准的园长队伍的支撑和保障。但是，由于历史原因，我们的园长职业资格准入要求不高，多由一线幼儿教师升任或由上级行政部门直接派遣，加之近几年扩大办园规模涌现了不少新任园长，缺乏全面、系统的专业培训，致使很多园长的实际能力和素质与园长管理工作的要求还存在一定差距，这在一定程度上限制了园长的专业发展，也影响到了幼儿园的科学、优质发展。

专业能力是园长专业化发展在教育实践中的集中体现，是保障其完成职业要求和工作职责的必要条件。园长的专业能力不同于中小学校长，因为中小学是以学科教学为核心的能力结构，而幼儿园必须凸显幼儿园保教结合、以游戏为基本活动的特点，以及环境、生活对幼儿发展的重要价值和独特作用。因此，幼儿园园长的专业能力结构是全方位的、多方面的，具有综合性特点。从新颁布的《幼儿园园长专业标准》看，幼儿园园长被定义为履行幼儿园领导和管理工作的"专业"人员。园长的专业发展水平直接影响到幼儿园的发展方向，直接影响到幼儿园教师的专业发展，直接影响到一个幼儿园的教育教学质量，并最终影响到幼儿的发展。

基于园长职业的特殊性和重要性，我们将研究的视角聚焦于此，拟基于幼儿

园管理实践现场，梳理幼儿园园长的专业素养结构和能力要求，提供有针对性的培养策略与支持途径，从而助力于高质量、专业化和可持续发展的学前教育实践管理者队伍的建设。在分析国内外文献的基础上，我们参考教育部颁布的《义务教育学校校长专业标准》《幼儿园教师专业标准（试行）》和《幼儿园园长专业标准》，从横向和纵向两个角度来构建幼儿园园长专业素养结构（见表1）。从横向来看，我们认为幼儿园园长专业素养结构包括四个方面，分别为研究维度、研究领域、每个领域所包含的支撑要素以及针对支撑要素所细化出的基本指标。从纵向来看，我们认为园长的专业发展是一个动态的过程，不同的园长有着不同的专业发展历程，这是一个不断变化着的、开放的系统，受到多种因素综合作用的影响和制约。园长专业素养是指园长为实现其园所管理目标、承担其园长角色时，在专业精神、专业知识和专业能力三个维度所需具备的素质及要求。其中，专业精神和专业知识都是相对固定的，是经过系统的培训和学习就能够基本具备的，是一种偏静态的素养构成。而专业能力则是灵活和可变的，而且具有鲜明的个性特色，是专业精神、知识以及指导下的行为三者的结合，是真正决定园长素养高低的关键要素。因此，我们将研究重点定位在园长的"专业能力"上，并将其分为"本体性能力"和"延展性能力"两方面。其中，"本体性能力"是指园长在胜任其岗位职责时所应具备的基本能力，而"延展性能力"则是对园长在专业发展的道路上提出的目标和努力方向。我们梳理出园长的专业精神、专业知识以及各项专业能力所涉及的"领域""要素""基本指标"，并进一步针对"本体性能力"整理归纳出更为清晰的、操作性强的培养策略与途径。这样，不仅能将动态和静态两方面因素有机结合起来，而且也能更加深入地把握园长专业素养的本质。

表1　幼儿园园长专业素养结构

维度	领域	要素	基本指标
专业精神	专业理念	儿童观	对儿童发展整体性的理解与认识
			对儿童发展阶段性的理解与认识
			对儿童发展差异性的理解与认识
		教育观	对于教育本质的理解与认识
			对于教育目的的理解与认识
			对于教育方式、方法的把握
		职业观	对幼儿教育工作的态度与看法
			对于园长角色、职责的理解与认识
			对园长职业的规划

续表1

维度	领域	要素	基本指标
专业精神	专业品质	个性品质	具有主动、积极的品质
			具有诚信、公平、敢于担当的品质
			具有终身学习的意识
		职业道德	奉献精神
			爱岗敬业
			服务意识
专业知识	通识性知识	哲学基本知识	运用辩证唯物主义的观点看待问题
			系统性思维
		管理学基本知识	科学管理理论
			过程管理理论
			系统管理理论
			决策管理理论
		社会学基本知识	组织文化理论
			组织行为学理论
		法律法规基本知识	宪法相关知识
			民法相关知识
			经济法相关知识
			教育法相关知识
		财务基本知识	经费预算知识
			经费管理知识
		信息技术基础知识	有关教育技术发展趋势的知识
			教育技术的基本概念、基本理论知识
			教育技术与课程、教学开发相结合的知识

续表2

维度	领域	要素	基本指标
专业知识	专业性知识	教育学基本知识	课程、教学知识
			教育科研方法知识
		心理学基本知识	普通心理学知识
			发展心理学知识
		学前教育基本知识	学前儿童心理学知识
			学前教育学知识
			学前儿童卫生保健知识
			幼儿园课程知识
			幼儿教育科研方法知识
		幼儿园管理基本知识	幼儿园行政管理知识
			幼儿园保教管理知识
			幼儿园科研管理知识
			幼儿园总务管理知识
			家长工作知识
			教职工队伍建设知识
			文化建设知识
	实践性知识	园所文化建设知识	幼儿园文化特征的知识
			幼儿园文化创建的知识
		教育教学指导与评价相关知识	促进幼儿发展的知识
			促进教师专业发展的知识
		应激性知识	处理突发事件的知识
			危机管理知识
专业能力	本体性能力	政策把握与执行能力	掌握学前教育相关政策、法律法规
			了解学前教育发展趋势与改革动态
		园所规划、计划能力	了解、诊断幼儿园发展现状
			明确发展愿景、目标
			突出发展规划、计划重点
			保障发展规划实施

续表 3

维度	领域	要素	基本指标
专业能力	本体性能力	园所文化建设能力	建设园所精神文化
			建设园所物质文化
			建设园所制度文化
			建设园所行为文化
		保教工作指导能力	指导保教工作计划的制订
			指导保教工作的组织与实施
			对保教工作进行评价与反馈
		卫生保健工作指导能力	指导卫生保健工作计划的制订
			指导卫生保健工作的组织与实施
			对卫生保健工作进行评价与反馈
		课程领导能力	具有关于幼儿园课程及课程领导力的知识
			具有课程改革与实践的专业精神
			选择与规划幼儿园课程
			开发与建设幼儿园课程
			推动幼儿园课程实施
			组织和开展幼儿园课程评价
		教科研管理能力	发现、筛选研究问题，把握研究方向
			做好课题研究的过程管理
			总结、固化、推广教科研成果
		队伍建设能力	选拔、聘用教职工
			规划教职工队伍建设
			提升教职工队伍素质
			稳定教职工队伍
		指导家长工作能力	指导教师树立正确的家长工作观念，学习家长工作的基本方法
			关注教师与家长沟通能力的提升
			指导教师整合家长资源
		公共关系协调能力	与相关部门沟通、协调
			整合、利用资源
		安全管理能力	组织安全工作
			预见安全隐患并提前预防
			应对和妥善处理幼儿园突发事件
			指导开展幼儿园安全教育
			管理幼儿园信息安全

续表4

维度	领域	要素	基本指标
专业能力	本体性能力	后勤管理能力	指导后勤工作计划的制订
			指导后勤工作的组织与实施
			对后勤工作进行评价与反馈
	延展性能力	学习能力	信息的捕捉能力
			信息的筛选能力
			信息的加工、利用能力
		反思能力	自我监控能力
			自我评价能力
			自我调控能力
		创新能力	把握前沿能力
			批判思考能力

相对应提炼出的12项幼儿园园长应具备的本体性能力，我们又逐一细化出"基本指标"及"培养策略与途径"（见表2），在明确园长专业角色的基础上，进一步对园长的工作内容进行分析，同时为园长专业能力的自我提升提供抓手。

表2 幼儿园园长专业能力(本体性能力)的培养策略与途径

专业能力(本体性能力)	基本指标	培养策略与途径
一、政策把握与执行能力	1.掌握学前教育相关政策、法律法规	(1)熟悉幼儿园政策、法律法规的基本体系，包括： ·国家层面的法律法规； ·国家部委颁布的条例、法规； ·地方政府、教育行政部门颁布的地方性幼儿教育法规。 (2)依法治园，包括： ·开展幼儿园相关政策、法律法规的宣传教育； ·营造依法治园的环境； ·加强制度建设，对幼儿园依法管理。 (3)维护幼儿园的合法权益，承担法律责任。
	2.了解学前教育发展趋势与改革动态	(1)成为办园思想的领导者。 ·躬身实践，学会在实践中深入思考教育问题，让管理生"根"； ·不断学习，善于与自己、同伴对话。 (2)具有敏锐的教育洞察力。 ·广泛涉猎，扩宽自身的教育视野； ·善于发现问题，积极开展行动研究。

续表1

专业能力 （本体性能力）	基本指标	培养策略与途径
二、园所规划 与计划能力	1. 了解、诊断幼儿园发展现状	把握幼儿园发展现状，分析幼儿园发展面临的问题和挑战，形成幼儿园发展思路。
	2. 明确发展愿景、目标	树立正确的办园思想，把握办园方向。 ·坚持贯彻落实党和国家的教育方针，有正确的办园指导思想，能够带领教职工认真学习有关幼教工作的行政法规和规章，并努力付诸实施； ·及时纠正重教轻保、重智轻德、保教分离等违背教育规律、偏离教育目标的倾向，牢牢把握正确的办园方向。
	3. 突出发展规划、计划重点	充分听取园务会议和教职工的意见，组织专家、家长、社区人士等多方力量参与制订幼儿园发展规划，正确决策，科学制订本园工作计划。
	4. 保障发展规划实施	(1)依据发展规划指导教职工制订并落实学年、学期工作计划，提供人、财、物等条件支持。 (2)对计划的实施过程加强检查督促，及时发现和处理问题。 (3)善于总结经验教训，将有成效的措施与做法逐步标准化、规范化，充分发挥集体的智慧和力量，完成工作计划，实现教育目标，提高管理水平。
三、园所文化建设能力	1. 建设园所精神文化	(1)重视幼儿园精神文化建设，关注精神文化潜移默化的教育功能，提升对幼儿园的专业理解与认知。 (2)宣传幼儿园文化建设的基本理论，利用多种渠道，开展丰富多彩的活动，营造专业、科学、和谐的氛围。 (3)加强教师专业知识与方法的学习，引导教师丰富人文、自然知识，提升个人综合素养。
	2. 建设园所物质文化	(1)将安全放在首位，确保场地、玩教具等的安全，积极排查和消除环境中可能存在的不安全因素。 (2)整体设计，合理规划，满足幼儿、教职工的不同需求，营造和谐、统一的环境。 (3)因地制宜，从园所实际出发，整合家长、社区等多方资源。 (4)注重发挥环境的育人功能，重视物质环境创设中幼儿的参与及环境与幼儿的互动。

续表2

专业能力 （本体性能力）	基本指标	培养策略与途径
三、园所文化建设能力	3.建设园所制度文化	(1)召开党支部会、园务会、全体教职工大会等，帮助教职工明确制度建设的重要意义。 (2)发动全体教职工参与讨论，在统一认识的基础上制订合适的制度。 (3)建立健全各项规章制度。 (4)强化日常的过程考核，将考核结果与年终考核、调资、职评等挂钩。
	4.建设园所行为文化	**幼儿园交往行动文化之——教师间交往** (1)和谐相处原则。要做到鼓励教师之间欣赏优点，包容缺点；真诚交流，建立信任关系。 (2)合作分享原则。要做到增加教师交流机会；慎用评比，不用一把尺子衡量。 **幼儿园交往行动文化之——师幼交往** (1)尊重幼儿原则。要做到接纳幼儿的年龄特点；鼓励幼儿大胆尝试；重视幼儿教师的情绪管理。 (2)关注幼儿个体差异原则。要做到接纳幼儿的不同个性特征；鼓励幼儿表达不同观点；敏锐发现幼儿的不同需求与变化。 **幼儿园交往行动文化之——家园交往** (1)平等相处原则。要做到鼓励换位思考，互相理解；满足不同家长的需求；谨慎谈论幼儿的不足。 (2)互动合作原则。要做到培养教师的积极态度；目标一致，合力合作；加强教师的沟通技能。 (3)深入交往原则。要做到增加交往的频率；丰富交往的形式。 **幼儿教师学习行为文化** (1)关注教师学习整体性原则。要做到提供充足有用的学习资源；园长与教师有效沟通，做到期待与理解一致；以多元化路径激发教师主动发展。 (2)尊重教师学习个体差异性原则。要做到倾听并了解教师的学习需要；提供差异化学习培训。 (3)重视教师反思能力原则。要做到鼓励参与式学习、探究式学习和反思训练；给予教师反思的时间。 (4)重视团队合作原则。要做到营造宽松的团队学习氛围；组织多元化的团体学习。 (5)支持教师自主学习原则。要做到给予教师可自由支配的时间；以教师为主导，改变单向的学习模式。

专业能力 (本体性能力)	基本指标	培养策略与途径
四、保教工作指导能力	1. 指导保教工作计划的制订	(1)看计划，想实践。结合园长进班看实践获得的第一手材料、信息，审视保教计划的适宜性和可行性。 (2)听思路，细沟通。倾听业务管理者的想法和思路，通过研讨的方式共同制订工作计划。
	2. 指导保教工作的组织与实施	(1)随机和定时进班相结合。 (2)共同经历实践，研讨分析问题，寻找解决办法。 (3)注重个别沟通技巧，树立园长威信。
	3. 对保教工作进行评价与反馈	(1)通过自下而上和自上而下双向结合的方式研究、制定评价标准，开展教育教学工作评价、幼儿发展水平评价。 (2)确保评价过程的公开公正。 (3)对评价结果进行反思与反馈。 ·了解、分析和反思评价结果，予以奖励或查找问题原因，并改进、完善工作计划； ·针对问题与教师或班级进行个别反馈沟通,引导教师调整改进。
五、卫生保健工作管理能力	1. 指导卫生保健工作计划的制订	(1)加强领导，有序安排。 ·成立幼儿园卫生保健工作领导小组； ·制定园所卫生保健检查标准； ·依据标准定期对卫生保健工作进行检查； ·了解当前卫生保健情况，依据所发现的问题制订相应计划并有针对性地予以指导。 (2)明确任务，制订目标。 ·加强卫生保健人员的思想意识和学习，定期组织培训； ·针对上学期出现的问题以及可预知的问题，明确本学期的工作任务，根据任务制定本学期要完成的目标。 (3)突出重点，要求明确。 ·制订具体可行的措施，明确规定各项工作的内容及质量要求。
	2. 指导卫生保健工作的组织与实施	(1)明确卫生保健工作的任务与内容。 (2)加强卫生保健机构和设施建设。 ·配备专职保健人员，设保健室； ·重视卫生保健设施的配制，从行政上和经济上给予保障。 (3)完善卫生保健工作制度建设。 (4)加强卫生保健队伍业务能力建设。 (5)形成卫生保健工作程序。 (6)加强部门沟通与协作。 ·成立相应的协作组织(如膳食管理委员会、卫生检查小组、安全保卫小组等)，来完成各项卫生保健工作。 (7)建立家园联系，共促幼儿健康成长。

专业能力 （本体性能力）	基本指标	培养策略与途径
五、卫生保健工作管理能力	3. 对卫生保健工作进行评价与反馈	(1)完善检查与评价标准。 (2)多种评价方式相结合。 ·定期评价与不定期评价相结合； ·单项评价与综合评价相结合； ·阶段性评价与结果性评价相结合。 (3)建立科学的评价机制。 ·建立专门的考评小组； ·加强日常考评； ·完善考评程序。 (4)建立有效的反馈机制，及时反馈。 ·考核评价结果要及时公示； ·考核评价结果要正确反馈； ·考核评价结果要充分利用。
六、课程领导能力	1. 具备关于幼儿园课程及课程领导力的知识	(1)了解和反思课程领导和园长课程领导的概念、特征、构成要素、现实迫切性等。 (2)了解和反思幼儿园课程的概念、构成要素和我国幼儿园课程的历史发展等。 (3)结合实践进行反思和总结。
	2. 具备课程改革与实践的专业精神	(1)提升勇于课程改革和实践的自觉意识（专业自信、专业坚守、专业追求）。 (2)提升领导课程改革和实践的自主实践能力（研究幼儿、研究幼儿园课程、研究幼儿园文化）。 (3)促进自身在引领课程改革和实践的过程中不断自我超越（自我培训、专题培训）。 (4)不断反思，明晰课程的价值取向（把握关键要素，掌握方法策略）。
	3. 选择与规划幼儿园课程	(1)掌握课程选择与规划的原则，基于本园特点选择与规划课程。 (2)"博览"多家课程、多种课程表现形式。 (3)对比分析和深入分析，准确判断本园课程的现状和发展目标。 (4)在讨论和实践的过程中摸索、制订幼儿园课程规划，并着力实施规划。

续表5

专业能力（本体性能力）	基本指标	培养策略与途径
六、课程领导能力	4. 开发与建设幼儿园课程	(1)深入认识和理解课程开发与建设的含义，尤其是理解园本课程的含义。 (2)认识和了解园本课程开发与建设的背景和条件。 (3)掌握园本课程开发与建设的原则、方法与策略。
	5. 推动幼儿园课程实施	(1)构建推动课程实施的领导体系。 (2)推动和保障课程实施的管理制度建设。 (3)遵循推动课程实施的原则（课程领导是核心，发挥教职工的主动性，系统推进，共同愿景）。 (4)在参与和指导课程实践中推动课程实施。
	6. 组织和开展幼儿园课程评价	(1)深刻认识幼儿园课程评价的重要意义。 (2)了解和掌握幼儿园课程评价的功能、对象与类型。 (3)遵循幼儿园课程评价的原则（功能多样性，评价主体多样性，诊断和改进性）。 (4)掌握幼儿园课程评价的组织方法与策略。
七、教科研管理能力	1. 发现、筛选研究问题，把握研究方向	(1)双向互动，聚焦关键问题。 ·园长从自身经验、入班观察记录、家长问卷、教师访谈和上级文件精神等出发，结合园所发展现状，初步确定可作为教科研专题的内容； ·教师聚焦本班幼儿发展、家长工作、教育教学、班级管理等方面存在的突出问题，通过教研组等向园长反映。 (2)借助外力，为我所用。 ·积极与园外科研机构、高校、研修部门及各级主管部门沟通，共同分析并明确幼儿园的教科研思路和基本方向，保证教科研思路的科学性和研究的可行性，提升教科研方向的引领性。 (3)客观分析，准确定位教科研方向。
	2. 做好课题研究的过程管理	(1)园长亲自参与研究，把握教科研过程。 (2)定期了解、检查各项教科研工作的开展情况，做好阶段总结。 (3)合理配置资源，人尽其才，物尽其用。
	3. 总结、固化、推广教科研成果	(1)定期对教科研成果进行总结和梳理，进行阶段性总结。 (2)通过专业期刊发表教科研成果，扩大影响效果和范围。 (3)通过观摩展示的方式，分享和交流经验，进而提高教师的教科研能力。

续表6

专业能力 （本体性能力）	基本指标	培养策略与途径
八、队伍建设能力	1. 选拔、聘用教职工	(1)明确实施原则： ·理念层面：以德为先； ·专业层面：结构合理； ·方法层面：秉持原则； ·全局层面：可持续发展。 (2)选拔与聘用教师的实施途径与方法： ·要关注教师所实习的幼儿园的评价； ·要关注教师对面试问题的回答； ·需要借助一定的工具，有针对性地了解教师； ·保持开放的心态； ·与高校合作培养、选拔； ·要关注园所的可持续发展和人的可持续发展； ·要关注教师成长的关键期； ·要关注教师队伍中的特殊群体。
	2. 规划教职工队伍建设	(1)明确实施原则：先进性、前瞻性、计划性、独特性。 (2)教师队伍规划的实施途径与方法： ·进行教师队伍现状分析； ·明确教师队伍规划的理念与目标； ·明确教师队伍规划的具体思路与措施：自上而下型；自下而上型。
	3. 提升教职工队伍素质	(1)明确实施原则：师德为先、以人为本、质量为先。 (2)提升教师队伍质量的实施途径与方法： ·重视师德建设，提高教师道德素质； ·完善培训机制，有效支持教师专业发展； ·完善教师管理机制，调动教师工作积极性； ·促进教师专业化发展，提升教师队伍质量。
	4. 稳定教职工队伍	(1)明确实施原则：自主原则、幸福原则、服务原则、发展原则。 (2)稳定教师队伍的实施途径与方法： ·环境育人，文化聚人； ·双激励，满足教师需要； ·成就自我，享受幸福； ·心有所属，体验归属感。

续表7

专业能力 （本体性能力）	基本指标	培养策略与途径
九、指导家长工作能力	1. 指导教师树立正确的家长工作观念，学习家长工作的基本方法	(1)引导教师树立家园共育的意识，明确家园合作的重要性。 (2)引导教师树立正确的家长观，明晰家长的角色定位，对不同类型家长进行分析，采取有针对性的工作方法。 (3)建立有效的家长工作制度和流程，比如，形成家园联系的"三会"模板： ・新教师家长工作的难题分享会； ・经验型教师家长工作的创意会； ・骨干教师家长工作的微课展示会。 (4)引导教师逐步掌握家园形成合力四部曲： ・"拽"出来的前奏； ・"顺"出来的精彩； ・"引"出来的高潮； ・"牵"出来的完美。 (5)指导教师学习、掌握家长工作的基本方法： ・讲课式指导和活动式指导相结合，以活动式指导为主，增强家长的主动性、参与性； ・选择家庭中教子有方的家长组成骨干队伍，促进指导活动的互补性； ・随机指导、个别指导和集体指导有机结合，提高指导活动的针对性。
	2. 关注教师与家长沟通能力的提升	(1)提升教师的沟通意识，通过案例分析、问题解答等引导其学习家园沟通的艺术，丰富其家园沟通的策略与方法。 (2)搭建现代化的家园沟通平台（如APP、微信公众号），增强家园沟通的便捷性、实效性、情感性。 (3)开展多种形式的家园沟通： ・随机面谈，彰显师者的智慧； ・集体沟通，亮出专业的水准； ・电话沟通，提纲挈领先梳理； ・书面沟通，传递浓浓的关爱； ・网络沟通，拉近心与心的距离； ・短信沟通，换位思考的理解； ・环境沟通，潜移默化的表达； ・家访沟通，倾听家庭的故事。

专业能力 （本体性能力）	基本指标	培养策略与途径
九、指导家长工作能力	3. 指导教师整合家长资源	(1)明确利用家长资源的原则： · 机会均等原则； · 双主体原则； · 幼儿为本原则； · 家园双促进原则。 (2)发挥家长的主观能动性，以多样化的形式、灵活多变的方法引领家长参与到教育中： · 家长委员会——人尽其才，资源互补； · 家长志愿者——凝心聚力，牵手前行。
十、公共关系协调能力	1. 与相关部门沟通、协调	(1)谦虚谨慎，好学多问。 · 要不断学习，掌握较为广博的知识，吸收各方面的信息。 (2)主动应对，用足政策。 · 注重采取多种形式与公众交往，并在交往中促进了解，沟通感情，促进发展； · 要主动、积极地宣传国家相关的法律法规和本园的办园理念、成果，争取各级领导、相关部门的重视和支持。 (3)长期规划，适度宣传。 · 建立幼儿园对外合作与交流机制，开放办园，形成幼儿园与家庭、社会(社区)及其他园所间的良性互动； · 加强幼儿园与社会(社区)的联系，利用文化、交通、消防等部门的社会教育资源，丰富幼儿园的教育活动； · 引导家长委员会及社会有关人士参与幼儿园教育、管理工作，吸纳合理建议。
	2. 整合、利用资源	(1)在观念上，树立任何资源都是可用的现代管理理念。 (2)在眼界上，要具有开阔的视野和独到的眼光。
十一、安全管理能力	1. 组织安全工作	全面了解幼儿园安全管理的基本形式和主要问题，对幼儿园安全工作的重要性有全面、深刻的认识。
	2. 预见安全隐患并提前预防	(1)建立科学、规范的安全管理体系。 (2)把安全教育融入一日生活，定期组织开展多种形式的安全教育和事故预防演练。

续表9

专业能力 (本体性能力)	基本指标	培养策略与途径
十一、安全管理能力	3. 应对和妥善处理幼儿园突发事件	制订幼儿园安全应急预案，如公共卫生事件预案、社会安全事件预案、自然灾害安全预案、应急演练预案。
	4. 指导开展幼儿园安全教育	(1)面向不同人群开展幼儿园安全教育： ·对教师的安全教育； ·对幼儿的安全教育； ·对家长的安全教育。 (2)开展多种形式的幼儿园安全教育： ·文字资料的宣传教育； ·事故案例的宣传教育； ·亲身体验的宣传教育； ·走出去培训与请进来培训结合的宣传教育； ·日常生活中的安全教育。
	5. 管理幼儿园信息安全	配备专职人员管理网络，并对本单位的网络使用情况进行监督、检查。
十二、指导后勤工作能力	1. 指导后勤工作计划的制订	基于已有成绩，预测未来发展，制订切实可行而又鼓舞人心的必达目标，做到"长计划，短安排"。 ·集思广益汇问题； ·七嘴八舌说计划； ·管中窥豹订计划； ·逐层递进做计划。
	2. 指导后勤工作的组织与实施	(1)利用心理效应，营造适度、规范的激励环境。 ·瓦拉赫效应：资源优化配置； ·共生效应：前勤后勤齐心做； ·蝴蝶效应：精益求精共努力； ·鲇鱼效应：不拘一格降人才； ·南风效应：心平气和破难题； ·扁鹊兄弟治病：未雨绸缪有规划。 (2)认识"四个理解点"，强化"创新型"人才的培养。 ·理解前瞻性的教育观点； ·理解园所文化理念； ·理解幼儿的年龄特点； ·理解教师的思维特点。

续表 10

专业能力 （本体性能力）	基本指标	培养策略与途径
十二、指导后勤工作能力	3.对后勤工作进行评价与反馈	（1）深入一线，发现问题，现场指导，及时纠错。 • 奖惩机制人性化； • 奖惩机制公开化； • 奖惩机制可操作化。 （2）开展不同类型的过程评价，如幼儿评价、教师评价、园所评价、自我评价、社会资源评价。 （3）搭建平台，进行多样化学习。

园长的专业发展，是对幼儿园园长职业的重新定位，对园长胜任岗位职责应具备的专业精神、专业知识和专业能力提出了更高的要求。通过与北京市一百多位优秀幼儿园园长的共同研究与探讨，分析影响园长专业发展的综合性因素，挖掘影响其专业发展的多种因素，探讨促进园长专业发展的策略，我们最终搭建出园长专业素养的结构框架，并在此框架的基础上编写成本套《幼儿园园长专业能力提升丛书》。丛书以领导力理论和心理学相关研究为新的理论支撑，目的是帮助广大园长从优秀园长专业发展历程中借鉴经验，明确专业发展意识，从而有目的地确定努力方向，从根本上促进园长个人专业发展，进而推进园长职业群体的专业化进程，实现园长专业化；同时为园长专业发展的研究提供事实和理论依据，也为学前教育管理研究奉献绵薄之力。

本套丛书包括 11 本分册，涵盖 12 项幼儿园园长应具备的专业能力（其中，政策把握、规划制订两项能力合为一册）。书中不仅系统梳理了每项专业能力的组成要素、培养策略与途径，而且贯穿设计了案例分析、办园经验分享、拓展阅读资料等多样化的板块，力求使这些专业能力真正做到"看得见，摸得着"，使处于不同发展阶段、不同类型幼儿园的园长更清晰地了解自己所从事岗位的专业要求、内涵以及实施路径，最终达到促进园所保教质量提高，促进幼儿全面、健康、快乐发展的目的。

参与本套丛书编写的作者都是北京市学前教育兼职教研员队伍"园长管理组"的成员。丛书是这个团队全体成员在四年的研究和探讨中，系统梳理工作经验、感悟和思考，提炼而成的有教育理念支撑、有研究过程思辨、有实践经验提升的教育成果。可以说，每一项专业能力都能体现和运用于园长与幼儿、与教师、与家长、与行政部门相处的过程中，每一本书都蕴藏着教育的智慧，都能带给人新的思考。更进一步说，本套丛书是"园长管理组"全体成员对我们所热爱的幼教事业的真诚回报。感谢参与编写的幼儿园园长、教研员以及提供案例支持的幼儿园。主编苏婧负责了整体策划及全书统稿工作。

由衷地感谢北京师范大学出版社罗佩珍编辑，在时间紧、任务重的情况下，正是由于她努力工作，认真负责，本套丛书才得以顺利问世。

期待着《幼儿园园长专业能力提升丛书》能为幼儿园管理者们提供有益的参考，也衷心希望幼教同仁提出宝贵意见。

苏婧

2017 年 2 月

随着我国学前教育事业的蓬勃发展，幼儿园课程及其质量提升已经成为人们关注的热点问题。而园长作为幼儿园的直接领导者和管理者，其课程领导力的不断提升是一所幼儿园提高办学质量、提升内涵的关键。

随着时代的不断发展、知识的不断更新、教师队伍的不断发展、领导和管理模式的不断变化，以及幼儿园课程和教学改革的深入进行，对园长的课程领导提出了更多更大的挑战。但是，大量的研究和调查都表明，我们国家的园长在实际领导和管理的过程中，承担了过多的行政领导和管理职能，甚至在很多幼儿园，园长只负责幼儿园的行政领导，只负责人事、财务、后勤等方面工作的领导或管理，而将课程与教学工作的领导和管理交由副园长（又称业务园长）负责。因此，很多园长实际上并不是很了解自己幼儿园的课程与教学工作，更谈不上对课程与教学工作的领导了。可想而知，在这种情况下，园长的行政领导或管理工作肯定也是不到位的，也根本谈不上为课程与教学服务，幼儿园的行政工作与业务工作必然是两张皮，难以相互融合与发展，那么，幼儿园的课程与教学质量也不可能得到长足的发展与提高。必然，这种情况的存在大大阻碍了幼儿园课程与教学质量的提升，也使得园长的专业能力大打折扣，难以应对新时代和新形势的挑战。因此，从这个意义上来说，提出和研究园长的课程领导，强调园长对幼儿园课程与教学的领导和管理，将课程领导与行政领导放置于同等的地位，甚至是高于行政领导的地位，对于提升园长的办园专业水平，提升其在教师心目中的专业权威形象，提升其对课程与教学工作的全面重视与关注，帮助园长从行政权威走向专业权威，有着非常重要的意义。

我国 2015 年颁布的《幼儿园园长专业标准》中也指出，园长是履行幼儿园领导与管理工作职责的专业人员，应"具备较强的课程领导和管理能力"。强调园长不仅要掌握幼儿园保育教育的原则和原理，更要熟知幼儿身心发展的基本规律和特点，适切地创设环境、设计课程教学、安排一日生活和游戏活动等，确保提供有质量的幼儿园保育和教育。可见，高质量的幼儿园课程是以园长专业的、强有力的课程领导为基础的。较强的课程领导力需要园长实现教育者、领导者和行政者三重角色的整合，有助于园长改进原有的领导和管理模式，更好地应对新的挑战与要求。

从长远的意义上来说，研究和提升园长的课程领导力，有助于园长专业素养的全面和持续提升，增强园长既是领导者和管理者，更首先是教师的意识，促使园长在指导课程实践中不断提升其专业能力，提升其研究意识和研究能力，增强其持续关注课程与教学的自觉性，进而持续促进幼儿园课程与教学质量的提升。另一方面，重视和提升园长的课程领导力，还会产生强烈的带动力量，以园长为领头羊，发展副园长、主任、班长、教师的课程领导力，进而促进幼儿园教师队伍整体专业素养和能力的全面提升。因此，园长的课程领导力非常重要，应当对其进行深入的研究和探讨，并且关注园长课程领导力提升的方法和策略，使其成为园长培训和继续教育的重要内容。

正是基于上述考虑，在北京市教育科学研究院早期教育研究所苏婧所长的带领下，我们开展了园长专业素养的相关研究，课程领导力是其中的重要研究内容。在研究过程中，我们了解和调研了北京市众多名园、示范园、一级一类幼儿园园长进行课程领导、开展幼儿园课程建设的相关情况，对园长课程领导力有了非常直观和感性的经验和认识，也对园长课程领导的重要性、现状、主要内容、经验和问题、提升方法和策略有了诸多的思考和总结。在此基础上，我们将研究成果和思考认识进行了梳理，写成了此书，目的在于对园长课程领导力的概念及内容进行较为系统的阐述和说明，对园长课程领导力提升的方法和策略进行理论与实际相结合的细致解释，以期能够帮助广大园长及有志向的幼儿教师明晰对园长课程领导力的认识，掌握园长课程领导力提升的方法和策略。

本书主编和作者均在幼儿园工作多年，有丰富的幼儿园管理和实践经验，并且一直以来都对幼儿园课程与教学工作有着浓厚的兴趣，密切关注着课程领导和园长课程领导力的相关问题，进行了深入系统的探索和思考。本书具体撰写分工如下：第一章由郑孝玲撰写；第二章、第四章、第五章由刘峰峰、苏婧撰写；第三章由成勇撰写；第六章由郭丽华撰写；第七章由李凤真撰写；刘峰峰承担全书的统稿工作。

本书梳理和总结了北京市众多幼儿园课程领导和管理的相关经验和成果，内容丰富，通俗易懂，涵盖了幼儿园课程与教学的诸多内容，从幼儿园课程与教学的理论和实践出发对园长课程领导力的相关问题进行了全面的梳理，以深入浅出的语言对幼儿园课程及课程领导力的相关知识和内容进行了解读，同时还适宜地增加了"资料链接""小练习""案例"等延伸阅读材料，有助于读者获得多种形式的阅读体验。本书不但适合于幼儿园园长阅读，还适合于想要全面了解幼儿园课程与教学工作的幼儿园教师和其他读者阅读。由于编者经验有限，书中如有不妥之处，尽请读者批评指正。最后，向对本书的编写提供大力支持的北京市西城区棉花胡同幼儿园李建丽园长、北京市西城区槐柏幼儿园申桂红园长、北京市西城区第六幼儿园陈小明园长、北京市西城区三义里第一幼儿园刘晓颖园长、北京市西城区三教寺幼儿园王岚园长、北京市丰台区群英幼儿园范建华园长、北京市延庆县第二幼儿园李卫新园长、北京市朝阳区清友实验幼儿园贾玉玲园长表示衷心的感谢！

编者

2017 年 1 月

目录

第一章　园长课程领导力的概念

　　课程领导是一个新兴概念，与课程改革的进行密不可分。课程领导力是一种与学校、幼儿园课程建设与发展息息相关的能力，旨在改善学校或幼儿园的课程现状，指导并促进课程改革在学校、幼儿园的推行。课程领导不仅指向于改善学校或幼儿园课程现状，还强调改变教师对课程与教学所持有的态度和所拥有的知识与技能。因此，究竟如何认识和理解课程领导？其主要内容和特征如何？有哪些重要的价值？这些都是需要我们思考的问题。

　　随着我国幼儿园课程改革的不断发展和深入，幼儿园课程质量的提升及园本课程建设成为普遍关注的热点问题，也使得园长在课程领导中的作用及其课程领导力提升问题得到众多关注。毋庸置疑，园长课程领导力是幼儿园课程建设和发展非常核心的能力，在当前的幼儿园课程改革与发展过程中发挥着越来越重要的作用。充分理解和认识课程领导、园长课程领导的概念，厘清其内涵、特征、价值等关键问题，是我们深入探讨园长课程领导力的必要前提。

一、课程领导

　　课程领导是跨学科研究产生的概念，是教育学科与管理学科相结合的产物。课程领导概念的提出与课程改革息息相关，反映了人们对于课程改革过程中遇到的种种问题，以及如何认识和解决这些问题的思考。因此，课程领导这一概念不仅与课程和教学的具体过程密切相关，而且与课程的领导和管理直接相关，共同指向于课程质量的提升。其中，领导力问题，即引领和指导问题是关键，直接决定了课程的发展与课程改革的成败。只有有了适宜、恰当的课程领导，学校、幼儿园的课程建设、发展及改革才能够成功。

（一）课程领导产生与发展的背景

1. 课程领导的兴起与课程变革紧密相关

　　要了解课程领导的内涵，需要结合西方课程变革的历史来分析。从西方的课程变革历史来看，20世纪六七十年代西方兴起了"校本课程开发"、80年代"国家课程"趋势得到加强，"校本管理"运动兴起。表面上看，这两种变革运动的趋势是背道而驰的，但这种相悖中蕴含着共同的价值追求，即高品质的学校课程，课程作为教育教学的核心，体现了对课程的重视，其目的之一就是加强学术对课程的监控与管理，课程领导也因此兴起，主要着重于对校本课程开发的规范和引领。进入20世纪后期，课程领导从重视校本课程开发转而重视更加宏观意义上的学校组织与文化建设，强调营造民主、合作、分享的学校氛围，形成支持、合作、探究的学校文化，以此来加强对课程的领导。① 可以说，课程领导力不仅仅是学校校长或管理者才需要具备的能力，处于教学实践第一线的教师更需要具备课程领导力，这是因为教师不仅仅是课程与教学的简单实施者，更是课程与教学的设计者、领导者和实践者，是课程与教学的真正主体。强调课程领导，其根本目的在于激发教师发展的动机，加强教师批判反省能力，促进教师专业的持续发展。

随着我国新一轮基础教育课程改革的进行，我们国家也开始构建国家课程、地方课程、校本课程三级课程体系。除了重视国家课程的改革，尤其是转变教育观念及其引领下的课程实践，同时也更加重视地方课程、校本课程的建设与发展，许多有条件的学校都开始建设和发展自己的校本课程，编写了自己的校本课程教材，并开始实践、运用。在这种课程改革全面铺展的背景下，如何保障和提升学校课程的质量，使其既能够不降低质量，同时又能够呈现出不同地域、不同学校的特色呢？因此，课程领导的概念被引入、借鉴和使用，其目的在于提升各层级人士对课程领导问题的关注和重视，经由课程领导提升学校课程的质量，保障课程的有效实施，提高学校的办学水平和教育质量。可见，课程领导这一概念的引入、发展和使用与我国的基础教育课程改革密切相关，与三级课程体系的发展、国家对课程的放权、学校特色课程和校本课程的建设密切相关、与学校办学的自主权和教师教学的自主权直接相关。

2. 课程领导是相对于行政领导而言的

课程领导不同于行政领导，若只有行政领导，而没有课程领导，必然会降低课程与教学的质量。相对于行政领导来说，课程领导是一种专业的领导能力，强调校长或园长对学校课程与教学工作的直接领导和关注，强调让校长或园长从行政权威走向专业权威，能够切实引领和指导教师，进而促进学校课程与教学质量

---

① 林一钢，黄显华. 课程领导内涵解析[J]. 全球教育展望，2005(6)：23-26.

的提升。这与我国学校和幼儿园的办学体制与现状密不可分。我国的学校或幼儿园的内部管理实行校长负责制或园长负责制，即校长或园长负责学校或幼儿园的全面事务。大量的研究、调查表明，我们国家的校长或园长在实际领导和管理的过程中，承担了过多的行政领导和管理职能，甚至在很多学校和幼儿园，校长或园长只负责学校或幼儿园的行政领导，只负责人事、财务、后勤等方面工作的领导或管理，而将课程与教学工作的领导和管理交由副校长或副园长（又称业务校长或业务园长）负责。因此，很多校长或园长实际上并不了解自己学校的课程与教学工作，更谈不上对课程与教学工作的领导了。但是，作为一名校长或园长，如果自身对课程与教学工作不了解，就不能对课程与教学工作进行领导，可想而知，他的行政领导或管理工作肯定也是不到位的，也就谈不上为课程与教学服务，学校或幼儿园的课程与教学质量也不可能得到长足的发展与提高。因此，从这个意义上来说，提出校长或园长课程领导力的提升，强调校长或园长对学校或幼儿园课程与教学的领导和管理，将课程领导与行政领导放置于同等的地位，甚至是高于行政领导的地位，对于提升校长或园长的办学专业水平，提升其在教师心目中的专业权威形象，提升其对课程与教学工作的全面重视与关注有着非常重要的意义，有助于校长或园长真正从单一的行政领导回归课程与教学领导，进而保证学校或幼儿园课程与教学质量的全面提升。

（二）课程领导的本质和特征

课程领导究竟是什么？我们应该如何来深入认识和理解课程领导？其本质和特征如何？我们可以从课程领导的功能或任务、课程领导者的角色、课程领导与课程管理的区别等方面来进行深入分析。

1. 课程领导的功能或任务

课程领导的功能或任务是指课程领导究竟能够发挥什么样的作用，要达到什么样的目的。例如，有人认为课程领导的功能就是为学校的成员提供基本的支持与资源，并能够充实教师的课程专业知识，设计教育方案，促进教师之间的交流，促使学校形成合作与不断改进的文化，最终达成共同目标。[1] 有人认为，课程领导所发挥的功能在于使学校的体系及其学校，能达成增进学生学习品质的目

---

[1] ［美］托马斯·J.萨乔万尼. 道德领导：抵及学校改善的核心[M]. 冯大鸣，译. 上海：上海教育出版社，2000.

标。① 还有人认为，课程领导可能遵循两个路径进行：对课程开发技术的领导；对课程文化的领导。其主要目的在于要转变学校原有的一些陈旧的基本假定，形成新的教师观、学生观、知识观、学习观、教学观等，改组与改造学校组织，进而促进教师的专业发展，影响课程开发的质量。② 可见，课程领导的功能或任务是多方面的：是实现课程目标的手段；是教师专业发展的途径；是对课程与教学的管理；是获得优质教育方案或提升学校课程品质的方式；是对学校组织和工作环境的变革；是重建学校文化的方式和学校组织变革的途径；是建立工作团队、赋权增能、建立愿景。经由课程领导可以实现多种功能，达成多种目标，但其主要指向于课程与教学质量的提升、学校文化的重建、教师的专业发展等方面。

2. 课程领导者的角色

课程领导者的角色是指具体承担课程领导工作的人在课程领导工作中所扮演的角色，这也是课程领导力研究的一个焦点问题。如美国学者布拉德利（Bradley，2004）曾指出课程领导者的角色就是在课程发展过程中提供专家的见解；要善于协调小组对话和决策的制定；要保证决策是建立在数据和其他信息基础上的；所做的决策应基于课程应该是什么样子，而非实际上是什么样子。③ 而哈夫洛克（Havelock）及其同事根据课程发展过程，更进一步提出课程领导者的角色应该为：课程或学科专家、指导者、训练者、需求察觉者、委托者、沟通联系者、示范者、塑造者、倡议者、面质者、咨询者、建议者、观察者、资料收集者、分析者、诊断者、设计者、管理者以及评鉴者 19 种角色。④ 施瓦布（Schwab，1983）认为，课程领导者要具备下列的素养：有言辞说服能力；有课程慎思的经验；阅读各种专业杂志，并能与人分享；了解国内外的课程实际；具备行为科学和社会科学的素养；具备课程和教学视导的能力。⑤ 可见，课程领导者的角色与素养也是非常全面和多样的，但其核心仍在于课程领导者的课程专业知识与能力，以及与他人协调、影响他人付诸课程实践的能力。

---

① ［美］格拉特索恩. 校长的课程领导［M］. 单文经，等译. 上海：华东师范大学出版社，2003：25.

② 林一钢，黄显华. 课程领导内涵解析［J］. 全球教育展望，2005(6)：23-26.

③ ［美］Leo H. Bradley. 课程领导——超越统一的课程标准［M］. 吕立杰，等译. 北京：中国轻工业出版社，2007.

④ 阮凯利，欧用生. 小学校长课程领导的叙事探究［J］. 教育资料与研究（双月刊），2011(101)：83-106.

⑤ 欧用生. 校长的课程领导和专业成长［J］. 研习资讯（双月刊），2004，21(1)：60-70.

3. 课程领导与课程管理的区别

了解课程领导与课程管理的区别，能够帮助我们更加深入地理解课程领导的本质与特征。"校长的课程领导不只是管理校本课程，不只是研究学校的课程计划，而是全面指引和统领课程改革在学校中的实践和创新。"①钟启泉认为，课程领导这一概念的提出，意在摆脱历来的自上而下的官僚体制的"监控""管制"的"管理"思想，改变学校接受上级行政部门的指令之后才开始围绕学校的课程展开活动和运作的认识；改变行政和管理是从学校的上司和外部提供驱动力的观念。课程领导强调要从"经营"或是"领导"的功能出发，强调诉诸自身的创意与创造力，自律地、自主地驱动组织本身的含意和韵味，学校本身要把日常的课程实践活动作为自身的东西加以自主地、创造性地实施。②由此可见，课程领导与课程管理是有区别的，课程领导更强调领导者与被领导者民主、平等的交流，强调双方自主性、创造力的激发，强调以专业性和专业魅力来带动整个学校课程与教学质量的提升和学校文化的建设与发展。

综上所述，课程领导的本质主要可以从以下三个方面来理解。

第一，课程领导是一个领导活动过程或历程。课程领导是教育行政或学校管理历程的一环，指"在教育的团体情境里，借影响力来引导教育工作者在课程实务（含教学）的努力方向，使其同心协力去达成教育目标的历程"。③

第二，课程领导的途径是领导者运用权力影响追随者。课程领导力是一种专业权力，课程领导者发挥这种权力可以影响被领导者、追随者，从而使得课程领导能够真正发挥作用，促进学校或幼儿园课程与教学质量的提升。

第三，课程领导有着特定的目标。课程领导是一种存在于学校组织中，校长与师生间相互作用的活动。其目的是希望通过学校组织团体活动来提高教师的教学技能，增进学生的学习成效，并且通过课程设计、课程选择、课程组织、课程实施和课程评价等一系列过程来有效地达成课程既定的目标。④

---

① 张民生. 校长的课程领导[J]. 基础教育参考，2005(5).

② 钟启泉. 从"课程管理"到"课程领导"[J]. 全球教育展望，2002(12)：24-28.

③ 转引自台湾海洋大学师资培育中心主编. 课程领导与有效教学[M]. 兰州：甘肃文化出版社，2005：16.

④ 高博诠. 课程领导的理念与策略[J]. 台北：教育研究月刊，2001(89)：59-65.

课程领导的特征可以归纳为以下四点。①

第一，一个团体内的每一个成员都有成为领导者的潜能和权力。

第二，课程领导的主体不是个人，而是一个团队。② 团体内的所有成员一起学习，一起合作建构意义和知识。

第三，通过成员间的交谈，把观感、价值观、意念、信息和假设表面化；一起研究和产生信念；在共同信念和信息的情境下，反思工作并给工作赋予意义；促进有助于工作的行动。

第四，要求权力和权威的再分配，共同承担或共享学习、目的、行动和责任。这些特点显示课程领导是一种"愿景领导"，是一种"道德领导"，是一种"文化领导"；表明课程领导是政府行为，是专业行为，是合作行为。

🔗 资料链接

什么是领导力

领导力是社会科学研究得最多的现象之一。领导力在人类和动物种群中都普遍存在。领导力在实践中很容易辨别，但是给予其准确的定义却非常困难，关于领导力的定义也是众说纷纭。总体来说，对领导力的定义大致体现为以下三种类型。

1. 宽泛角度的定义

此种定义涉及了领导力中的诸多因素，认为领导力的本质是领导者和追随者相互影响的过程，包括因之而产生的结果，以及领导者的个性和行为、追随者认知和领导者信用及其环境等是如何决定这一过程的。真实可信且有效的领导力，其必要条件是能够培养出追求崇高目标、斗志昂扬的追随者，并且能够通过合乎道德的手段取得合乎道德的结果。领导力会受到领导者与追随者互动的过程以及结果的影响，同时领导力还根植于情境，情境可能会影响领导力的类型以及领导力的有效性（参见图 1-1）。③

---

① 郑金洲，程亮. 中国教育研究新进展 2007[M]. 上海：华东师范大学出版社，2008：205.

② 钟启泉. 教育的挑战[M]. 上海：华东师范大学出版社，2008：298.

③ [美]约翰·安东纳基斯，安纳·T. 茜安西奥罗，罗伯特·J. 斯滕伯格编. 领导力的本质[M]. 柏学翥，刘宁，吴金宝，译. 上海：上海世纪出版集团上海人民大众出版社，2007：5.

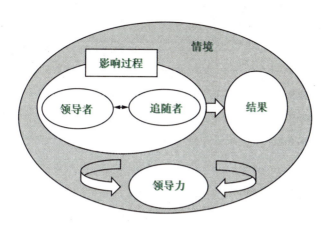

图 1-1　领导力概念图

2. 管理学角度的定义

《现代管理词典》从管理学的角度对领导力的解释为：所谓领导能力就是激发他人跟随你一起工作，以获取共同目标的能力。这种能力是通过日常生活经验积累获得的。领导力完全是一种主观性的东西，无法客观测量，也不能仅通过学校学习掌握。领导力本质上应该包含前瞻力、决策力、亲和力、毅力和执行力(见表 1-1)。①

表 1-1　领导力本质上应包含的 5 种能力

1. 前瞻力。就是要比别人看得清、看得远。简单地说，前瞻力必须达到这种状况，就是看见别人看不见的东西，趋势也好，危机也好，都要提前看到。
2. 决策力。当你最困惑的时候，就是取舍的时候，不知舍就不能得。所以"舍""得"都是领导者每天要想的事，利害关系也是每天要权衡的事。决策要有一定的经验，因为当领导者面对一种状况，短期内信息是无法一下子很清晰的，是一种模糊状况，这时决策靠感觉。面临突发事件的时候，还要靠经验、勇气、性格。
3. 亲和力。亲和力包括两方面：一方面是沟通的能力；另一方面就是包容的能力。沟通就是能力，领导力里面沟通最重要，如果不知道倾听、不知道表达，而且与员工、客户所有的外部环境保持一个非常壁垒森严的状态，就不知道真实信息，这时候就很危险。但是沟通以后，会有好听的，有不好听的。比如会有客户的投诉，这时候就要包容。如果没有沟通能力，就不能包容。反过来，如果不沟通，包容的东西就是空的。
4. 毅力。一个领导带领一个组织的时候，所面对的困难是非常大的。很多成功的人，忍耐力和毅力都是非常好的。有坚韧不拔之志才有坚韧不拔之力。
5. 执行力。一个领导者不仅能够决策，还能带领员工把决策贯彻到底。

① 现代管理词典(第 2 版)[M]. 武汉：武汉大学出版社，2009：498-499.

3. 三个不同维度的定义

此种看法认为，在给领导力下定义时，必须要考虑的是究竟是要界定一个人，一个角色，还是一个过程？以下是从这三个角度对领导力的定义。[①]

从人的角度定义领导力——用一系列的特质和能力来衡量一个人是否有作领导的资质。

从角色的角度定义领导力——处理事务中所显示的行动或行为特征。

从过程的角度定义领导力——着眼于领导者与下属成员的互动性。

由此可见，人们从不同角度对领导力形成了不同的认识和看法。但是总体而言，领导力就是能为一个共同的目标而对他人施加影响力的能力（或者说能调动他人，为一个共同目标而努力的能力）。[②] 我们可以从以下三个方面来深入理解领导力的内涵[③]。

(1)从领导者的角度看，领导力是一种促使组织领导目标实现的能力，它既是领导者素质、能力及其影响力的体现，也是领导者充分发挥能动性，认真分析组织环境、借助一定的领导工具与追随者发生有效互动而产生的力量。这种力包括人们通常所说的决断力、驾驭力、沟通力、凝聚力等，既有权力影响力，又有非权力影响力。

(2)从追随者的角度看，领导力不是单方面作用的结果，它是领导者与追随者有效互动，从而产生出共同实现领导目标的力量。表面看来，领导力是领导者发挥作用的结果，但无论如何，领导者不能单独形成一种力量，如果没有追随者的配合，组织目标就无法实现，领导力也无从谈起。

(3)从组织目标的角度看，领导力是领导者与追随者基于共同的认识，在为了一个共同的目标而努力奋斗的过程中形成的一种力量。没有领导目标，领导活动就不可能产生，领导目标既是领导力产生的基本条件，也是提升领导力的动力源。具有崇高目标的领导活动，容易产生强劲的领导力。

◇ 二、园长课程领导

园长课程领导实际上是一个衍生概念，由校长课程领导的概念发展而来，与学校和幼儿园课程改革的发展息息相关。园长课程领导将偏重于教育教学的课程

---

① [美]Michael D. Mumford. 领导力[M]. 杜文东，吕航主译. 北京：人民卫生出版社，2014：4.

② 同上书，5.

③ 于洪生. 解析领导力"道""学""技"[M]. 北京：中国法制出版社，2013：46-47.

概念与偏重于行政管理的领导概念进行了有机结合，强调园长既身为领导者和管理者，同时又身为教育者的双重身份，强调园长对园所课程与教学工作的直接引领和指导，直接指向于园所课程与教学质量的提升和园长专业素养的提升。

（一）关于园长课程领导的不同认识

就幼儿园而言，园长身负教学与行政领导的角色，是幼儿园园务经营管理与发展的主导人物，也是幼儿园课程改革历程中的课程领导人物。那么，什么是园长课程领导？不同研究者也有不同的观点。

有研究者[①]认为园长课程领导是指，在幼儿园中为达成教育目标，领导者在课程与教学发展历程中，考量整体情境脉络并整合所有资源，运用个人课程专业知识与影响力，透过引导、激励、沟通等各种策略塑造组织文化与共同愿景，并重视教师专业成长与提供各种支持，同时也与家长、社区保持良好互动关系，使之认同园所的课程与理念。

有研究者[②]认为园长课程领导是指园长依据个人对课程的理念、幼儿园内外在条件与因素，透过与教师、行政人员、家长、社区人士、学者专家等人的合作，运用课程专业知识及各种领导策略，结合教师专业成长活动，共同讨论、规划、设计出符合学校、家长及社区期望、幼儿能力与需求和展现幼儿园特色的本位课程的课程，并透过教学活动、教学评价等实施过程，提升教师教学效能、确保幼儿学习品质，以实现教育目标之历程。

还有研究者[③]认为园长课程领导主要包括课程开发技术方面和课程文化方面的领导。一方面，从课程开发技术方面进行领导，即对课程目标、课程内容的选择和组织、课程实施和课程评价等方面技术的领导。园长对课程开发技术的领导，其目的是提升课程开发的技术，确保幼儿园课程的质量。另一方面，从幼儿园课程文化方面进行领导。园长采用民主、开放、沟通、合作的方式，对幼儿园教师的幼儿观、知识观、教学观、学习观等进行引领、革新，转化"个人主义"的教师文化，构建一种合作、分享、探究的学校文化，使幼儿园发展成为学习型组

---

① 杨于萱，周淑惠. 台湾幼儿园园长课程领导之个案研究[J]. 教育资料集刊第四十五辑——2010 各国初等教育（含幼儿教育），2010：27-57.

② 许明珠. 幼稚园园长课程领导行为之个案研究[J]. 幼儿教育（台湾），2012（305）：41-57.

③ 杨晓萍，廖为海. 幼儿园园长：从课程管理走向课程领导[J]. 今日教育：幼教合刊，2015（1）：14-15.

织，以此更好地保证课程开发，全面提升教育质量。

从上述对园长课程领导的不同界定中，我们可以看到以下共识：第一，园长课程领导主要是园长针对幼儿园课程事务所进行的各种领导行为，其最终目的在于改进幼儿园课程品质，提升教学成效，进而促进幼儿的发展。第二，园长课程领导还需重视组织文化与共同愿景的塑造，运用领导学的相关理论、方法和策略来完成自己的任务，促进教师之间的彼此合作，从而确保高质量的课程质量。第三，园长课程领导需要将一切与课程相关的教师、幼儿及其家长、所处社区都纳入课程建设共同体。

综上所述，园长课程领导是园长运用领导学的相关理论、方法和策略，调动与幼儿园课程相关的共同体的积极性，对幼儿园课程事务所进行的各种领导行为，其目的在于引领幼儿园课程改革，提升幼儿园课程品质，从而促进幼儿的发展。

（二）园长课程领导力的构成要素

园长的课程领导究竟表现在哪些方面？园长的课程领导力包含哪些构成要素？这些都是课程领导研究者们一直在研究和探讨的问题。

纵观国内外学者对课程领导及课程领导力的相关研究，可以发现研究者主要是从课程本身包含的要素出发来确定园长课程领导的内容及课程领导力的构成要素的。综合不同的研究结果，我们可以发现，不同分类中被反复提及、交叉重合的部分，有课程价值、课程规划与选择、课程的设计与开发、课程实施、课程评价等几个方面。

结合幼儿园课程的特点和上述研究的结果，对园长课程领导的内容进行深入分析，可将园长课程领导力的构成要素划分为六个方面，即扎实的课程知识；勇于课程改革与实践的专业精神；课程的选择与规划能力；课程的开发与建设能力；推动课程实施的能力；组织和开展课程评价的能力。

1. 扎实的课程知识

具备扎实的课程知识是园长课程领导力的首要构成要素。课程领导是一件繁杂的工作，领导者必须具备扎实的课程发展知识基础，才能处理课程发展问题和"人的问题"[1]。一方面，园长本身要有足够的课程知识储备，包括课程理念、课程目标、课程内容、课程实施课程发展、课程评价等方面的专业知识；另一方面，园长要有能力协助教师解决与课程有关的问题。这也是区别于园长的"行政

---

① 卢美贵，陈慈娟. 幼儿园园长课程领导历程分析[J]. 内蒙古师范大学学报（教育科学版），2004(10).

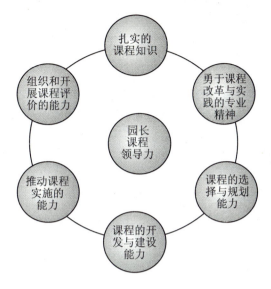

图 1-2 园长课程领导力的构成要素

领导"的重要能力，园长应以其专业素养而非行政职权进行课程领导。

2. 勇于课程改革与实践的专业精神

这是园长课程领导实现的重要动力，是指园长的专业信仰、专业坚守、专业追求、研究热情、学习能力、深入反思等精神和专业行为品质方面的内容。只有园长具备勇于课程改革与实践的专业精神，园长才会始终保持对幼儿园课程的兴趣和热情，致力于不断研究、改进和完善幼儿园课程，才能不断更新自己的课程价值观念，进而不断改革和完善自身及园所的课程实践，促进幼儿园课程质量的不断提升。如果园长没有勇于课程改革与实践的专业精神就不可能有课程领导的实现和课程领导力的发展。

3. 课程的选择与规划能力

当幼儿园尚不具备独立开发和建设课程的能力时，就需要进行课程的选择与规划。课程的选择与规划是指园长要考虑如何从种类繁多的课程之中选择适宜的课程，并基于"课程价值的思考"对本园课程进行整体规划的能力。进行课程的选择和规划需要在园长的领导下，开展教师、家长、幼教专家等多主体之间的对话，对幼儿园课程体系及其方向、目标、内容、实施与评价等内容做整体安排与部署，它需要以课程政策、园所现状、幼儿发展水平和需要、愿景为基础，以增强课程的适应性和针对性。

4. 课程的开发与建设能力

当幼儿园具备了一定的研究基础和经验积累，且具备了相关的条件之后，就可以独立进行课程的开发与建设，形成自身独特的园本课程。园长需要根据国家和地方的课程政策与本园的课程目标，可以从幼儿园的办学传统、教育特色以及本园的课程研究能力出发，充分发掘课程内容、创新课程实施手段与课程评价方法，建设课程资源，构建和完善自身的园本课程。

5. 推动课程实施的能力

推动课程实施是指园长领导和激励教师实施课程的能力，集中体现在对教师班级课程设计、实施与开发的领导上[①]。主要是指园长如何扫清课程实施过程中的各种障碍，领导和激励教师提升课程实施水平。同时，为教师实施课程提供切实的保障，如优化各种资源和环境，理顺各种制度，保证制度的实施，强调园长为课程实施提供相应的管理和保障。

6. 组织和开展课程评价的能力

这是园长课程领导力的重要组成部分，对课程实施起着导向、激励和监控作用。组织课程评价的能力集中体现在评价内容和标准以及评价机制的建立。开展课程评价的能力包括对课程本身的评价、对教师的评价、对幼儿的评价以及对园长课程领导自身的评价。通过这些评价活动找出课程实施中存在的问题，发挥评价的发展性功能，指导教师在反思中改进课程。通过对园长课程领导自身的评价，可以及时改正和调整园长自己的领导行为，以提高课程领导的效能。

🔗 资料链接

校长或园长课程领导力的构成要素一览

校长课程领导力是一种较为复杂的能力，受校长多方面素质的影响，校长课程领导力的构成要素包括五个方面：①课程的准确理解力，主要指的是对课程价值取向以及方法论等内容的把握；②课程的组织开发力，主要包括课程"校本化"实施、课程标准制定、课程改革方案等；③课程的指导执行力，指校长为了保障课程政策目标的实现，而对课程各影响因素的综合协调和组织能力，将各方面的积极作用、因素都调动起来，从而更好地实现课程改革目标；④课程的监控评估

---

① 高敬，周洪飞，陈雪. 上海市幼儿园课程领导力的现状与思考[J]. 上海教育科研，2014.

力，指校长在一定价值观或目标的指引下，对相关的资料、信息进行系统收集，并运用科学手段，判断课程方案实施的价值，以便更好地保障决策的正确性；⑤课程环境的创设力，指校长需要创设和谐的课程环境，以保障课程的实施，为教学行为改进、教师成长提供必要的条件，从而促进学生的个性化发展，提升学校的教学成果。

——力昌英. 校长课程领导力的现状及应对[J]. 教学与管理（理论版），2014(9)：14.

课程领导力包括四个方面的内容：①课程价值的选择力和课程设计规划能力，它决定着教育发展的方向；②校本课程的开发力，这决定着学生能否发展自己的兴趣、爱好，形成独特的人格；③对学校教学的判断力，清晰地了解学校的长处，深刻地把握自己的弱点和薄弱环节，不断地提升学校教育、教学质量；④促进教师发展的推动力，帮助教师在学科理解、职业道德修养、教学技能等方面不断提高。

——陈玉琨. 课程领导力的基本框架和主要内容[J]. 世界教育信息，2013(23)：41-46.

从园本课程发展对园长的要求出发，园长课程领导力分为课程专业领导力、课程师资力量领导力、课程资源整合领导力、课程组织文化领导力四个构成要素。课程专业领导力一方面，指园长要具有把握课程外部形态的能力，主要包括课程组织力、规范制度制定与实施等能力；另一方面，指园长要具有有效促进课程实施的能力。课程师资力量领导力，指园长要具有使每位教师"人尽其才"，最大化地促进幼儿园课程发展的能力。课程资源整合领导力指为了保障课程获得更多支持，园长对幼儿园课程发展的外部环境和内部环境中各种资源的组合和利用，包括外部资源整合领导力和内部资源整合领导力。课程组织文化领导力指园长带领全园教师在课程中体现幼儿园组织文化的能力，包括"课程愿景"的建立、创造积极向上的课程组织文化等。

——李娜. 园长课程领导力的构成要素及其提升策略[J]. 学前教育（幼教版），2011(3)：48.

（三）园长课程领导力的特征

基于幼儿园课程的独特性，园长课程领导力也具有其独特性，主要表现为三个方面：第一，权力更大、自主性更强；第二，园长课程领导力不是孤立的个人领导，更需要团队的协作与支持；第三，园长课程领导力的发展和提升是一个长期而艰巨的过程。

1. 权力更大、自主性更强

我国现行的幼儿园管理体制也属于三级管理，国家教育行政部门制定指导性课程纲要，如《幼儿教育指导纲要（试行）》（以下简称《纲要》），对幼儿教育总的教育目标、教育内容与要求、组织与实施以及教育评价等方面做出说明；各地教育行政部门秉承因地制宜、实事求是地原则制定本地贯彻《纲要》的实施方案；幼儿园根据《纲要》精神和地方行政部门的具体指导意见，自行决定本园课程。与中小学不同的是幼儿园教育属于非义务教育，没有以教材形式呈现的国家课程或地方课程。由此，园长在本园课程的规划、选择、设计、开发、实施、评价等问题上被赋予了更大的权力和责任，也正因为三级课程体系的不完善，对园长的课程领导力提出了更高的要求。"园本课程的内涵比校本课程更为丰富，它并非只是幼儿园课程的一部分，而应是幼儿园课程的全部，是国家课程和地方课程落实在幼儿园的具体课程形态"[1]，"园本课程是指在幼儿园现实的根基上生长起来的、与幼儿园的资源、师资等条件相一致的课程"[2]。

三级课程管理体制为我们开展园本课程的研究创造了政策和理论条件，同时也对园长的课程领导力提出了巨大的挑战。当前，幼儿园实施课改面临的最大问题与挑战就在于理念向行为的转化，不管是园长还是教师，在这个过程中都存在不适应性行为。园长行为的不适应主要表现为以下几点：①不明确课程领导的性质，认为"课程不是我该管（能行）的事"；②虽然清楚课程领导的责任，将课程改革列为幼儿园管理的重要项目，但往往缺乏时间来践行课程领导的职能；③对课程的系统研究很少，仅仅聚焦教学管理层面，很少从课程改革的整体推进和课程领导方面发挥应有的影响力[3]。有研究者[4]对成都市幼儿园园本课程建设现状调查分析后发现，当前园本课程建设存在的主要问题有以下五个方面，第一，园本课程建设目的不清，价值迷失。许多园长进行园本课程建设的根本动力是为了所谓办园特色的彰显，固化成果的展现。第二，园本课程顶层设计不明确，建设过

① 原晋霞. 论园本课程建设[J]. 幼儿教育，2008(1)：22-23.
② 虞永平. 试论园本课程的建设[J]. 早期教育，2001(8).
③ 何幼华，郭宗莉，黄铮，编著. 园长的故事 幼儿园领导与管理案例[M]. 上海：上海教育出版社，2010：185.
④ 刘敏，马波. 成都市幼儿园园本课程建设现状与发展对策[J]. 学前教育研究，2016(1)：66-69.

程缺方向。一些幼儿园对于本园的办园定位不明确，缺乏相应的办园理念，出现了"人云亦云"的现象，不管是否适用、是否符合本园实际，只管生搬硬套。第三，园本课程实施过程困难，缺乏具体操作的方法。调查显示，48.1%的一线教师对于如何确定具体活动方案的目标、选择哪些资源作为园本课程开发内容、怎样多形式多途径开展园本课程、如何评价园本课程效果等都存在困惑。第四，园本课程评价缺乏，建设效果难以评估。63.2%的幼儿园没有对自己所建设的课程进行评价。第五，园本课程建设机制不健全，建设过程缺乏保障。我国幼儿园园本课程的建设还存在许多问题，随着课程改革的进一步深入，学前教育质量提升的要求愈发强烈，幼儿园课程品质有待进一步提升。制约园本课程建设效果的诸多因素中，园长课程领导力的不足是其中最为重要的因素。园长需承担更多的课程领导责任，进一步提升园长课程领导力。

2. 园长课程领导力不是孤立的个人领导，更需要团队的协作与支持

当今世界，变化日新月异，学校面临的问题日趋复杂，课程领导要求园长不仅要做"小提琴家"，更要做"交响乐团的指挥"。如前所述，领导力不是单方面作用的结果，它是领导者与追随者有效互动、从而产生出共同实现领导目标的力量。幼儿园内的园长、保教主任、教师等都拥有课程领导的潜能与权力，因此需要园长构建幼儿园课程领导力体系，通过有效的互动，形成课程建设共同体，从而激发出共同实现课程领导目标的力量，团体内的所有成员一起合作地完成课程建设任务。

幼儿园的课程领导力体系的构建，首先，应当形成"园长—副园长—主任—班长—教师"的层级体系，并重新分配课程决定的权力。正如前文所述，课程领导的特征之一就是"要将权力和权威的再分配，团队成员共同承担或共享学习、目的、行动和责任"。其次，园长应努力让体系中的其他成员感受到：教师不只是教学者，更是课程的研究者、发展者、设计者、实施者和评价者[①]，从而达到"赋权增能"的目的。最后，通过园长与每位成员的有效互动，使每位成员都能发挥其课程领导力，共同完成幼儿园的"课程愿景"。与此同时，幼儿园的后勤、保健、行政、家长等各个方面都会影响课程领导力体系作用的发挥（见图1-3）。

---

① 台湾海洋大学师资培育中心主编. 课程领导与有效教学［M］. 兰州：甘肃文化出版社，2005.

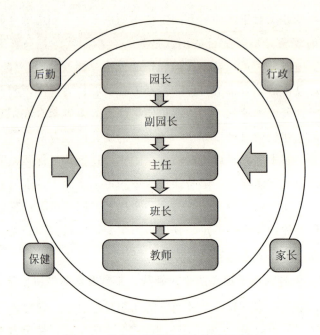

图 1-3　幼儿园课程领导力体系示意图

3. 园长课程领导力的发展和提升是一个长期而艰巨的过程

园长课程领导与课程领导力在幼儿园还是一个新兴的概念，需要时间来让大家去理解和消化。园长课程领导力的发展和提升是一个长期而艰巨的过程。

相关研究指出[①]，当前幼儿园园长课程领导主要面临以下几点挑战。一是园长课程领导意识薄弱，角色职能模糊。传统的中央集权的管理模式和自上而下的课程改革机制弱化了园长课程领导的地位与作用，同时园长对课程相关知识知之甚少，对课程问题关注不够，也没有认识到幼儿园课程开发建设的重要性。二是园长忽视课程专业技术领导，较少参与课程开发。三是园长课程领导缺少同行者。在实践中，园长课程领导不仅缺少内部环境支持，也缺少外部的认同与配合。

对于园长课程领导力这一新兴概念，需要园长们逐渐去理解与消化，逐渐增强课程领导意识，明晰角色职责，并重视课程价值取向的确定、课程的规划与计划、课程的实施、课程的评价等多方面的内容，努力建设一个幼儿园课程领导力体系，共同促进幼儿园课程品质的提升。

---

①　马楠. 幼儿园园长课程领导面临的困境及对策研究[D]. 长春：东北师范大学硕士学位论文，2008；陈璐. 幼儿园园长课程领导现状及策略研究——以长春市五所幼儿园为例[D]. 长春：东北师范大学硕士学位论文，2012.

三、幼儿园课程改革与发展呼唤园长课程领导力的提升

课程领导乃课程改革的要素，它不仅影响着课程改革的过程，也左右着改革的成果。学校层级的课程发展为课程改革的重心，而园长身为幼儿园的领导者就其在幼儿园发展中的枢纽地位而言，园长是影响幼儿园课程改革的重要因素，因此，幼儿园课程改革的成效与园长课程领导力的高低息息相关，幼儿园课程改革与发展呼唤园长课程领导力的提升。

（一）高水平的课程领导力是应对新时代挑战的必备能力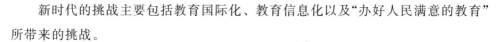

新时代的挑战主要包括教育国际化、教育信息化以及"办好人民满意的教育"所带来的挑战。

第一，教育国际化需要园长具备高水平的课程领导力。《国家中长期教育改革和发展规划纲要（2010—2020 年）》（以下简称《教育规划纲要》）明确提出："加强国际交流与合作"，"提高我国教育国际化水平"。推进教育国际化，对于我国实现教育现代化，进入人力资源强国行列，具有重要的战略意义。对于学前教育而言，也面临着教育国际化带来的挑战。自新中国成立以来，国外学前教育理论与实践深刻影响了我国学前教育的价值取向与路径选择[①]。改革开放 30 多年来，学前教育课程面临的状况是盲目的学习西方的课程模式，而忽视了不同的文化背景造成的水土不服。在全球化愈演愈烈的今天，国际的交流越来越频繁，如何保持文化和教育的独立性，保持头脑的清醒，选择或者借鉴适合本国国情或者本园实际的课程模式，是在教育国际化的浪潮中面临的一个严峻问题。这需要园长具有确定课程价值取向能力、课程选择与规划能力，为幼儿选择最适宜的课程。

第二，教育信息化需要园长具备高水平的课程领导力。以教育信息化带动教育现代化，是我国教育事业发展的战略选择。教育信息化是指在教育领域（教育管理、教育教学和教育科研）全面深入地运用现代信息技术来促进教育改革与发展的过程。对于学前教育而言，"集成优质资源，推进资源共享是学前教育信息化的当务之急。"[②]目前在网络平台上已有的学前教育信息化资源形式多样，内容丰富，这需要园长具有较高水平的课程领导能力，充分利用教育的信息化推动幼儿园课程的发展。

第三，"办好人民满意的教育"要求需要园长具备高水平的课程领导力。党的

---

① 霍力岩. 建国 60 年来国外学前教育思潮的影响与今日我国学前教育选择[J]. 幼儿教育（教育科学），2009（9）：1-5.

② 郭力平，赖佳欣. 我国学前教育信息化的思考与展望[J]. 幼儿教育，2011（36）：2.

十八大报告强调："努力办好人民满意的教育。"为当前和今后一个时期我国教育改革发展指明了方向。对于学前教育而言，"办好人民满意的教育"就是要努力满足人民群众多样化高质量教育的新期盼。新课程改革以来，特别是《教育规划纲要》实施以来，我国学前教育事业的发展取得了前所未有的成绩。2010 年 11 月，国务院下发《关于当前学前教育发展的若干意见》，要求为学前儿童提供基本、有质量的学前教育。为进一步加强对幼儿园保教质量的监管，提升幼儿园保教质量，教育部在 2011 年、2012 年先后印发了《教育部关于规范幼儿园保育教育工作，防止和纠正"小学化"现象的通知》(教基二〔2011〕8 号)、《3—6 岁儿童学习与发展指南》(教基二〔2012〕4 号)。一系列文件的出台共同指向于"有质量的学前教育"，以满足人民群众对幼儿园教育质量的期盼。面对"高质量教育"的挑战，园长需要高水平的课程领导力，为幼儿提供高质量的学前教育。

（二）高水平的课程领导力是园长从"行政权威"走向"专业权威"的必然途径

《幼儿园园长专业标准》中指出，园长是履行幼儿园领导与管理工作职责的专业人员。该标准是对幼儿园合格园长专业素质的基本要求，共提出了六大专业职责和 60 条专业要求。其中"领导保育教育"中第 28 条专业要求为"具备较强的课程领导和管理能力"。专业要求中规定，园长不仅要掌握幼儿园保育教育的原则和原理，更要熟知幼儿身心发展的基本规律和特点，适切地创设环境、设计课程教学、安排一日生活和游戏活动等，确保提供有质量的幼儿园保育和教育[1]。保教与和教育工作是幼儿园教育中的核心，从广义上来说，保教工作与幼儿园课程同义。然而，园长的课程领导力还没有引起足够的重视，我们认为，课程领导能力应是园长专业素质的核心。保教工作是幼儿园的中心工作，课程是育人的重要载体和媒介，课程的决策、统整、选择、实施、评价是幼儿园工作的主旋律，园长的专业素质应更多体现在课程领导上。

长期以来，我国幼儿园园长的课程领导角色被忽视，人们更多地关注园长的行政领导的角色。园长履行的主要是对教师教学、对幼儿的管理职能，园长的行政领导角色通常会被人们放大，这使园长常常陷于幼儿园的日常事务管理之中。对园长们的访谈，很多园长会谈到自己的日常工作"很忙"[2]。园长往往忙于行政

---

[1] 刘占兰. 专业的园长是保障幼儿园质量的关键——谈《幼儿园园长专业标准》与园长角色的转变[J]. 幼儿教育，2015(4)：6-8.

[2] 沈小婷. 幼儿园课程园本化——基于课程领导的思考[D]. 兰州：西北师范大学硕士学位论文，2007.

事务，大部分时间用于日常事务的管理和园所秩序的维持，再加上外务活动、应对检查占用了大量的时间和精力，有时还不得不执行行政主管部门委托办理的事项。园长经常忙于应对这些课程以外的事务导致她们逐渐疏离课程生成的过程与教学工作。在这种内外业务的压力下，园长能用于课程决策、专业研讨的时间和精力非常有限，最终导致园长专业权威的丧失，课程领导职能发挥不足。此外，一些园长也未能认识到"课程领导"的重要性。一位园长在访谈中说到[①]，"我还是主要负责行政方面的工作，因为一个幼儿园的开展不仅仅是课程的开发，还有很多其他方面的事要处理，比如园长工作会议需要参加、幼儿园的环境建设需要规划、专家的讲座需要邀请、家长的问题要处理，几乎大部分的时间都放在日常工作的管理上，回家休息的时间非常少，更别说是设计课程，好在我的教师们都很努力地工作，我很放心地将课程工作全权交由她们，让教师自己决定和管理"。从该园长的访谈中我们可以看出，有些园长对课程领导的意识是不明确的，对自己的角色定位依然只是课程的管理者。

罗杰斯（Diana R. H. Rogers）和泽纳（R. C. Zeanah）等人的研究指出，每一个教育工作的参与者如何在改革实践进程中提升课程领导的意识与能力，本质上是一个如何从"行政权威"走向"专业权威"的课题[②]。2015 年教育部颁布的《幼儿园园长专业标准》中第 28 条专业要求为"具备较强的课程领导和管理能力，指导幼儿园教师根据每个幼儿的发展需要，制定个性化的教育方案，组织开展灵活多样的教育活动"。因此，园长除了要履行行政管理职能，还应具有较高的课程领导能力，切实承担起课程领导的职责，从"行政权威"走向"专业权威"。

（三）高水平的课程领导力是推进新课程改革的重要保障

高品质的课程是推进课程改革的重要因素，也是幼儿园提高教育质量的重要抓手，而高品质的课程是影响学生学习成就的重要因素之一。如果没有好的课程内容，即使有再好的教学方法，仍然会导致低劣的学习成效。只有园长是课程领导者，才能发展出高品质的课程。[③] 当前我国幼儿园三级课程管理体系并不完

---

① 陈璐. 幼儿园园长课程领导现状及策略研究——以长春市五所幼儿园为例[D]. 长春：东北师范大学硕士学位论文，2012.

② 转引自钟启泉. 从"行政权威"走向"专业权威"——"课程领导"的困惑与课题[J]. 教育发展研究，2006(4A)：1-7.

③ 转引自郭芳辰. 幼稚园园长课程领导与教学效能的研究[D]. 台中：朝阳科技大学硕士学位论文，2005.

善，缺少完善的国家课程标准，园长被赋予了更多的课程权力和责任，因此，国家课程园本实施就成了课程改革成效的关键所在。园长是幼儿园课程实施和质量管理的第一责任人，是国家课程园本实施的关键所在。园长是幼儿园课程实施方案的制定者，是幼儿园教育教学资源的支配者，是幼儿园课程实施团队的引领者，是幼儿园课程质量监控的把关者。因此，园长的课程领导力水平是影响课程改革成效的关键因素。

然而，当前我国园长的课程领导力状况不容乐观。下面这个例子也许能反映出目前存在的共性问题。

A幼儿园在制定主题内容时，最初由各班的一名教师负责主题内容的制定与主题网络的设计。在课程实施前园长组织研讨会，每位负责主题的教师分别论述主题内容、主题网络的设计思路、课程目标、课时安排和实施时应注意的重点与难点，之后园长提出意见。负责主题的教师和配班教师沟通后，即可按照所做的课程计划实施课程。在了解了A园课程计划制订的一般过程的基础上，对该园教师进行了访谈，了解到园长主持研讨会的本意是想通过研讨会给教师提供一个交流的平台，但大多数教师认为研讨会只是一个形式。一位教师反映道："教师彼此不会提意见，开始园长还鼓励大家积极发表意见，但老师们都不愿意说，现在老师说完都由园长直接提出建议。园长基本上不提出反对意见，老师定的主题一般都能通过。"对于园长所提出的建议，大部分教师认为其对课程的指导作用不大，一般只是提醒教师注意一些小问题。由此可以看出，在研讨会过程中很少有园长、教师间互动式的讨论，而园长也很少给出建设性意见。[①]

在该案例中，在与教师共同开发与建设课程时，园长因自身课程领导能力的缺乏而导致原本一次非常好的"改革"成了走形式，对于园本课程的发展难以起到有效的引领作用。这在幼儿园中并不少见。园长由于缺乏课程领导的专业知能，使得他们对课程的发展方向没有明确的把握，普遍缺乏对课程长期计划的拟订，结果导致在课程的实施过程中，园长和教师难以对课程发展形成共同的信念与价值，也难以形成经验的融合与分享。可见，基于园长的特殊地位和关键作用，具备高水平课程领导力的园长是推进新课程改革和促进课程改革成功和课程质量提升的重要保障。

---

① 沈小婷. 幼儿园课程园本化——基于课程领导的思考[D]. 兰州：西北师范大学硕士学位论文，2007.

第二章 丰富园长关于幼儿园课程的专业知识

课程问题是幼儿园教育的核心问题，课程的建设和实施是幼儿园所有工作的中心，课程的质量直接关系到幼儿园教育的质量。对于一名园长来说，深刻认识课程的重要性，准确和深入地把握幼儿园课程的本质和特点，是非常必要而且重要的。那么，课程是什么？课程有哪些基本构成要素？我们国家的幼儿园课程经历了怎样的发展和变化历程？这些问题都是关于幼儿园课程的基本问题。作为一名园长，必须掌握和了解这些基本知识，并且能够深入学习和运用这些知识，只有在此基础上，园长才能真正将幼儿园课程的相关理论和知识内化到自己的血液之中，从而成为园内的幼儿园课程专家，进而切实领导和提升自己园所的课程发展。

一、幼儿园课程的概念

什么是幼儿园课程？提到这个概念，很多园长或教师头脑当中会浮现出怎样的画面呢？是一摞摞的课本，一篇篇的教学计划，还是一张张贴在墙上的课程表？这些课程是否符合幼儿的兴趣和年龄特征呢？还是说，幼儿园的课程有更为丰富的含义呢？目前，我国幼教界对幼儿园课程的理解主要有两种认识，一种是经验说，将幼儿园课程看成是幼儿在幼儿园一日生活中所获得的有益的经验；另一种是活动说，将幼儿园课程看作帮助幼儿获得有益的学习经验和促进幼儿身心全面和谐发展的活动的总和。如何理解对幼儿园课程的这两种认识？如何经由这两种认识更深入地思考和把握幼儿园课程？这正是我们以下讨论的关键问题。

（一）经验说

我国的幼教先驱者张雪门先生将幼儿园课程界定为经验，他在谈到课程时，曾这样说："课程是什么？课程是经验，是人类的经验用最经济的手段，按有组织的调制，用各种的方法，以引起孩子的反应和活动。幼儿园的课程是什么？就是给三周岁到六周岁的孩子所能够做而且喜欢做的经验的预备。"我国当代的幼教学者刘焱也将幼儿园课程界定为经验，认为幼儿园课程是"根据幼儿园教育目标为幼儿设计和组织的、有益于其身心健康和谐发展的全部学习经验"。

将幼儿园课程界定为经验，关注的是幼儿在与人、事、物互动的过程中的感悟和收获，关注的是幼儿非常具体的学习内容和结果，解决的是"幼儿应该学习什么，以及学到了什么"的问题。其中，"幼儿应该学习什么"强调的是人类经验在学前阶段的反映，反映了在对幼儿身心发展规律和特点进行研究的基础上，对幼儿应当学习的内容的梳理和总结。这些学习的内容和结果是多方面的，不仅仅是指知识，还包含了情感态度、能力、行为习惯和品质等多方面的内容。"幼儿学到了什么"则强调的是作为独立个体的幼儿所获得的独有的学习内容和结果，这一学习内容和结果与成人所期望的学习内容和结果不一定一致，指向于幼儿个体本身，强调对幼儿个体的关注。由此可见，将课程理解为经验，有助于我们从社会需求和幼儿个体发展两个维度来思考幼儿园课程的内容，同时，经验本身由互动得来的特点也使得我们更加关注课程的实施过程和幼儿的个性特点，有助于将课程目标、内容、实施三者有机结合。

(二) 活动说

将幼儿园课程界定为活动，也是我国幼教界非常有代表性的观点。我国著名幼教先驱张宗麟先生认为："幼稚园课程者，由广义的说之，乃幼稚生在幼稚园一切之活动也。"我国教育部"九五"教育科学规划重点课题《中国幼儿园课程政策研究》成果中也对幼儿园课程进行了界定，认为"幼儿园课程是实现幼儿园教育目的的手段，是帮助幼儿获得有益的学习经验，促进其身心全面和谐发展的各种活动的总和"。

将幼儿园课程界定为活动，实际上是与幼儿教育所面对的教育对象——幼儿的特点密切相关的。幼儿的身心发展特点决定了幼儿不适宜通过静坐听讲的方式来学习，而是在多种多样的、适合他们年龄特点的活动中学习的。因此，将幼儿园课程界定为活动实际上表达了幼儿园课程对幼儿的学习方式，以及与之直接相关的课程的实施、课程的组织方式的关注，是对幼儿学习过程的关注，有助于教师在教育过程中将关注的焦点放在过程上，而不是仅仅关注教育的结果。

可见，对幼儿园课程的理解，我们可以从"经验说"和"活动说"两个维度来进行思考，一方面，关注幼儿在幼儿园的生活、游戏和学习过程中所应得和所获得的经验；另一方面，还要关注幼儿获得这些经验的过程，关注活动的内容和形式。这样，就能够从整体上来思考和看待幼儿园课程，将"教什么"和"怎么教"，"学什么"和"怎么学"两个方面的问题进行整合性的考虑，从而更加全面地认识和理解幼儿园课程，更好地发展、建设和实施幼儿园课程，经由有效、有趣、有序的课程帮助幼儿收获快乐的幼儿园生活，更好地成长与发展。

二、幼儿园课程的基本要素

在对幼儿园课程的概念有了深入的思考和认识之后，应当进一步认识和理解幼儿园课程的基本要素，即幼儿园课程所包含的具体内容，并对这些具体内容做细致的思考和分析。这是全面把握幼儿园课程、选择适宜的幼儿园课程、在实践中具体推进幼儿园课程的关键。具体来说，幼儿园课程主要包含课程理念、课程目标、课程内容、课程实施、课程评价五个要素。

(一)课程理念

课程理念是指幼儿园课程所秉持的儿童观、教学观、评价观等课程所内含的基本观点和认识，是课程所依据的理论基础，是幼儿园课程的灵魂，它决定了课程目标、课程内容、课程实施、课程评价的基本方向和轮廓。基于不同的课程理念会产生不同的课程模式，因而才有了行为主义课程模式、建构主义课程模式、自然主义课程模式、人本主义课程模式等多种不同的课程，使课程呈现出形形色色、丰富多彩的特点。因此，在思考幼儿园课程问题时，首先应当从课程理念出发，这样才能把握住课程问题的关键。

(二)课程目标

课程目标是指课程所要达到的结果，即课程要培养什么样的人，这个人要具备怎样的素质。对于幼儿园课程来说，课程目标就是指要培养什么样的幼儿，这个幼儿要具备怎样的素质。

课程目标是根据课程理念指引下的儿童观来确立的，有什么样的儿童观，就会有什么样的课程目标。如果认为幼儿是无能的、弱小的、需要灌输的，那么所要培养的就是听话、顺从的幼儿，学习既有的知识，发展和成人相似的能力是课程的主要目标；如果认为幼儿是主动的、积极的、有能力的，那么所要培养的就是主动、积极、有创造力的幼儿，发展其学习和创新的能力是课程的主要目标。

课程目标的划分有着不同的角度，有从幼儿发展的角度进行的划分，例如，从认知、情绪情感、社会性等维度来对课程目标进行划分；还可以从学习领域的角度进行划分，例如，《纲要》和《指南》就是从健康、语言、社会、科学、艺术五个学习领域来划分和确定课程目标的。

课程目标的表述有不同的方式，可以从幼儿发展的角度进行表述，这种表述一般是从幼儿的口吻来表述课程目标，说明幼儿想要发展成为什么样子的，例如，有自信心，有同情心，愿意和同伴友好相处等；可以从教师教育和引导的角度进行表述，这种表述一般是从教师或成人的角度来表述课程目标，说明想要将幼儿教育成为什么样子，例如，培养幼儿具有自信心、同情心，教育幼儿学习与同伴友好相处等。

在明确了课程理念之后，确立相应的课程目标就非常重要。课程目标是对整个课程所要达到的结果的基本考虑，是课程所要追求的最终结果，因此，深入认识、理解和思考课程目标，是提升园长课程领导力的关键。

（三）课程内容

课程内容指具体的经验内容或活动内容，即教什么和学什么的问题。课程理念、课程目标、课程实施和课程评价都需要依托具体的课程内容来实现。例如，培养幼儿的自信心是课程目标，但是通过什么样的内容来培养幼儿的自信心就是课程内容需要解决的问题。不同的教师会采取不同的内容来培养幼儿的自信心，如为幼儿提供在集体面前发言的机会，为幼儿提供自主选择游戏的机会，鼓励幼儿努力克服困难、坚持完成任务等。

幼儿园课程内容一般以发展领域来划分，而不是以学科来划分。以发展领域来划分幼儿园课程内容是由学前儿童的身心发展特点所决定的，能够更加贴近幼儿的生活和经验，更具有联系性和综合性，同时也更具有基础性，容易为幼儿所理解和接受。例如，美国的海恩斯科普课程模式就将课程内容划分为 10 类 58 条关键经验。多元智能理论支持下的多彩光谱课程方案则将课程内容划分为 8 个智能的类型。我国的课程内容则是从健康、语言、社会、科学、艺术五大领域来进行划分的。

需要注意的是，这些课程内容的划分都是专家或政府从上位和宏观的角度来进行的划分，属于课程标准的范畴。具体到每个活动，每个幼儿获得的个性化经验，会有更加细致、微观的课程内容。因为真正发挥作用，促使课程目标得以实现的课程内容往往是这些细致、微观的课程内容。因此，幼儿园课程内容可以划分为三种层次，即理念的课程内容（某种课程模式规定的宏观、结构完善的课程内容）、实践的课程内容（教师根据课程模式的规定选择教的内容）、内化的课程内容（幼儿在教学过程中真正学到的内容）。在具体实践过程中，必须解决好这三个层次之间的关系，才能使课程内容真正实现其教育价值和教育功能。

（四）课程实施

课程实施即具体的教学过程，解决的是怎么教和怎么学的问题，也是课程理念、课程目标、课程内容通过师幼互动、教学组织形式、环境的创设与材料投放等方式的具体落实过程。课程实施是课程得以落实的关键，是课程从理想转化为现实，从观念转变为幼儿的知识、态度和行为的核心途径，也是课程理念、课程目标、课程内容等静态因素动态化的重要媒介。如果没有课程实施这个要素和环节，那么课程也就没有存在的价值和意义了。

课程实施的形式是多种多样的，也是不同课程模式之间进行区别的重要判断因素。例如，美国海恩思科普课程的典型实施形式为活动区活动及其"计划—做—回顾"的环节；意大利瑞吉欧课程的典型实施形式为项目活动，即探究式主题活动，其富有特色的艺术表达方式；我国幼儿园课程实施形式为主题活动、区域活动相结合的综合模式。

课程实施实质上解决的是怎么教和怎么学的问题，而怎么教则基于怎么学而确定。对于幼儿园的课程实施来说，幼儿学习的特点和类型决定了教师教的方式和方法。幼儿的学习方式尽管是多种多样的，但主要是在生活和游戏中学习的，因此幼儿园的课程实施应当以生活和游戏为主，注重生活性、游戏性，更多地通过生活中的渗透、有趣的游戏来教和学。

需要注意的是，一定要避免大量集体上课的课程实施方式，因为这种方式实际上并不符合幼儿的学习和发展特点。相反，应当更多地通过游戏和生活来促进课程的实施，同时还要致力于研究游戏和生活之中教师教的方式和幼儿学的方式，探索相应的教学策略和方法，真正提高游戏中、生活中教与学的质量。这就意味着幼儿园的课程实施，要深入研究师幼互动的形式和特点、教学组织形式的适宜性和趣味性、环境创设和材料投放的有效性和针对性等问题。例如，思考师幼互动什么时候是严肃的，什么时候则是平等、快乐的？什么时候组织全班集体活动，什么时候则是开展小组活动，甚至是个别化指导？应当为幼儿创设怎样的活动室环境，活动材料多长时间更换一次？等等。

（五）课程评价

课程评价是对课程质量进行的检查和判断，即对课程理念、课程目标、课程内容、课程实施的适宜性和落实性的检查和判断，实质上是一个反思、批判、调整和提高的过程，是检验和保证课程质量和成效的关键。

幼儿园课程评价的内容一般分为两个方面，即对幼儿的评价和对教师的评价。对幼儿的评价包括幼儿的学习过程和学习结果；对教师的评价主要包括教学目标、教学准备、教学设计、教学过程、教学延伸、教学反思等多个方面，这些方面有机结合才能构成一个完整的课程评价过程和结果。

幼儿园课程评价的方式是多种多样的。关于课程评价方式的不同类型划分同样适用于幼儿园课程，如形成性评价和总结性评价，过程性评价与结果性评价，定性评价与定量评价，发展性评价和检查性评价，真实性评价，档案袋式评价，等等。另外，幼儿园的评价还可以根据具体的评价内容进行划分，例如，对主题活动的评价、对活动区活动的评价、对社会领域教育的评价、对操舞活动的评价等。幼儿园可以根据不同的需要来选择不同的评价方式。另外，国内外学前教育领域也有许多著名的评价量表或评价方式可供选择、借鉴和使用。例如，美国的《托幼机构环境评价量表》(ECERS-R 和 ECERS-E)、作品取样系统；我国各省市的托幼机构分级分类评价量表当中关于课程评价的部分。

三、我国幼儿园课程的历史发展

幼儿园课程建设和园长课程领导力的提升还需依托我们国家的历史和文化，依托我国的国情和特点。那么，我国学前教育课程的历史和传统如何？当课程这一概念引入我国之后，经历了怎样的发展和演变？作为园长，其课程领导力的提升应当了解我国幼儿园课程的传统和历史，了解其文化传承和历史积淀。只有在此基础上才能站在全局，以发展的角度来看待和理解幼儿园课程的发展和建设，才能够把握幼儿园课程领导的核心要素，进而更好地促进自己所领导的幼儿园课程质量不断发展和提升。

(一)我国古代的学前教育课程

我国学前教育发展的历史悠久，早在距今 3700 多年前的殷商时期就已经有了相关的记载和论述。关于学前教育论述的范围也是非常广泛的，涉及胎教、古代的宫廷教育、家庭教育(主要是指士大夫家庭的教育，只有这些家庭才重视对子女的有意识的教育)、日常生活与教育、慈幼与女童教育等多方面。其中，关于课程方面的论述也是非常多的，概言之，主要涉及学前教育的对象、课程的理念和目标、课程内容、课程实施等方面。

1. 学前教育的对象

古代的学前教育是一个非常宽泛的概念，并未像当代区分如此明显。十岁之内都被称为"幼、学"。《礼记·曲礼上》："人生十年曰幼，学。"东汉末年的经学大师郑玄进一步解释为："名曰幼，时始可学也。"可见，十岁左右为"幼学之年"，才开始接受系统的教育。宋朝大儒朱熹将教育划分为小学与大学两个阶段，其中 8—15 岁为小学教育阶段，可见，8 岁始为正规的教育的开始，8 岁之前尚不在其关注的范围之内，但朱熹仍将其称为幼学阶段。但是，更为普遍的观点则强调教育应当及早开始，例如，汉代著名学者贾谊在论述太子的教育时，也强调"早喻教"，应当自胎教开始。我国著名的家庭教育典籍《颜氏家训》的作者颜之推就强调有条件的家庭，自胎儿开始就可实施胎教。同时还指出，应当在婴幼儿开始能够辨认脸色、知人喜怒时就开始进行教诲。明清的思想家、教育家陆世仪在论述施教的年龄时，曾对朱熹的8岁才开始教育给予了批驳，强调"今之教子弟入小学者，决当自五六岁始"。可见，我国古代"早喻教"的理念是普遍所共有的，都强调早期教育的重要作用。

2. 课程的理念和目标

我国古代学前教育课程的理念总体上呈现出"重视品德养成、重视读书启智"的特点，在课程目标上则定位于"成人""成才"两个方面，即经由封建伦理道德的培养进而"成人"，经由读书启智的教育进而"成才"。其根本目的都在于使儿童能够尽快顺应封建伦理道德秩序，掌握当时社会所要求的各种文化知识和技能，尽快融入和适应当时的社会，并能够"光宗耀祖"，促进家庭乃至整个家族的延续和发达，同时也是为封建统治者培养"尽忠""治国""治世"的人才。

可见，社会需求和期望是设置课程目标时考虑的首要内容，而儿童本身的发展特点和天性并不是设置课程目标时考虑的第一要素。

3. 课程内容

我国古代学前教育的课程内容也是紧密围绕其"重视品德养成""重视读书启智"的目标而设置的，各朝各代也都编写出一些用于教育年幼儿童的教材，比较著名的启蒙读物有：《三字经》《百家姓》《千字文》《弟子规》《幼学琼林》《朱子家训》《千家诗》《古文观止》《唐诗三百首》《声律启蒙》《文字蒙求》《增广贤文》。其中，《三字经》《百家姓》《千字文》几乎是所有私塾开蒙的必读之书。从具体的课程内容来说，主要分为六大方面。

（1）人伦道德。封建的伦理道德是古代学前教育的重要课程内容，尤其注重从小在幼儿心中种下道德的种子。这方面的主要课程内容有孝悌、节俭、诚信等，这些品德是封建社会得以立纲建制的根本，要从小进行培养。

（2）为人处世。人情世故是中国社会非常看重的内容，如何与人交往、如何适应社会、怎样为人处世也是学前教育的重要学习内容。

（3）礼仪规范。中国自古就是礼仪之邦，教育幼儿习得和遵守各种礼仪，在不同的场合之下有合乎礼仪的行为，也是重要的课程内容。具体主要包括简单的礼仪姿态训练、尊老敬长的常规礼仪训练、初步的交往应对的礼仪训练等。

(4)初步的读写算知识。文化知识教育也是学前教育的重要内容，主要包括识字、习字、阅读儒家经典、属文、作诗、算术等。

(5)卫生习惯与保健。包括个人卫生习惯、环境卫生习惯、身体保育和锻炼等。

(6)生活和劳动技能训练。富裕家庭较为忽视这方面的教育，但是贫困家庭由于家庭条件的局限则较为重视孩子这方面的教育，这些家庭的孩子从小就需要担负起分担家庭劳动、从事力所能及的工作的责任。男孩和女孩所承担的劳动内容也是不同的，男孩为洒扫庭院、放牛、田间劳作等，女孩为女红、桑麻、织布等。

可见，我国古代的学前教育课程内容还是非常全面和多样的，涉及儿童发展和社会生活的各个方面。

4. 课程实施

我国古代的学前教育在课程实施方面，按地点来分，可分为家庭教育、学塾教育(家塾或族塾)。家庭教育主要强调在家庭的一日生活之中随时随地进行各方面的教育，尤其是下层民众主要是通过这种方式接受教育的。士大夫阶层则在孩子到一定年龄时会送到学塾接受相应的教育，有专门的教师来教。

在课程实施的原则和方法方面，主要呈现出以下特点。

(1)重视及早施教。强调在婴儿时期，就开展各种教育，认为只有从小开展教育才能使人格、品性、习惯及早定型，达到"事半功倍"的效果。

(2)正面教育。南宋理学家朱熹在《小学》中曾说："多说那恭敬处，少说那防禁处。"强调应当对幼儿从正面进行各种教育，告诉幼儿正确的做法。

(3)言语劝诫与严格管教相结合。通过撰写家书、家训以及各种格言警句教育幼儿，同时强调教育应当严格，必要的时候要实施体罚。

(4)重视道德教育，以社会、先辈、长辈的要求来教育儿童。儿童的独特性并不得到承认，相反，他们需要尽快地适应社会的要求，先辈、长辈的训诫和希望是儿童接受教育和努力的方向。与之相对应，背诵、记忆、读书、识字、习"圣人之言"、抵制原始的欲望和冲动等都成为教育的重要手段和方法。

(5)重视环境和榜样的作用。"慎择保傅"，"近朱者赤，近墨者黑"，"与善人居，如入芝兰之室，久而自芳也；与恶人居，如入鲍鱼之肆，久而自臭也"，"习俗移人，如油渍面，虽贤者不免"。这些均是强调环境对人影响的名言警句，《列女传》中记载的"孟母三迁",更是家喻户晓的重视幼儿成长环境的典范故事。

(6)与站正统地位的程朱理学强调封建人伦,强调严格教育,强调道德行为的训练和习惯的养成不同,王阳明的"心学"提出了一些尊重儿童特点的教育方法和原则。例如,强调顺应儿童的性情进行教育,提出"大抵童子之情,乐嬉游而惮拘检,如草木之始萌芽,舒畅之则条达,摧挠之则衰萎"。同时,他还提出了循序渐进、量力而施、因材施教等观点,有些观点既是对传统的继承,又是对传统的创新。

综上所述,我国古代的学前教育有着悠久的历史,形成了自成一格的独特的教育内容和方法。学前教育主要是在家庭及其附设学塾之中进行的,多为士大夫阶层经验的总结,其重人伦道义、重行为礼仪、重读书启智、重圣人祖宗之言的特点非常明显,儿童的形象是附属于成人的,尚未独立出来。因此课程的理念、目标、内容和方法多是从社会需要和成人要求的角度来考虑,很少考虑到儿童独特的生理和心理特点。

(二)我国近代的学前教育课程

近代中国遭受帝国主义的侵略,原有的封建社会模式被彻底打破,沦为半殖民地半封建社会,学前教育的模式也受到了彻底的冲击,由原来的以家庭教育为主的模式向举办社会学前教育机构的模式转变,学前教育课程也有了翻天覆地的变化。总体来说,近代的学前教育课程呈现出半封建半资本主义的特点,一方面,体现为对西方资本主义学前教育课程模式的引入;另一方面,又试图坚守中国封建社会的传统模式,体现为"中体西用"的特点。在课程设置方面也表现出这一特点,纯粹西方式的,或者是糅杂了西方的形式与中国传统的内容的。具体来说,中国近代的学前教育课程主要体现为以下三种形式。

1. 教会幼稚园的课程

教会幼稚园的课程主要体现为宗教性、全盘西化和不平等性的特点。课程目标上主要是以传教、培养教徒、传播西方价值观为主要目的,在内容上也是以宗教歌曲、宗教故事、宗教活动等为主,课程的实施方面通过各种外国玩具、设施设备、外国教学法等来实施,完全是外国教育放在了中国。在教育对象上,实施双轨制,对贫苦家庭的子女主要是进行行为、思想的训练;对富裕家庭的子女实施的才是真正的教育,有识字、图画等课程。

2. 借鉴日本学前教育

这一时期,由于日本明治维新取得的巨大成功,清政府选派大量人员赴日考察和学习，日本的学前教育也被大量引入中国，建立了大量蒙养院。如中国第一所幼稚园湖北武昌蒙养院，湖南蒙养院，以及著名的私立蒙养院天津严氏蒙养院等。家养院所聘请的管理者与教师均为日本人。其课程目标、课程内容、课程的实施均完全模仿日本，受到日本学前教育的文件《幼稚园保育及设备规程》很大的影响。例如，湖北武昌蒙养院，其课程内容有行仪、训话、幼稚园语、日语、手技、唱歌、游嬉七项，其他蒙养院的课程也大略如下。教具材料方面受日本影响，主要是运用了福禄贝尔的恩物及其相应的教学法。

3.《奏定蒙养院章程及家庭教育法章程》中规定的课程

1904 年，中国近代第一个学制癸卯学制颁布，对于学前教育也有相应的规定，并制定了专门的章程——《奏定蒙养院章程及家庭教育法章程》。规定蒙养院为专门的学前教育机构，主要招收 3－7 岁儿童，其中保育要旨强调要使幼儿身心得到健康的发展，并且提出了教育的方法为正面教育，要注意环境的影响。不过，教育的重点仍然在于人伦道德规范之养成、仪容举止行为之端正，其根本思想明显体现为"中体西用"的特点。

在课程内容方面，主要规定了游戏、歌谣、谈话、手技四项内容。值得注意的是，被中国传统文化一直以来排斥在教育内容之外的游戏开始真正成为课程的重要内容，并且成为课程实施的重要形式，这一点是受西方教育影响的最明显的体现。

从蒙养院的作用和具体设置方式来看，并未将蒙养院作为学前教育的主要形式，而是强调蒙养院为家庭教育的补充，"以蒙养院辅助家庭教育"。这是因为，单独设立蒙养院一是缺乏师资，二是蒙养院所教内容并不多，这都反映出蒙养院的教育目标和内容与家庭教育的一致性。另外，蒙养院附设在育婴堂和敬节堂内，由乳媪和节妇自相传习官编女教科书和家庭教育书籍，并在此基础上开展教育，这都反映了当时的教育目标和课程内容很难真正得到贯彻落实，仍然不可避免地渗透了封建传统教育的内容。

(三) 20 世纪上半叶的我国学前教育课程

辛亥革命推翻了清王朝的统治，社会的巨变也影响到学前教育的发展，这一时期，可以说是我国学前教育思想及实践的大发展时期。

1. 民国初期的学前教育课程

民国初期，制定了新的学制壬子癸丑学制，将蒙养院改称为蒙养园，颁布了一系列新的关于教育的法令，对学前教育也有一系列的阐述和规定，蒙养园主要附设于小学校之中。

蒙养园的宗旨为："以保育满三周岁至入国民学校年龄之幼儿为目的。"保育儿童的目标为："保育幼儿，务令其身心健全发达，得良善之习惯，以辅助家庭教育。"①保育幼儿的方法主要有尊重幼儿的身心发展特点、实施正面教育等。保育项目有游戏、唱歌、谈话、手艺等。蒙养园设置园长，安排保姆保育幼儿，保姆需通过检定，具备国民学校正教员或助教员之资格。蒙养园的教室设置有游戏园、保育室、游戏室及其他必要诸室，更适宜为平房，具体设施有恩物、绘画、游戏用具、乐器、黑板、桌椅、钟表、寒暑表、暖房器及其他必要器具等。

可见，这一时期，学前教育机构的称谓和附设机关有所变化，也开始重视学前教育师资的培养，但是在课程目标、课程内容、课程实施等方面并未有明显的变化。蒙养园仍为家庭教育的补充，根本目的在于促进幼儿的身心健康发展和良好习惯的养成。另外，福禄贝尔、蒙台梭利等欧美学前教育家的思想和实践开始在我国得以传播，他们的著作被翻译为中文向国人介绍，他们的教育思想也在我国的幼儿园得到实践。

这一时期，关于儿童公育的思想也开始发展，如康有为的儿童公育思想，其教育思想主要包括重视幼儿的身体健康、心理健康、增长幼儿的知识和视野等方面内容，反映了时代发展对学前教育的新探索和新要求。

2. 五四运动之后学前教育课程的发展

自五四运动开始，中国革命和社会发展进入一个新的阶段，"北伐"的完成，结束了军阀割据的局面，中国实现了形式上的统一，成立了南京国民政府。这一时期，颁布了新的学制，史称"壬戌学制"，蒙养园改称幼稚园，诞生了著名幼教专家陶行知、陈鹤琴、张雪门、张宗麟等，也诞生了一大批至今仍有深刻影响的著名幼稚园，如鼓楼幼稚园、厦门集美幼稚园、洛杉矶托儿所等。在此期间，也诞生了我国第一个《幼稚园课程标准》，对我国这一时期的学前教育实践进行了全面的梳理和总结，致力于建设贴近中国国情特点的幼儿园课程。其课程目标指向于幼儿的身心健康、快乐体验、优良习惯、家庭教育的改进四个方面；课程内容包括音乐、故事和儿歌、游戏、社会和常识、工作、静息、餐点共7项，每项均列有目标、内容及最低限度要求；课程实施被称为教育方法要点，提出了"中心制"教学、自由活动、团体作业、观察儿童、充分利用户外自然和社会环境等教育建议。

① 唐淑主编. 中国学前教育史(第三版)[M]. 北京：人民教育出版社，2015：118-119.

3. 著名教育家的教育思想与实践

这一时期，鲁迅、蔡元培、恽代英、陶行知、陈鹤琴、张雪门、张宗麟等人都有关于学前教育的重要论述。其中，陶行知、陈鹤琴、张雪门、张宗麟等人还将理论付诸实践，形成了理论与实践相结合的学前教育体系。概括说来，他们的学前教育课程思想及实践主要有如下特点。

（1）重新认识儿童，解放儿童，发现儿童。

这一认识直接与课程观中的儿童观相联系，这一时期的教育家们都强调重新认识儿童，解放儿童，发现儿童，承认和尊重儿童本身所具有的特点，在实施教育的时候，要尊重和顺应儿童的天性，研究儿童的心理发展特点，在此基础上开展教育。

（2）强调培养健全的、完整的、有个性、有担当的儿童。

这一认识直接与课程目标相关，他们都强调充分发展和尊重儿童的个性特点，给儿童以适宜的教育，并且认为儿童为将来社会的建设者和接班人，是整个国家和民族的希望，是未来的国民，因此必须培养完整和健全的儿童，这是学前教育的根本目的。

（3）课程内容强调德、智、体、美全面教育、广博的教育内容。

在课程内容方面强调应当为幼儿开展多方面的教育，促进幼儿全面和谐的发展。例如，蔡元培提出了重视学前儿童美育的思想；恽代英则强调德智体美四育应同时进行、同等重要；陶行知特别指出了创造教育的重要性，强调尊重儿童的个性，培养儿童的创造力。张雪门提出了"大教材"的概念，指出教材不仅仅局限于几个方面，而应当是范围很大的，因此，课程内容也是涵盖很大的，具体可分为"儿童自发的诸般活动""儿童的自然环境""儿童的社会环境"三个方面，也就是说，儿童生活的一切内容实际上都可以作为课程和教材的内容。陈鹤琴也持广义的课程内容的观点，他曾经说过："大自然、大社会就是活教材"，在具体实施方面，他还将课程内容划分为健康、社会、科学、艺术、语文五个方面，被称为"五指教学法"。张宗麟也认为幼稚园的课程内容是非常广泛的，虽然没有课程表，但是教师应当做到对课程心中有数。他曾将课程进行了两种分类，一类是以儿童活动为标准进行分类，包括开始活动（初入园必须养成的习惯）、身体活动、家庭活动、社会活动、技巧活动；另一类是以学科为标准进行分类，包括音乐、游戏、自然等科目。从具体的内容来看，音乐、游戏、工作（图画、纸工、泥工、木工、积木、沙箱、缝纫、织工、园艺）、常识、故事、读法、数法、餐点、静

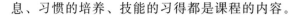

息、习惯的培养、技能的习得都是课程的内容。

（4）课程实施强调生活和行动中学习，以及单元整合的教育方法。

在课程实施方面，他们强调生活中学习、行动中学习、游戏中学习的方式，并且反对分科教学，而是强调整合的教学方法。例如，陶行知提出的"生活教育理论""教学做合一的方法"被广泛运用到了他所创办的乡村幼稚园中，将乡村生活与幼稚园教育密切结合起来，因陋就简、因地制宜开展乡村幼稚教育实践，发展中国化的、平民的、省钱的幼稚园。张雪门提出了"幼稚园行为课程"的理论，并且借鉴了美国的设计教学法并加以改良，形成了富有自身特色的行为课程计划和方法，由单元计划和教学活动计划两部分组成，以单元主题的形式来实施课程。陈鹤琴提出了"整个教学法""游戏教学法""小团体教学法""五指教学法""单元教学法"等，并且和张宗麟等人一起开展了课程实施的实验，总结出"中心制"的单元教学，强调把儿童生活中常见的现象预定一周或几天为一个中心，组成一个个单元，通过常识、故事、音乐、游戏、工作等各项活动进行教育。

5. 老解放区的学前教育课程

老解放区的学前教育是这一时期的学前教育实践的重要组成部分，对新中国成立后我国的学前教育有着深远的影响。老解放区的学前教育课程主要体现为以下几个特点。

（1）重视保育。这与当时的战争环境和社会环境是分不开的，因此非常重视幼儿的保育，主要包括重视幼儿的营养、坚持合理的作息和管理制度、坚持"预防为主、治疗为辅"的方针等。

（2）课程目标指向于幼儿身心的健康发展。内容方面特别重视幼儿的品德教育，品德教育主要包括培养良好的行为习惯、劳动教育、爱国主义教育三方面内容。另外，也开始重视幼儿的智育，有托幼机构曾对 2—6 岁幼儿在知识和智力方面的发展提出了如下标准。

a. 识别农作物 60 种，动物 40 种，颜色 12 种，形状 12 种。

b. 会单独表演唱歌，发表心里的话，讲简单故事和担任指挥唱歌。

c. 能从 1 数到 100，并能心算 $3+5=8$ 之单位加法。

d. 识字 50 个，并会写自己的名字。

e. 对各种常识发生兴趣，并能简单地知道太阳、月、雨、雪等知识。

f. 知道吃、穿、用的东西是谁创造的？[①]

（3）在课程的实施方面，重视生活中的教育、正面教育、基于儿童的身心发展特点进行教育，后期也进行了课程实施的实验，曾经实验过完全不设课程的兴趣教育、完全按照课程表的教育、自由活动和课程表相结合的教育等方法。有的幼儿园，如延安第一保育院还曾经采用单元教学法进行教育。可见，课程的具体实施形式也是多种多样的。

综上所述，20 世纪上半叶是我国社会发生剧变的时期，这一时期也是新思想、新文化争相竞放的时期，我国的学前教育课程也得到了充分的发展和实践，并呈现出不同的特色，大体说来，都开始尊重幼儿的身心发展特点，并且研究幼儿的身心发展特点，在充分考虑幼儿身心发展特点的基础上实施教育，并且致力于创新教育的内容、方法和形式。这一时期实际上也奠定了我国学前教育课程发展的基础。

（四）新中国成立后至今的我国学前教育课程

新中国成立之后，将幼稚园改为幼儿园，鉴于当时的国际形势，我国全面向苏联学习，学前教育也不例外，开始全面学习和引入苏联的学前教育理论和实践，确立了学前教学论体系。改革开放之后，随着国际形势和社会环境的变化，课程重新进入学前教育领域，得到了广泛的研究和发展。国家非常重视学前教育的发展，学前教育课程呈现出多样化的特点。

1. 新中国成立初期的学前教育课程

这一时期，主要向苏联学习，确定了学前教育"全面发展教育"的目标。1951年，中央教育部制定了《幼儿园暂行规程草案》，规定："幼儿园对幼儿进行初步的全面发展的教养工作"，列出了体、智、德、美四方面的培养目标。

（1）培养幼儿基本的卫生习惯，注意其营养，锻炼其体格，保证幼儿身体的正常发育和健康。

（2）培养幼儿正确运用感官和语言的基本能力，增进其对于环境的认识，以发展幼儿的智力。

（3）培养幼儿爱国思想、国民公德和诚实、勇敢、团结、友爱、守纪律、有礼貌等优良品质和习惯。

---

① 唐淑主编. 中国学前教育史(第三版)[M]. 北京：人民教育出版社，2015：299-300.

(4)培养幼儿爱美的观念和兴趣，增进其想象力和创造力。①

在具体内容方面，暂定了如下六大类教养活动项目。

(1)体育，包括日常生活、卫生习惯、体操、游戏、舞蹈和律动等。

(2)语言，包括谈话、讲述故事、歌谣、谜语。

(3)认识环境，包括日常生活环境、社会环境、自然环境。

(4)图画、手工，包括图画、纸工、泥工、其他材料作业等。

(5)音乐，包括唱歌、表情唱歌、听音乐、乐器表演。

(6)计算，包括认识数目、心算、度量。②

在课程的实施上，对西方的"自由教育"和"行为主义教育"理论进行了批判，对原来占主导地位的"单元教学"进行了批判，拟定了如下教养原则。

(1)要使幼儿全面发展。

(2)要使教养内容和幼儿生活实际相结合。

(3)要使幼儿有独立活动完成简单任务的机会。

(4)要使幼儿习惯于集体生活。

(5)要使必修作业、选修作业以及户外活动配合进行。

(6)要使幼儿家庭教育和幼儿园教育密切融合。③

学前教学从此成为我国学前教育领域内的一个重要概念，要求对儿童进行系统的作业教学。必修作业是幼儿在教师领导之下的集体学习，有明确、统一的目标。幼儿园各班每天都要有必修作业：小班每天作业时间为 30 分钟，一周 9 次；中班每天有两次作业，时间为 60 分钟，一周 12 次；大班每天有 2～3 次作业，时间为 80 分钟，一周 15 次。作业或"集体上课"成为我国幼儿园教学，也是课程实施的主要形式。

可见，新中国成立初期向苏联学习，建立了学前教学论体系，教育的目标、内容、实施方式都发生了巨大的变化，我国学前教育课程的发展进入到一个新阶段。

2. 改革开放之后的学前教育课程

改革开放之后，幼儿园课程的理论和实践开始蓬勃发展起来。1982 年，南京师范大学学前教育专业的教师发表了《挖掘幼儿智力潜力，促进幼儿智力发

---

① 唐淑主编. 中国学前教育史(第三版)[M]. 北京：人民教育出版社，2015：325.

② 同上书，326-327.

③ 同上书，326.

展——幼儿园课程研究三年小结》一文，重新启用"课程"一词，对幼儿园课程的研究又重新进入学前教育研究领域。

(1)对课程目标的重新厘清和确立。

这一时期对课程目标进行了深入的探讨，提出早期教育应以全面发展为目标，倡导素质教育。1981年《纲要》明确提出幼儿园教育的任务应是向幼儿进行体、智、德、美全面发展的教育，1989年《规程》也明确提出了注重幼儿体、智、德、美全面素质的培养。《纲要》中也明确指出："城乡各类幼儿园都应从实际出发，因地制宜地实施素质教育，为幼儿的一生发展打好基础。"《指南》也指出课程目标为："以为幼儿后继学习和终身发展奠定良好素质基础为目标，以促进幼儿体、智、德、美各方面的协调发展为核心"，建立对幼儿发展的合理期望，实施科学"保育和教育，让幼儿度过快乐而有意义的童年。"

(2)对课程内容的重新研究和确立。

在课程内容上进行了多方面的探讨和变革。改革开放初期，1981年颁布的《幼儿园教育纲要(试行草案)》将教育内容分为生活卫生习惯、体育活动、思想品德、语言、常识、计算、音乐、美术八个方面。随着幼教改革的发展，对幼儿教育与课程理论和实践研究的深入，《纲要》和《指南》都将教育内容的划分进行了调整，划分为健康、语言、社会、科学和艺术五部分，并且用五大领域来命名。可见，对于课程内容的研究和认识由原来的较为具体、分散向更加综合、全面的方向发展，强调各领域内容相互渗透，从不同的角度促进幼儿情感、态度、能力、知识、技能等方面的发展。

(3)课程实施方式的探究和实践。

20世纪80年代末，针对课程实施过程中"重教学、轻游戏"的问题，游戏得到深入研究和实践。1989年颁布的《幼儿园工作规程(试行)》指出："幼儿园的教育以游戏为基本活动，寓教育于各项活动之中；游戏是对幼儿进行全面发展教育的重要形式。应根据幼儿的年龄特点选择和指导游戏。应因地制宜地为幼儿创设游戏条件(时间、空间、材料)，游戏材料应强调多功能和可变性。应充分尊重幼儿选择游戏的意愿，鼓励幼儿制作玩具，根据幼儿的实际经验和兴趣，在游戏过程中给予适当指导，保持愉快的情绪，促进幼儿能力和个性的全面发展。"至此，幼儿园以游戏为基本活动的课程理念和实施方式得以确立，逐渐改变了过去以"上课"为主的课程模式，强调课程实施的多种形式。我国幼儿园课程获得了更加丰富、深入和多样化的发展。

第三章　提升园长勇于课程改革和实践的专业精神

　　园长是一所幼儿园的灵魂和领军人物，园长的专业素养和精神面貌直接决定了一所幼儿园的整体专业水平和文化环境。园长的专业素养和精神面貌从何而来？其核心在于园长应当具有勇于课程改革和实践的专业精神！只有园长对幼儿园课程改革及实践充满了热情和干劲，才能以其自身的专业魅力和人格魅力吸引和带动全园教职员工，甚至幼儿和家长共同投入幼儿园课程的不断发展和完善之中。而课程领导力这一园长所应当具备的核心专业能力的不断发展和提升，其根基也在于园长勇于课程改革和实践的专业精神。

　　幼儿园课程改革的纵深发展，呼吁课程改革的实践者们更加关注幼儿园课程如何尊重幼儿身心发展的特点，如何深入研究幼儿园教育教学的规律，以及如何为幼儿创设更加适宜和富有挑战性的课程，进而促进幼儿持续健康的发展。幼儿园园长是幼儿园课程改革和实践主体中的领导者和践行者，带领和指引着广大幼儿园教师具体进行课程改革和实践，直接决定了幼儿园课程的水平和质量。因此，幼儿园园长是否具备勇于课程改革和实践的专业精神，直接决定了园长是否能够有效引领幼儿园课程的改革、实践与发展。可见，园长具备勇于课程改革和实践的专业精神是园长提升其课程领导力的又一前提和关键所在。园长应当从传统的管理者角色中解放出来，提升其专业领导力和专业精神。这种专业领导力和专业精神就是勇于领导和承担课程改革和实践的精神，是关注和致力于不断幼儿园课程质量的精神，是以幼儿为本，以教师为本，切实履行幼儿园课程改革和实践领导职能的精神。

一、园长专业精神的内涵

　　何谓专业精神呢？专业精神是指对工作是否执着于专业的规范、要求、品质化程序等。就是在专业技能的基础上发展起来的一种对工作极其热爱和投入的品质，具有专业精神的人对工作有一种近乎疯狂的热爱，他们在工作的时候能够达到一种忘我的境界。①

可见，园长的专业精神是园长对幼教专业发自内心的一种热爱和崇敬，是对教育品质的始终坚守与对教育理想的不懈追求。这种专业精神，不是一时的兴趣，也不是一时的热情，体现在园长不仅把幼儿教育当成一项专门从事的职业，更把它上升为一项长期性的、需要全身心投入的事业而为之奋斗终生。

园长的专业精神与专家、学者的专业精神不同，它要面对复杂的教育实践活动而不是"单纯"的教育教学活动或教育教学研究，因而它是寓于教育实践活动中的教育理性精神与实践智慧的表现，是体现园长对幼儿教育的自觉与超越的理性精神和实践智慧。这种理性精神与实践智慧可以划分为四个方面，即第一，勇于课程改革和实践的自觉意识；第二，领导课程改革和实践的自主实践；第三，在引领课程改革和实践过程中自由超越；第四，不断反思和明晰课程的价值取向。

二、提升园长勇于课程改革和实践的自觉意识

园长是幼儿园全面工作的组织者、领导者、参与者，是一所幼儿园的灵魂。在幼儿园课程实践与改革前行的道路上，如何充分发挥自身的专业引领作用，寻找突破口？园长的课程管理观念和行为直接决定着课程实践与改革的方向，影响着教师的课程理念及行为，影响着幼儿园课程的具体实施。因此，园长不仅仅是课程改革和实践的决策者和引导者，还要成为课程改革和实践的支持者和保卫者。

园长的专业发展不仅仅是专业知识和技能的发展，而是以专业精神为核心的系统的全面发展。专业精神是专业发展的内在动力，园长如果缺失专业精神，专业发展就如"无根之木"，失去长久的生命力。园长专业精神的自觉意识，来源于园长对自身从事职业的专业认同和理解，来源于园长关于幼教专业对个体、对社会发展的意义和价值的认识。同时，来源于园长的专业责任感和使命感，即一种对专业的执着追求，一种坚定的信念，一种崇高的理想。这种自觉意识促使园长不断完善自身作为专业人员的专业素养和人格特质，并坚持自己专业发展自主、持续的追求。

为了提升勇于课程改革和实践的自觉意识，园长首先要自觉转变自己的课程观念，从幼儿出发，确立幼儿园课程改革和实践是为了幼儿发展的信念；要了解

---

① 郝凤茹. 职业精神[M]. 北京：北京大学出版社，2015：1.

幼儿园课程的全面性、启蒙性、生活性等特点，把握幼儿园课程改革和实践的方向和趋势；重视幼儿园课程与幼儿生活的连接，使幼儿园课程的内容植根于幼儿生活，使课程本身成为幼儿生活中的有益经验。园长还要认识到：课程改革和实践是民主开放的过程，需要不同层次的各种人员共同参与，课程改革和实践是园长领导下的幼儿园全体教职员工、家长以及相关社区人员的共同参与过程。

（一）提升园长领导课程改革和实践的专业自信

园长的专业自信"是一种倾向于、习惯于、热衷于通过专业知识和专业技能去解决教育实践问题的信念、态度和情感，并坚信其有效性。"[1]建立了专业自信的园长，相信幼儿教育必然有其特殊的专业性，并且有着特殊的课程改革和实践理论和方式。这意味着园长要有值得自信的专业素养和专业基础。园长相信从事幼儿教育必须具备特定的专业知识和教育技能，这些专业知识和技能能够引发专业的教育行为，而这些专业行为比非专业行为更能贴近和切合幼儿身心发展的规律，能够更有效地解决幼儿教育实践活动中的问题和矛盾。通过园长的专业引导和指导，教育实践活动会达到更好的效果和水平。园长的专业自信一方面是自身在课程实践过程中不断学习、磨砺，并在此过程中逐渐丰富和发展起来；另一方面园长要以海纳百川的心态，从众多的同行中吸纳别人的专业长处，汲取专业的营养，这也将有助于专业自信的提升。

（二）提升园长领导课程改革和实践的专业坚守

园长对课程改革和实践的专业坚守，是相信专业知识和技能的普适性和永久性，在专业自信的基础上形成了坚守教育专业性的执着信念，对本专业保持着恒久的热情与兴趣。不管外部环境如何变化，始终不降低、不退让教育专业品质的兴趣与标准，不放弃对教育的专业性要求。园长的专业坚守体现在以下三方面。

第一，坚持以幼儿为本的专业理念。园长要把促进幼儿快乐健康的成长作为课程改革和实践的出发点，让幼儿在幼儿园的游戏和生活既快乐又有意义。园长要树立科学的儿童观、教育观、课程观，面向全体幼儿，平等对待每个幼儿，尊重个体差异，为促进幼儿富有个性的全面发展提供适宜的、高质量的教育。以幼儿为本的专业理念时刻贯穿在幼儿园的日常工作当中，也体现在幼儿园工作的方方面面。

第二，坚持专业引领促进教师专业发展。园长作为课程改革的领军人物，既

---

① 彭钢：校长专业精神的自觉与超越[J]. 江苏教育，2014(5).

是专业引领的领跑者，又是组织协调的领导者，更是先进教育理念和思想的传播者。园长作为课程改革和发展的带头人，肩负着引领幼儿园和教师发展的重任。

园长把握正确的课程改革方向，建章立制，实施科学民主的管理，提升幼儿园办园质量，推动幼儿园可持续发展。同时，尊重教师专业发展的规律，全方位为教师的专业成长搭建平台，激发教师自主成长的在动力，促进教师的专业化发展。

第三，坚持不断提升执行力。园长对于专业的坚守，不仅仅在于秉承先进的课程理念和管理理念，而这些思想和理念最终需要通过较强的执行力、行动力来实现。因此，园长应当"不断提高规划幼儿园发展、营造育人文化、领导保育教育、引领教师成长、优化内部管理和调适外部环境等方面的能力；坚持在不断的实践与反思过程中，提升自身的专业能力"。

（三）提升园长领导课程改革和实践的专业追求

园长的专业追求是指园长始终坚持高标准的教育理想和追求，在课程实践中，尊重幼儿，不断满足幼儿成长的需求，积极主动地变革创新，为幼儿提供更贴近他们成长规律的课程及教育教学方法。同时，通过专业学习、实践探索和教育研究不断提升自身专业素养，并引领教师全面提升专业素养。专业追求应当贯穿于园长职业生涯的整个过程，并内化为一种日常的专业意识和行动。

社会日新月异的快速发展，给园长的专业发展提出了更迫切的要求。园长必须坚持专业追求，具备自我发展、自我完善的能力，不断地提高专业素质，不断地接受新的知识和新的领域，不断更新自己的教育观念、专业知识和能力结构，才能跟上时代的发展。园长要牢固树立终身学习的观念，成为终身学习者与研究者，要有能力把握各种机会，去更新、充实知识储备，适应快速发展的社会。及时了解国内外学前教育改革与发展的趋势，优化自身专业知识结构，注重学习型组织建设，使幼儿园成为园长、教师、家长与幼儿共同成长的家园。因此，园长要把学习当作专业发展的重要途径，只有不断学习前沿的专业知识，及时了解幼儿教育发展的新动态，才能紧跟时代的步伐，园长所领导下的幼儿园课程和教育才能焕发出更加旺盛的生命力。

由此可见，"专业追求可以体现、统整并超越专业自信和专业坚守，并不断更新为稳固、坚定、执着的专业自信和专业坚守，从而成为一种园长的人格、理想和价值"。[1]

---

① 彭钢. 校长专业精神的自觉与超越[J]. 江苏教育，2014(5).

三、提升园长领导课程改革和实践的自主实践

园长领导课程改革和实践的专业精神，不仅需要对坚守和改进幼儿教育事业的自觉意识，还需要在处理教育教学实践的具体情境中，不墨守成规，不死板教条，在坚持专业标准的基础上对专业进行灵活的自主创新，使专业精神和自觉意识转化为实践中的智慧。

（一）研究幼儿

幼儿教育的根本目的就是促进幼儿发展，园长的自主实践首先就应体现在研究幼儿、研究幼儿如何发展上。研究幼儿是课程改革的基础和前提，儿童观决定了课程观，有什么样的儿童观，就有什么样的课程观。课程改革和实践应该回归教育的本源，把目光转向幼儿，把研究落脚在幼儿身上。

教育家卢梭认为，儿童具有不同于成人的精神生活。儿童用自己的独特的眼光和视角去认识周围的世界，每一个生命都是独一无二的。瑞吉欧幼儿教育的创始人马拉古奇在《儿童的一百种语言》中也提出："儿童是由一百种组成的。儿童有一百种语言，一百双手，一百个念头，一百种思考、游戏、说话的方式；有一百种倾听、惊奇和爱的方式；有一百种欢乐、去歌唱去理解；一百个世界，去探索去发现；一百个世界，去发明；一百个世界，去梦想。"幼儿园课程成功与有效的关键在于正确的认识和理解儿童。因此，园长要理解和欣赏幼儿的独特性，为幼儿提供适宜的学习和成长环境。课程改革和实践要以幼儿为本，以幼儿的发展为中心，用宽容的态度对待幼儿的想法和行为，不以自己的个体经验和主观判断去否定幼儿的思维和行为方式。要呵护幼儿、尊重幼儿，珍视每一个幼儿的个性特征，鼓励幼儿用自己的方式去表达。因此，园长要熟悉幼儿生长和发育的一般规律，准确把握不同年龄阶段幼儿的身心特点；要深入了解幼儿的年龄特点和学习方式；既面向全体幼儿，又能关注幼儿的个别差异，促进幼儿富有个性的发展。园长要成为善于倾听幼儿心声，能与幼儿进行平等对话，能够走进幼儿心灵世界，对幼儿的发展能够提供及时回应与支持的教育专家。园长还要认识到游戏是幼儿的基本活动，遵循幼儿的成长规律和学习特点，珍视幼儿生活和游戏的独特价值。

资料链接

回归与还原儿童生活（节选）

对于儿童来说，生活既是学习的内容，也是学习的方式；既是他们当下的存在，也是构建学习能力的基本要素。越来越多的研究表明，即使不借助符号认知儿童，也能够通过自己的方式完成学习。在孩子们的眼中，生活有着无穷无尽的变化与乐趣，激发着他们探索的欲望，他们会主动运用感官，在思维层面进行判断、推理、整合与加工。新课程以儿童发展为核心，通过还原儿童生活、帮助他们从不同层面完成学习，课程的表现形式也是生活化的。教师们和孩子一起感受生活，用孩子的方式学习与探索，帮助他们将零散的知识经验结构化，进一步内化为知识与觉知。总之，新课程就是用生活来完成"学习"而不是用"学习"来替代生活。

传统的教学，大部分时候是教师在教，儿童在学，儿童自身学习的愿望与积极性并不被重视。其实，儿童学习的方式非常多样，他们对世界有自己的探索方式，对自然也更敏感。儿童思想的开阔性，对事物探究的积极态度，以及精神世界的丰满程度都是成人望尘莫及的。因此，新课程以儿童自身的学习规律、特点为出发点，在儿童学习中，老师与家长更多的是倾听、记录与归纳，满足儿童自主学习的需要。总之，新课程不需要孩子们重复我们知道的知识，而是要运用恰当的方式保留原本就属于他们的丰富思想与情感，创造性的大脑以及开放和建设性的心态。

"所有人都是课程的贡献者。"每个人身上都带着丰富的文化密码，儿童也是如此。当我们将目标聚焦在儿童发展上时，我们的关注点不再是他们掌握知识的多少，此时，儿童能感受到你愿意真诚地理解他，他开始与教师与父母分享她的感受。当成人和孩子们一起完成学习讨论时，所有人都成了学习者。当然，在教师的帮助下，家长也可以运用自身的文化优势参与到课程中，与孩子互动。在参与的过程中，我们看到，通过课程，成人可以真实地觉察到孩子作为有灵性的生命存在。他们开始学着反思、调整自己的行为。在自我成长的道路上迈出了重要一步。

"孩子、教师、家长共同成长"。新课程主题的开放性与形式的"空筐结构"决定了所有人在其中都能够获得满足。对于教师而言，新课程需要她们拥有开放的、有生成感的、有成长性的宽泛眼界。家长们的参与，也让课程拥有了更丰富的内涵。这样的课程，每个人都开始关注内心，学会清晰的体察、认识自己。当所有人内在的力量都被激发出来且通过课程的儿童发展目标连接在一起的时候，一定有一个看不见却能够感受到的强大教育气场。

——胡华. 学前教育，2015(10)：1

(二)研究幼儿园课程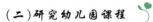

幼儿园课程的发展和完善不是一蹴而就的，而是一个不断改革、实践、学习、再改革、再实践、再学习的过程。在这个过程中，园长应该"沉"下去，带领教师一起在研究幼儿的基础上研究幼儿园课程。在研究幼儿园课程的过程中，既要重视和学习幼儿园课程的相关理论，又要重视和开展幼儿园课程的实践，做到课程理论与实践的结合。

园长应当承担研究者和领导者的角色，切实带动全园教师一起研究和实践幼儿园课程。园长对课程的研究和领导，应该关注幼儿和教师的真正需要，要带领教师对课程实践进行不断改革、实践、反思和研究。

一方面，园长要特别重视幼儿园教育和课程理论的学习，不但自己要勤于学习、勤于思考，了解和收集多方面的关于教育教学、课程等方面的各种书籍、文献等相关资料，进行阅读，扩展自身的视野和认识。同时也要带领园所的全体教师一起进行阅读和思考。可以开展各种阅读、分享、交流、读书会等业务学习活动，引领和提升广大教师的课程理论素养和水平。

另一方面，园长自己还要关注和重视真实的课程实践，同时可以以"真实的问题"为切入点引领教师通过行动研究来关注和重视幼儿园课程的实践。园长要善于捕捉教师在教育教学实践过程中遇到的具体问题，并且引领他们共同思考：幼儿的兴趣和需要是什么？应该为幼儿的发展提供怎样的支持？课程改革的出发点是什么？从哪里入手？在课程实施的研究过程中，园长要牢牢把握课程的核心价值，通过对课程的研究，提升教师的课程意识和专业水平，激发教师课程改革和实践的热情和勇气，让教师能够进行解决真实问题的课程选择、实践与开发，不断提升课程实施的能力和水平，提升课程的质量。在园长的这种重视课程实践、关注课程实践、支持和引领教师的过程中，会促使教师最终成为幼儿园课程的主人，成为幼儿园课程的自觉主动的参与者和实践者，进而达到园长引领课程实践的最高境界。

> **案例**　**依托教师，发展幼儿园课程**
>
> 没有教师的发展就没有课程的发展。教师的思想意识、角色担当、驾驭课程的能力等都对幼儿园课程与质量发展影响巨大。作为幼儿园的管理者，既然认识到课程领导力属于教师群体、属于每一位教师，就要想办法唤醒、激发、支持教师提升领导课程的能力。让教师成为"准备好、很愿意、有能力"的课程

实施者，成为课程不断发展与完善的主导者。

我们幼儿园在建构园本课程架构的过程中，转变以往上传下达、直指结果的课程管理模式，通过对课程观念、行为的破与立，对课程管理的放手与赋权，对课程实施能力的激发与支持，帮助教师成为课程责任的勇敢承担者、课程发展的真正引领者、课程建构的共同学习者。

(一)一破一立，鼓励教师成为课程责任的勇敢承担者

为了给孩子们提供主动学习的机会与条件，支持孩子们在自由、自主的游戏活动中探索、学习与发展。我们通过一破一立，提升教师课程领导意识，鼓励教师成为课程责任的勇敢承担者。

一破一立，我们破的是原有的"请你像我这样做""我不教你不会"的儿童观；立的是"相信儿童是有能力、有自信的学习者，是一定环境中积极主动学习、自主发展的主体"这样一种儿童形象。

一破一立，我们破的是原有的影响和限制儿童主动学习与发展的一日生活时间、空间、材料、规则等常规要求。立的是因时因势，动态、弹性调整课程的管理意识。

一破一立，我们破的是原有的"传道授业解惑"的教师施教模式。立的是"倾听——寻找'哇时刻'，使兴趣成为生发点；等待——关注个体探究，辨识儿童的理论；记录——解读儿童游戏，发现儿童理论中的黄金线索；认同——深入了解儿童的想法，促进学习；回应——有效互动中支持儿童学习；贡献——案例分享，共享成功的喜悦。"这六个支持推动儿童在自发自主活动中主动学习获得成功与喜悦的阶梯。

一破一立，我们破的是原有的成人"找错""纠错"为儿童贴标签的心理，立的是为儿童建立成长档案，关注和记录孩子们的优点、优势、兴趣和需要，建立"为了学习而评价"的课程评价观以及正向积极互动的师幼关系。

(二)放手赋权，支持教师成为课程发展的真正引领者

我们在生活和游戏中，支持孩子成为学习过程的主导者。同样，我们通过放手和赋权，明确教师角色，支持教师成为课程发展的真正引领者。

我们将一日生活环节进行整合，将教师从细碎的集体活动组织中解放出来，赋予教师课程时间管理权；我们提出管理者进班"只看孩子不看墙"的管理理念，将教师从无休止的环境创设工作中解放出来，赋予教师关注每位儿童的教育权；我们改革文字管理制度，强调"行动比书写重要，思考比行动重要"的

反思方式，将教师从繁重的文字工作中解放出来，赋予教师大胆尝试，不断反思与实践的行动权……在这个过程中，教师越来越明晰自己作为课程实施者的主导身份，总结出在幼儿游戏过程中，教师在不同情况下承担的不同角色："儿童投入游戏时，教师是观察者；儿童有计划时，教师是同行者；儿童表达表现时，教师是记录者；儿童需要欣赏时，教师是赞美者；儿童敢想敢做时，教师是支持者；儿童投入角色时，教师是游戏者；儿童产生冲突时，教师是斡旋者；儿童需要评价时，教师是激励者；儿童力不从心时，教师是计划者。"教师课程发展中被定位为有权利和负责任的角色，逐渐被儿童认可、被家长认可、被同行认可，成了课程发展的真正引领者。

（三）探索研究，引领教师成为课程建构的共同学习者

身为一名教师，意味着我们必须坚守终生学习的承诺，以满足儿童和课程不断发展的需要。教师关于教育规律、方法、特点的学习，不能停留在一段时间内、几本专业书籍、热闹的教研讨论中。只有当我们随时以探索者的心态，内心充满好奇的蹲下来，用眼看、用心听、用手记，发现儿童的兴趣，理解儿童的理论，和儿童共同在探索中学习……关于课程新的知识、新的方法才会源源不断地产生，丰富深入的课程才会出现，我们自己的教育理论与实践能力才能得到提升。

我们以前教师培训都是采用送教师外出学习、参观，通过园本培训、岗位练兵等常规措施进行。通过访谈，教师们反馈：先进的教育理论大家都知道，甚至有人能逐条背诵，可是到了实践工作中就是不能理解儿童的想法，不知道怎么支持儿童的学习。随着对儿童游戏、生活中的学习进行不断的观察与研究，老师们尝试运用注意、识别、回应这套思维模式去记录、分析、探讨支持儿童主动学习的思路、方法与策略。教师们通过不断参与这种反思式行动研究，锻炼了分析、质疑、创造性解决问题的能力，一成不变的工作模式也被打破了。现在，老师们忙碌的是为了支持、推动儿童的学习，即时调整桌椅摆放空间设置；想方设法寻找收集各类材料；与儿童一起规划、计划下一步行动；提出激发性问题、提供激发性材料将儿童的兴趣引向深入……

教研活动中，原来不主动发言的现象也渐渐变为老师们抢着说、争着问、自信的表达。每一次教研研讨、每一次现场交流、每一次学习故事分享会都成了老师们盼望与期待的活动。为了让自己的观点更具说服力，老师们线上线下查找文献、学习理论，私下找同事们探讨切磋、辩论……"纸上得来终觉浅"

原来理解不了的枯燥理论、无法推进的实践困惑，都在这种以儿童为基点的行动研究过程中得到了解决。比如，小班教师根据研讨分析，判断儿童分离焦虑的重要原因之一是家庭活动空间与幼儿园环境设置方式差异过大，孩子们一进幼儿园就要待在陌生的教室和很多陌生人在一起，担忧害怕的情绪自然会十分强烈。于是，教师们为新生设计了室内、户外均有的各类游戏区。刚入园的孩子们在楼内可进可出，自在选择是在室内活动还是到室外游戏，分离焦虑的情绪被很好地缓解控制；中班的教师根据孩子们在百变屋要表演童话剧的要求，鼓励孩子们利用椅子或废旧材料搭建表演背景和道具，当孩子玩奥特曼打怪兽的游戏时，教师及时和孩子们制作怪兽和沙袋，满足孩子们的游戏与想象空间。大班教师引导孩子们根据前一天自己制订的游戏计划，有目的地开展游戏活动。教师还鼓励孩子们游戏后用自己创造的符号在日记本上记录每日最大收获……师幼互动交流积极有效，共同将游戏中的儿童引向高度投入的状态，孩子们在游戏中收获着学习的快乐体验。

目前，我们全园教师都以观察、解读、回应儿童的学习为己任，在课程建构中沿阶将幼儿的学习推向深入。教师们像串项链一样：从关注儿童兴趣出发，激发和丰富幼儿经验，生成互动活动，在游戏中支持儿童延展探究学习，通过支持、贡献与分享形成微主题课程，进而将家园共育工作，幼儿园整体课程整合，园所文化建设也连接在这同一条主线上。在这个过程中，意外的收获是幼儿园里原本技高一筹的骨干教师不见了，谈起儿童、谈起儿童的学习教师们个个都神采奕奕、滔滔不绝。

区教委曾提出："校校精彩、人人成功"的理念。对于教师来说成功的意义并不是人人都成为校长、园长、管理者，而是人人都能获得主导课程的权力，驾驭课程的能力、生成内在发展的动力。玛格丽特·卡尔教授说，"不要把早期教育实践工作者培养成为技术人员，而是将他们视为有道德和有思想的理论家和评论员，同时又是有爱心和有能力的教师"。在幼儿园课程建构过程中，重视和发展教师的课程领导力，其核心是要促进教师专业能力提升、推动课程向前发展，但更重要的则是要让课程的建构过程成为教师展现专业能力、收获职业幸福感的体验场。愿我们的课程都能提供这样的体验场！愿我们的老师都能快乐幸福的工作。

——节选自北京市西城区三义里幼儿园刘晓颖园长在北京市西城区"园长课程领导力"沙龙研讨上的发言

(三)研究幼儿园文化

幼儿园文化影响着幼儿园教职工的精神风貌，是激励园长及教师进行幼儿园课程改革和实践的精神力量。

"幼儿园文化是幼儿园的灵魂，是领导者的理念，是教职工的精神，是长期实践与创新过程中形成的价值观念、信仰追求、道德规范、行为准则、经营特色、管理风格和传统习惯。"①可见，幼儿园文化是幼儿园教职工集体认同并遵循的思想价值观念和行为规范，是在长期的教育实践中孕育并积累起来的，并逐渐丰富和发展成为一套系统的价值观念体系。我国《幼儿园园长专业标准》提出，园长要把文化育人作为办园的重要内容与途径，发挥幼儿园文化潜移默化的教育功能，尊重、关爱师幼，充分整合各种文化资源，激发和调动幼儿、教师、家庭和社区参与幼儿园文化建设的积极性，构建多层次的育人体系。多方形成合力，共创和谐适宜的教育文化环境。

幼儿园"文化育人"的园所氛围，为园长领导课程改革和实践提供了良好的条件和环境。园长要不断挖掘、反思幼儿园精神文化的内涵，对全园教职工进行儿童观、教师观、课程观、教育观等方面的价值引领，打造积极上进、创新努力的学习型组织，构建合作、分享、探究、民主的园所文化，以文化的内在力量促进幼儿、教师及幼儿园的全面发展。

> 案例　"爱"促发展，文化建设引领园所发展(节选)

> 　　文化管理是管理的最高层次，要想办好一所幼儿园，就要开展幼儿园文化建设。其中，"爱和发展"是关键要素，要坚持以爱促发展，坚持教科研引领发展，坚信环境育人，文化育人！以正确的舆论引导人，以良好的园风塑造人！
>
> 　　对已经拥有良好基础的棉花胡同幼儿园(以下简称棉幼)来说，应当重视课程文化、教师文化、教研文化和管理文化等全面涵盖的全方位、有联系的文化建设。
>
> **一、课程文化：构建"感受爱·懂得爱·学会爱"的园本课程**
>
> 　　课程就是幼儿的生活，是幼儿在园生活和学习品质的体现。因此，我首先关注幼儿园的园本课程建设工作，这一课程源于棉幼传承已久的"爱的教育"和社会性教育传统，其核心思想为"感受爱·懂得爱·学会爱"。

---

　　①　周梅林.《幼儿园园长专业标准》要点·行动·示例[M].北京：北京师范大学出版社，2016：45.

（一）明晰思路，确立"全面发展、富有特色"的课程基调

我们首先确立了"全面发展、富有特色"的园本课程基调，一方面体现为《纲要》的实施和贯彻，保证棉幼孩子的身心全面健康和谐发展；另一方面则致力于开发和建设棉幼社会性特色课程，促进棉幼孩子富有个性的发展。

（二）研究幼儿社会性教育，弘扬"爱"的教育传统

棉幼长期以来形成的教育特色就是"爱孩子"，正是教师的这种教育之爱在连绵不断地感染着幼儿，使得棉幼的教育呈现出浓厚的"社会性教育特色"，体现了棉幼教育传统的"以情动人""注重幼儿情操的陶冶和良好行为品质的养成"等特点。教师对孩子的"爱"能够萌发出什么呢？答案其实非常简单："爱"萌发出的必定也是"爱"！由此，我们形成了"感受爱·懂得爱·学会爱"的核心课程目标。在此基础上，进一步细化出"有自信、爱交往、乐探索、有爱心、讲礼貌"五种适合棉幼孩子特点的具体社会性发展目标。

我们尊重幼儿社会性学习的特点，确定了"情操陶冶、行为养成、注重体验、渗透发展"的课程实施理念。强调社会性教育过程中知情意行的统一，强调社会性教育过程中的情绪情感的先导性，强调幼儿在亲身体验中学习社会知识和发展社会技能，强调社会性教育的渐进性和渗透性。有了这一课程实施理念的支撑，教师们在具体实施教育的过程中就能够对幼儿社会性教育有比较准确的把握和定位，对幼儿社会性教育的方式方法也有了更清晰和适宜的思考和认识。

我们深入研究，确立了榜样示范、支持接纳、宽松互动、全面渗透和活动多样五条原则。引导教师在情感上、行动上和细节上支持接纳幼儿；做到时间宽松、空间宽松、关系宽松和氛围宽松，发展幼幼互动、师幼互动、家幼互动、家园互动等多种互动形式；在课程实施过程中，应当注重教师、家长、幼儿以及周围的成人四种榜样的作用，做到时间全面渗透、空间全面渗透、制度全面渗透和人群全面渗透；强调社会性教育的实施过程应当是有声有色的，不拘泥于一种或是几种固定的形式，做到活动思路的灵活创新、活动形式的丰富多样、活动内容的广泛多变、活动材料的充足新颖、参与人群的多种多样五个方面，致力于为幼儿营造一个以幼儿为主人的"童年世界"，促进幼儿在亲身感知和体验中主动学习。

在实践中，我们形成了幼儿社会性教育的多种实施方式，包括在一日生活中渗透社会性教育、通过主题活动促进幼儿社会性发展、角色区游戏促进幼儿

的社会性发展、"特殊日"活动增加幼儿独特的社会性体验、将中华民族传统文化作为社会性教育不可或缺的内容等。我们成立了社会性教育研究的课题组，以课题研究来促进园本课程的建设。

这样，通过多种途径引导教师去关注幼儿的社会性学习特点，关注幼儿的发展和变化，为幼儿提供适宜的支持和帮助。棉幼的孩子在棉幼生活不仅仅获得了五大领域的全面发展，而且他们的个性得到了充分的尊重，他们的社会性得到了充分的促进和发展。

二、教师文化：建设一支"爱业奉献、勤奋进取、严谨求实、诚恳相待"的教师团队

教师是课程的实施者，是直接与幼儿接触的成人，因此教师队伍的建设直接关系到幼儿园课程的质量，关系到我们能够为幼儿营造一种什么样的生活。

（一）尊重传统、承中求新，进一步丰富园训内涵

来到棉幼之后，我面对的是一个有近50年建园历史的老园，也是名园，以"爱的教育"特色闻名于北京市。这样一个高起点的幼儿园，如何发展？对我来讲是一个新的挑战。

我深入思考，一所幼儿园的文化与传统不应该因为园长的变化而终结。我坚信"承中求新"，越是传统的东西，因其有了丰富的积淀和深刻的思考，在新的背景下更加能够有所创新、有所发展、有所作为。我深知要想使棉幼发展，必须拓展爱的领域，感受爱的氛围，实践爱的体验，传承爱的文化。带动全体教职工一起将"爱勤严诚"四字传统园训进一步发展成为"爱业奉献、勤奋进取、严谨求实、诚恳相待"十六字园训。

（二）分析实际、提高要求，设定适宜的教师专业发展目标

教师是直接为幼儿和家长服务的人，只有不断提高教师的专业能力，才能将爱的品位提升到一个新的高度。我认为，一定要重视教师专业能力的持续提升，制定出适合棉幼教师的专业发展目标。针对棉幼教师队伍整体素质较高的特点，我们提出了做"研究型教师"的目标，即做"注重学习、善于沟通、喜欢思考、积极调整、富有创新"的教师。

（三）春风化雨、理性设计，让爱的教育绵延不断

如何将教师培养目标转化为现实呢？我认为，一方面，要注重爱的氛围的营造，让生活和工作在棉幼的教师能够感受到爱，体验到爱，在他们心里播下爱的种子，支持这颗种子的成长。另一方面，则要理性设计，以科学严谨的态

度制订教师培养计划，开展切实有效的教师培训。我提出师德为先，培育教师心中爱的种子。同时构建教师专业发展的分层培养方案，探索多元化的教师专业培养途径。

三、教研文化：明确"乐研究、善合作、重支持、求实效"的教研价值观

良好的教研氛围和有效的教研活动能够持续促进教师的成长和发展，能够持续提升幼儿生活和学习的质量！因此，我注重以教科研引领幼儿园发展，营造良好的教科研氛围。

（一）反思存在问题，重建教研价值观

"十五"期间，在我的带领下，棉幼作为北京市唯一的首批《纲要》试点园参与了教育部重点研究项目"贯彻《幼儿园教育指导纲要（试行）》行动计划"的研究。《纲要》带给我们以人为本的理念，促使我们重新审视教研的含义。我深刻认识到，教研过程必须激发出教师自主研究的热情和主动性，支持和保障教师开展研究，这才是对教师最大的关爱。在此基础上，逐渐明确了"乐研究、善合作、重支持、求实效"的教研价值观。

（二）关注教师需求，支持教师主动研究

要激发教师主动研究，必须关注教师的专业发展需求，帮助教师解决在教育教学过程中的问题。

我带领教师们改变对研究的畏难心理，使他们认识到研究就在日常的保教工作之中，教研过程充满了快乐和成功感，教师的自身价值感和职业幸福感进一步提升。我鼓励教师以合作的方式开展教科研，建立了"课题合作研究制度"，集群体智慧去解决问题，学会合作，并且善于合作。我带领干部团队深入分析教师的困难和问题，关注他们真实的教育过程，帮助他们着手解决。在此过程中，我们明确了"以困惑和问题为教研的核心内容、以研究意识和方法培养为核心目标、以对话和质疑为核心方法、以快乐和收获为核心价值"的教研思路。教研活动还要加强干部对教师的引领，为教师们拨云散雾、总结提升，使他们有所收获。我想，这才是对教师的爱，才是对教师工作的尊重！

四、管理文化：确立"管理即服务"的理念

优良的课程、优秀的教师、浓郁的研究氛围都离不开管理的支持。作为一名园长，我认为管理更多意味着责任，这种责任我认为就是确立"管理即服务"的理念，并将这一理念落实到行动。

（一）真诚做人、真诚为人，服务于人

管理是关于人的工作，"人"是服务的首要对象。对我来说，就是全心全意为幼儿和家长服务，为幼儿创设良好的生活和学习环境，解决家长的后顾之忧，不断提升保教质量；真诚为教师服务，为教师创设良好的生活和工作环境，成就他们的价值。其关键在于"真诚做人、真诚为人"。要有一颗真诚的心，与人诚恳交流，站在幼儿、家长和教师的角度去思考和处理问题。

（二）管理民主、服务有效、平等发展

我认为管理还应当提供优质的服务，服务要民主和有效。这就意味着管理者与被管理者、教育者与受教育者遇事要多协商，做到尊重、平等和信任。另一方面，服务还应当贴近人的需要，做到"关注人、发展人、成就人"，使之建立主人翁意识。

（三）愿景引领、团队建设、能力为先

管理仅凭园长一个人的力量是远远不够的，一定要调动团队的力量。因此，如何让干部认同园所发展的共同愿景，加强干部队伍建设，一直是我工作的重点。我主要是从"开放心态，接纳干部差异；澄清认识，树立干部'孩子利益优先'的思想；帮助干部掌握方法，提升服务能力；民主监督，规范干部服务行为"四方面来做的。

通过自觉地、主动地建设管理文化，使我对"管理即服务"有了更加深刻的理解和认识，也使我在一件件具体的管理实例中不断成长和发展，认识到了管理作为辅助手段对营造幼儿在园生活的重要意义和价值，时刻提醒自己将管理的思想和行为不断和为幼儿创造美好的幼儿园生活紧密联系在一起，我想这正是"管理即服务"理念的最佳诠释。

——节选自2012年北京市西城区棉花胡同幼儿园李建丽园长在北京市幼儿园文化建设交流研讨会上的发言

四、促进园长在引领课程改革和实践的过程中不断自我超越

园长在领导课程改革和实践的过程中，不但要建立和不断增强课程改革和实践的自觉意识和开展相应的自主实践，还要在引领课程改革和实践的过程中实现不断的自我超越，进而保持对学前教育事业的恒久兴趣、热情与行动力。

(一)积极进行自我培训和自我提升

理念是行为的先导，园长要不断加强理论素养，及时更新领导理念与课程理念，这不仅是园长自身专业发展的重要内容，也是提升园长课程领导力的前提和基础。"园长作为课程领导者，要具备有关课程性质、课程取向、课程发展、课程评价等方面的专业知识，并了解有关领导的各种理论、取向和形态等，从而依据幼儿园固有的文化，选择适合幼儿园情境、又能展示个人强项的领导策略。"[1]因此，园长个人的持续学习、自我培训和自我提升是实现超越的最直接的途径。只有持续的自我培训和自我提升，才能确保园长及时掌握有关幼儿园课程即课程领导的知识与技能，才能更好地推进课程改革和实践。坚持自我培训和自我提升，可以促进园长开展有计划的系统学习，搭建起比较全面的知识框架，并经过自身的不断反思，逐步形成自己的课程领导理念和行动方式，进而更好地领导幼儿园课程改革和实践，持续而稳定的提升幼儿园课程的质量。反之，如果园长缺乏自我培训和自我提升的意识和行动，使自己囿于行政管理和角色的束缚之中，难以做到"忙里偷闲"地自我学习、自我培训，那么，他们的专业水准就很难有大的提升和发展，视野和认识都会较为狭窄，也很难成为有效推进幼儿园课程改革与实践的引领者和组织者，也必将为时代和现实所淘汰。

(二)积极参与各种专题培训

园长除了自我培训和提升专业理论和素养之外，还要善于借助外力的帮助和支持，积极参与各种专题培训，在短暂而大规模的知识轰炸中扩大交际面与认知面，进而提升自己的课程知识与课程领导力水平。

针对琳琅满目的幼教培训市场，园长在积极参与各种专题培训的同时，也需要逐步建立起相应的识别能力，能够甄别培训内容与专家的真伪与水平，能够选择与幼儿园课程改革与实践密切相关的培训内容。具有针对性和实效性的专题培训能够将培训的重点集中于幼儿园课程改革与实践的相关理论与实践上，能够解决真实的教育理论与实践问题，使园长在短时间内得到高效的发展与提升。例如，园长可以根据提升自身课程领导力的需要参与课程领导力的理念以及教育实践问题领导和解决的专题培训。这种专题培训可以有效加强园长课程领导的理念与实操技能，使理论与实践相结合，切实提升园长的课程领导力。

另外，为了切实提升园长的课程领导能力，加强和提升园长对幼儿园课程改

---

① 王怡. 对幼儿园园长课程领导力的理性思考[J]. 陕西教育学院学报，2012，28(1)：119.

革与实践的引领。相关教育行政部门也可以本着"做好服务、搭建桥梁"的理念和原则，为各级各类园长组织课程领导力专题培训。各级教育行政部门应当关心和关注幼儿园课程改革与实践的发展，关注园长课程领导力的提升，可以收集和调动各种资源为相应的各级各类园长组织和提供相应的各种专题培训，满足园长提升课程领导力水平，以自身发展带动园所发展的需要。这就需要各级教育行政部门将工作做到实处，开展各种形式、各种层次、各种内容的调研活动，真正了解各级各类园长的需求和想法，进而为他们提供真正符合他们需要的培训，切实帮助他们提升专业素养和课程领导力水平。需要注意的是，这种专题培训要避免单纯的知识传授和理论重复，避免纸上谈兵；通过"在实践中学习，在学习中实践"的培训模式，让培训内容和课程实践相接轨，提高园长投入、参与和反思的程度，切实促进园长思想观念和行为方式的变革，切实提高园长的课程领导力水平。

（三）课程领导力应当成为园长培训的核心内容

就现状来看，由于行政工作烦冗，相当多的园长没有足够的时间与精力提升自身的课程领导力，但是，许多园长又有着提升自身课程领导力、不断改进和完善幼儿园课程的迫切需求。因此，可探讨将课程领导力作为园长培训的核心内容，为园长提供相应的理论和方法，使园长从烦琐凌乱的工作状态中抽身出来，营造和谐向上的组织文化与氛围，引领幼儿教师的专业发展，提升幼儿在园的生活品质，最终把课程建设作为提升园长领导力、促进园所发展的动力源泉。

当前课程领导力的专题培训无论在内容上还是在培训形式上都还很不成熟，主要表现在课程领导力的专题培训在培训内容上显得比较薄弱、缺乏实践经验的支撑、专题开发的力度不足、培训形式比较单一。因此需要加强对园长课程领导力的理论研究和实践探索，创新培训的形式，提升培训的有效性。大致可以从以下三个方面着手。

1. 以理念更新为先导

更新幼儿园园长的领导理念与课程理念不仅是园长专业发展的重要内容，也是提升园长课程领导力的前提和基础。园长进行课程领导力的有效修炼，就需要在理论层面有计划、有系统地建立起较为全面的知识框架，并能通过反思形成自己的课程观和课程领导观。

2. 以明确角色任务为基本内容

园长具有教育者、领导者、管理者、改革者、文化营造者、协同合作者等多重角色。课程领导力的专题培训应当帮助园长全面地领会课程领导力的内涵，对园长所承担的各种角色和行为建立明确的认识与理解，并且在认识和理解的基础上帮助园长建立相应的行动模式和策略。

3. 以实践培训和能力培训为主要手段

应当创新课程领导力培训的形式，加强理论与实践的结合，尤其是要加强实践培训和能力培训的相关内容，避免单纯的知识灌输和理论重复，提高园长的参与程度和思考程度，促进其思维方式和行为方式的变革。

五、不断反思和明确课程的价值取向

对于幼儿园课程来说，确定什么样的观念为指导，选择什么样的发展道路，园长的判断与决策显得非常重要，这实际上就是幼儿园课程的价值取向确定问题。课程的价值取向，是课程的核心，是教育教学工作的出发点和落脚点。明晰课程的价值取向在课程改革和实践中具有重要的意义。课程的价值取向通过影响课程目标、课程选择、课程结构、课程内容、课程实施、课程评价等领域，进而对整个课程活动进行定向和调控。课程的价值取向是一个本原性的问题，课程的价值取向不同，课程的目标、内容、方式、评价等一系列问题都会不同。因此，园长是否有清晰和明确的课程价值取向，对于推动幼儿园课程改革与实践，促使幼儿园课程改革与实践呈现出丰富多彩的活动具有决定性意义。

(一)课程价值取向的内涵

"课程的价值取向是课程主体在课程活动中根据自身需求进行价值选择时所表现出来的价值倾向性。"[1]也就是说，课程价值取向是人们为了实现自己所追求和向往的课程价值理念，从一定的立场出发，对课程价值进行的选择和实践。

我国学者陈玉琨将课程价值取向归纳为三种，即知识本位的价值取向、社会本位的价值取向和学生本位的价值取向，这也是我国学者普遍认同的课程价值取向存在的三种形态。他指出："知识本位价值取向的课程'必须根据知识本身的状况和逻辑来组织'。社会本位的课程，以满足社会的需要作为基本取向，集中地表现在国家主义的教育课程中。学生本位课程价值取向在于为每个学习者提供真正有助于其个性解放和成长的经验，重视人的存在，强调学习的内部动机基础。"[2]

---

① 刘旭东. 现代课程的价值取向研究[D]. 兰州：西北师范大学博士学位论文，2000.
② 陈玉琨. 课程价值论[J]. 学术月刊，2000(5).

作为园长，需要仔细考虑和衡量上述三种形式的课程价值取向，平衡各方面的需求，对幼儿园的课程价值取向做出正确的选择和判断，进而明晰自己园所的价值取向，以明确的课程价值取向来指导课程改革和实践，推动幼儿园课程的不断发展与提升。

（二）把握明晰课程价值取向的关键要素

园长作为幼儿园课程的引领者和实施者，确立和明晰园所的课程价值取向至关重要。对于园长来说，需要把握好以下三个明晰课程价值取向的关键要素。

1. 对课程本质及属性的全面认识

在幼儿园课程长期的发展中，已经形成了不同的课程模式。这些课程模式各有其特殊的价值取向。作为园长，应当扩展自身关于这些不同课程模式的认识，研究这些不同课程模式所蕴含的不同课程价值取向，进而深化对课程价值取向的认识。同时，在此基础上，园长应当进一步丰富自己对幼儿园课程的认识，掌握幼儿园课程的本质及属性，从而为确定园所明晰的课程价值取向奠定坚实的理论基础。

2. 对园所需求的深入分析

为了明晰课程的价值取向，园长还需要带领幼儿园全体教师对园所的需求进行深入的分析。只有能够及时、敏锐地把握到园所的真实需求，才能够在真实需求的基础上产生真正的需要，进而确定基于真实需求的价值取向。但是，由于现实环境和条件非常复杂多变，及时、敏锐地把握园所的真实需求也是非常不容易的，这就需要园长及其领导下的团队能够精诚团结、密切合作、快速反应、深入交流，形成团队之力来正确、及时、敏锐地把握园所需求，进而确定适宜的课程价值取向。

3. 对时代背景的敏锐把握

幼儿园课程的价值取向必须与其所处的社会历史时代的主流精神相一致，这是幼儿园课程赖以存在的客观条件。任何一种课程价值取向都生长于一定的政治、经济、文化的广阔背景中，这是其赖以生长与发展的沃土，离开这一点来谈课程的价值取向是不妥的。因此，园长要敏锐把握所处时代的背景，结合时代背景和环境来确定园所课程的价值取向。

（三）明晰课程价值取向的方法与策略

如何确定和明晰幼儿园课程的价值取向？还是有一些基本的方法与策略可以

遵从和运用的。幼儿园可以通过加强园长和教师的理论学习、自我反思和开展行动研究来不断明晰园所的课程价值取向。

1. 加强园长及教师的理论学习

理论学习首先是观念更新的前提。观念转变往往是观念冲突的结果，而观念冲突的发生，往往需要新观念的引入，当新旧观念无法整合时，观念冲突就会产生。因此，任何一种新理念的确立都不是移植的结果，它总要经过"新观念的引入——新旧观念的冲突——实践的检验——新观念的确立"这样一个过程。

理论学习也是园长及教师开展反思性教学实践的前提。反思性教学就其核心而言，是以"探究和解决教学问题为基本点"。反思性教学不是对教学过程的简单回顾，而是深究教学实践中存在的问题。迷失于日常经验中的幼儿教师不仅常常无法发现自己教学实践中的问题，也无法运用其日常经验来解决实践问题，因而他们也往往对此置之不理。但是，通过理论学习获得的新理论则犹如一面镜子，它不仅能帮助园长及教师独立审视自己的教学实践，而且还能使幼儿教师敏锐地感知和发现教学实践中的问题，从而准确地把握反思的内容。

因此，园长可以充分发挥领导和引领作用，带领园所教师围绕幼儿园课程的基本概念与内涵、课程的理念与价值、课程的具体内容、课程的实施方式、课程的评价等问题开展多种形式的理论学习，带领教师们一起用理论来充实自身的头脑，加强理性的思考和总结，从而能够更加全面、深入、准确地思考问题，对课程的价值取向有更加清晰的认识和思考。

2. 深化园长及教师的自我反思

自我反思是园长及教师观念转变的核心。尽管理论学习是确定课程价值取向的前提，但如果园长及教师没有自我反思意识和行动，理论学习的结果也只是获得一堆无用的知识。而且，教育观念具有内隐性，教师的课程价值取向往往潜藏于其思想深处，难以明确表达，常常是通过教师的言语、教学实践甚至情绪状态显现的，这就为教师对自身课程价值取向的觉察带来了难度。因此，园长及教师唯有以各种不同形式的反思，才能揭示和明晰自身所持有的教育观念和价值取向，察觉其中内含的经验、缺点与不足，从而为自身观念的转变、课程价值取向的明晰提供充足的依据。只有善于自我反思的园长，才会不断发现教学实践中的存在的真问题，并且不断思索问题产生的原因以及解决问题的方法和途径。

另外，自我反思实际上也是一种自我评价。这种自我评价有助于充分发挥课程评价本身具有的诊断、调解和导向功能，会对幼儿园课程的目标设计、内容选择、组织和实施等各个环节产生重要的影响。而且，这种自我反思实际上是教师对课程评价过程的积极参与。正如施瓦布所指出的，教师是关系着课程实施能否成功的最重要因素，没有教师的积极参与，任何理想的课程模式都难以实现。促进教师开展自我反思，可以不断促进课程的整体和动态发展，促进教师在课程实施前、中、后关心幼儿的发展结果，促进教师反思自己是否持有了适宜的幼儿生长观和课程发展观，是否正确使用了相关的教学策略，进而会促使教师根据自己的反思改进课程和教学，以保证最大限度地促进幼儿的发展。

同时，自我反思也为园长及教师的行动研究提供方向。行动研究与理论研究的一个重要区别就在于研究问题的性质。行动研究是针对实践中的问题而展开的、以教师为主体的一种实践研究。实践中存在的问题是行动研究的起点。对于那些不把自己的教学实践作为思考对象的教师来说，实践中不存在问题。只有善于自我反思的教师，才会不断发现自我教学实践中的问题，并且不断思索问题产生的原因以及解决问题的途径。

3. 提倡教师的行动研究

教师观念的转变是教师行为转变的前提，但并不是先有观念的完全转变，才有教学实践的改变。在实践层面上，观念与实践的转变常常是相辅相成、彼此依赖的，即观念的转变会促成实践的一些改变，而实践的成功又促成观念的进一步更新和深化。观念转变与实践变革就是在这种交替中前进的。可以说，观念转变的问题不仅仅是一个认识的问题，在很大层面上也是一个实践的问题。

由于理论自身固有的与实践分离的特性，以及实践情境的差异性，我们无法也不可能求得一种放之四海而皆准的理论转化模式。而行动研究的优势恰恰就在于它是理论联系实际的桥梁，通过行动研究，幼儿园教师一方面探索着如何将所接受的理论与具体实践结合起来；另一方面通过行动研究，幼儿教师在实践过程中会更加深刻地领会理论的含义与精髓，从而为自己观念的逐步转变打下基础，进而再促进实践的发展与提升，最终形成"理论——实践——理论——实践"的无限循环。这正是幼儿园课程的价值取向最终确立和不断明晰的理论与实践基础。

第四章　提升园长的课程选择与规划能力

作为一名园长，必须要知道幼儿园的课程并非都需要幼儿园自身独立开发与建设。是否能够开发与建设自己的园本课程，和一所幼儿园的既有条件、研究水平、实践积累有着直接的关系。只有在幼儿园条件相对成熟时，才适宜开发和建设自身的园本课程。在条件未成熟之前，进行课程的选择与规划是更加重要的。作为一名园长，为了提升园所的课程质量，完善园所的课程设置，首先要提升课程的选择与规划能力，要学会从众多的课程中选择适合自身园所的课程，并且进行合理的规划与具体的实践，使园所的课程体系和实施方式逐渐丰富与完善。

一、课程选择与规划的内涵

在当前的幼儿园教育领域，课程的选择与规划并非一个热点问题，人们更多关注的是课程的设计与开发问题，即园本课程建设问题。但就我国目前大多数幼儿园的教育水平和现状，重视课程的选择与规划是非常重要和必要的。因为，课程的选择与规划是开展课程的设计与开发的前提和基础。

课程的选择与规划，即从历史和现实中已经发展起来的不同课程模式中选择适宜的课程为己所用，并且在实践中进行运用、发展和丰富的能力。这实际上意味着"拿来主义"的观点，是园所在尚缺乏自主建设和开发课程条件下的必然选择，是对现有课程模式的"取其精华，去其糟粕，为我所用"。可见，课程的选择与规划有其特殊的含义和应用条件，经历了"先选择、再规划"的过程，也是园长所必须具备的一项重要能力。

另外，需要注意的是课程的选择和规划是有区别的。课程的选择主要是指从不同的课程模式中进行挑选，结合自己幼儿园的实际特点借鉴和挑选比较适宜的课程理念、目标、内容、方法和评价等。课程的所有要素都是可以被借鉴和选择的，都可以用来丰富和完善幼儿园现有的课程。课程的规划则指向于对已经选择或借鉴的课程，以及幼儿园现有的课程，所进行的思考、整合、运用和发展，是将所选择或借鉴的课程与幼儿园现有课程加以有机结合，并在此基础上进行实践和运用，是对整合后的课程的整体思考和统筹安排。因此，课程的选择与规划是一个整体过程，只有选择没有规划，或只有规划没有选择，都难以有效补充新鲜血液，难以使新的课程思想和实践真正落实和运用。

 小练习

试着用下面的指标判断一下，您所在的幼儿园现阶段是更适合选择与规划幼儿园课程，还是已经具备了开发与建设园本课程的能力？否定的回答越多，说明您所在的幼儿园现阶段还停留在更适合选择与规划幼儿园课程的阶段。

1. 幼儿园是否有较为深厚的课程研究和实践氛围？

2. 幼儿园是否在长期办园过程中形成了自己一定的课程特色？

3. 幼儿园是否有一支稳定、有经验、研究性较强的教师队伍？

4. 幼儿园的办园理念和特色是否多年来一直保持一致？

5. 园长及管理者是否能够清晰地理解和阐述园所的课程理念和实践模式？

6. 幼儿园课程是否包含理念、目标、内容、过程及评价一系列较完整的体系？

7. 幼儿园是否能在接受多方意见的基础上形成自己的想法，并坚持实践？

8. 幼儿园是否形成了比较完整的课程管理制度，规范课程的发展？

9. 幼儿园是否形成了课程发展的多方参与、群策群力、民主协商的机制？

10. 幼儿园的教师、幼儿、家长是否真正认同园所的课程体系？

二、课程选择与规划的原则

如何进行课程的选择与规划呢？有一些必要的原则需要遵从。从这些原则出发思考课程的选择与规划能够较为合理地进行课程选择，更为全面、系统地开展课程规划，使得课程的选择和规划这一重要环节真正发挥出应有的作用。

(一)课程选择原则

1. 宽广性原则

宽广性原则是在进行课程选择的时候要遵循的第一条原则。在进行课程选择的时候，有一个宽广的视野和选择范围是非常重要的。因此，园长应当多了解不同的课程模式，深入学习和把握这些不同课程模式的特点、形式及价值。在多方了解的基础上再进行判断和选择。

🔗 **资料链接**

欧美幼儿园课程模式介绍

我国幼儿园课程的发展和实践始终受着世界上发达国家幼儿园课程理念和实践的影响，改革开放以来，国外各种不同的课程模式频繁引入中国，被中国广大幼教界人士所学习、模仿和改良。以下介绍了几种在我国幼教领域产生较大影响的欧美幼儿园课程模式。

一、高瞻课程

美国的高瞻课程是在著名心理学家皮亚杰理论影响下建构和发展的一种课程模式。高瞻课程对中国的幼儿园课程影响深远，尤其是在活动区环境的创设方面，强调让幼儿在与环境和材料的互动中学习和发展。高瞻课程的基本理念如下。

（一）高瞻课程核心教育理念——主动学习

高瞻课程的核心教育理念是主动学习。在高瞻课程里，主动学习具有四个方面的特征。其一，主动学习是幼儿以自己的方式与材料互动的身体活动；其二，是幼儿对身体活动进行反思的思考过程；其三，能够为幼儿提供解决问题的机会；其四，以幼儿的内部学习动机为基础。

（二）高瞻课程框架——实现主动学习

1. 一日生活环节。高瞻课程的一日生活环节分为 10 个部分，如问候时间（15～20 分钟），这一时间主要是让幼儿适应从家到幼儿园的转换，给幼儿和成人一些时间分享各自的重要信息；大组活动时间（10～15 分钟），幼儿和成人一起玩游戏、讲故事、唱歌、做手指游戏、玩乐器，回顾并扮演特别的活动或节日，等等。这个时间是孩子们参加团体活动，分享和相互学习的好机会。

2. 学习环境的创设。在教室里，高瞻课程为幼儿提供各种兴趣区域，有目的、有组织地提供各种材料，并特别提供与当地社区和文化相关联的材料。各个兴趣区域既相对独立又相互敞开，各种材料都有标示。这种做法有利于幼儿在操作材料时能够将各区的材料联系起来使用，为幼儿的创造力发展提供空间。同时，用完后便于清洁、整理，将材料归位。

3. 成人与幼儿的互动。高瞻课程为教师提供一系列的实用互动策略，对师幼互动行为加以引导、规范。例如，如何与处于不同发展水平的幼儿互动，如何介入幼儿的游戏，如何鼓励幼儿，如何为幼儿营造以解决问题为导向的教室氛围。

4. 评估系统。高瞻课程的评估系统包括婴幼儿发展评估（0—2.5 岁和 2.5—

6 岁)、学前教育机构教育质量评估(教室评估和机构评估)。评估分为主动性、社会关系、创造力表现、运动和音乐、语言和读写、数学与科学"六个领域"。

(三)高瞻课程内容——关键经验

主动学习学什么? 高瞻课程分别列出了不同年龄段(0—2.5 岁和 2.5—6 岁)应该获得的关键经验。如 2.5—6 岁幼儿的关键经验共 58 条,分为创造性表征、语言和读写、主动性和社会交往、运动、音乐、分类、排序、数字、空间和时间几个领域。教师依据关键经验预设活动,创设教室环境,设计幼儿发展的支持策略,对幼儿的观察记录进行阐释。

——刘晓花:美国高瞻课程考察录(一)高瞻教育研究基金会及高瞻课程简介. 早期教育(教师版),2010(6):16-17.

二、瑞吉欧课程

瑞吉欧·埃米利亚(Reggio Emilia)课程模式源于意大利北部一个小城市的学前教育实践,以其独特的课程实践被世界幼教界广为推崇,在我国也产生了很大的影响。其课程理念如下。

(一)变化和发展的教育目标

瑞吉欧的幼教模式继承和发扬了很多杜威的实用主义思想,其中包括杜威的"教育无目的论","教育的过程在它自身以外无目的;它就是它自身的目的"。瑞吉欧的幼教模式正体现了这样一种教育目的观。

方案教学是瑞吉欧幼教课程的主要部分。在瑞吉欧的语言中,方案教学是一种"弹性计划"。这种计划只是提供了一个弹性而又复杂的基本框架,是教师根据自己对儿童的了解以及前期的经验对可能出现的种种情况做出假设而形成的弹性的目标,是对种种可能性的预测;同时它又是弹性和开放的,教师将根据活动中幼儿的反应以及活动的进程来确定活动的发展方向和课程的目标。一个目标达到之后,又会有新的目标产生,方案活动成了联系一个又一个的目标的纽带。显然,这里的教育目的是变化的,发展的。这种教育目的观让教师认识到活动的发展存在很多可能性,而这种思想上的开放性使得儿童拥有了在一个自由和开放的氛围中创造自己的活动目标的自由。

(二)协商式的教学

瑞吉欧方案教学的确定(开始)、发展和结束阶段都是由教师和儿童共同协商而成的。在开始阶段,教师和孩子讨论,从中了解孩子已有的经验和知识,并帮助儿童提出有待探索的问题。在发展阶段,儿童以多种方式展开调查,包括实地调查和参观等,并以多种方式表现自己的理解,而教师不断地给儿童提供材料,不断地观察和记录儿童的情况，并和孩子协商共同发展活动。在结束阶段，儿童以多种形式准备自己的发现和理解，而教师安排一次供孩子交流和分享学习经验的机会，帮助孩子回顾和评价整个活动。方案的发展是教师和儿童协商解决问题的过程，不过它不是一个线性发展的过程，而是呈螺旋式上升趋势，其中的经验是不断重复的，但又是不断提升的。

（三）形成性的评估

瑞吉欧幼教课程的评估主要是根据方案发展的不同阶段来进行的。

在第一阶段——最初的构想和设计阶段，可以评估"它对于孩子的学习提供哪些可能性？""它需要哪些资源？""孩子关于工作的概念有多明确？""这些计划对孩子的能力适合程度如何？"

在第二阶段——方案的发展阶段，可以评估"工作如何进展"？"哪些问题被提出？""孩子在工作中，如何应用基本的理论技巧？"

在第三阶段——结束阶段，可以评估"最后的成果如何反映出最初的计划？""这些想象力与独创性的想法如何具体表现在作品中？""最后的成果如何反映孩子思考的成长？"

总之，评估是在真实的情境下、在活动的过程中开展的，是动态的、形成性的而不是诊断性的，它不是要对孩子进行比较，或者给孩子贴标签，不是着眼于儿童的缺陷和不足，它关注的是儿童能够独立完成的事情以及在外界帮助下、在不同情景下能够达到的水平。

（四）贯穿活动始终的记录

记录是一种对儿童的学习和教育活动的说明与解释，协商式的教学和形成性的评估主要靠记录来实现。记录这种行为实际上早就存在于许多的幼教方案中，但瑞吉欧的记录更多地重视儿童在活动的过程中反映出来的经验、记忆、想法。它一般包括：在活动的不同阶段孩子所完成的不同作品，反映活动过程的照片以及誊写的磁带内容，成人的评语，儿童在活动中的讨论、评语和解释，甚至家长的评语。

这种记录贯穿于儿童活动始终，它传递给儿童一种"价值感"，使孩子对自己的工作更加认真负责，也使儿童得以回味或学习别人的工作，从而提高其学习的广度和深度，并发展自评和互评的能力。可以说，记录本身以及它和儿童之间的互动对于儿童兴趣的维持以及方案的发展有重要的作用，而教师也是依据所记录的丰富而翔实的资料来进行评估并提出适宜的课程以支持每个儿童的学习和发展的。记录提供了标准化测试所不能提供的信息，反映出了远远超出传统测试范围

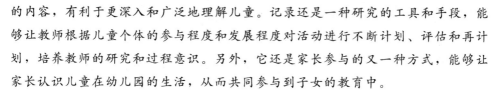

的内容，有利于更深入和广泛地理解儿童。记录还是一种研究的工具和手段，能够让教师根据儿童个体的参与程度和发展程度对活动进行不断计划、评估和再计划，培养教师的研究和过程意识。另外，它还是家长参与的又一种方式，能够让家长认识儿童在幼儿园的生活，从而共同参与到子女的教育中。

（五）合作式的师生关系

在瑞吉欧的幼教工作者看来，儿童很有潜力，但儿童的学习不是一个孤立的过程，需要与教师和同伴的互动。教师与儿童的互动在瑞吉欧被称为"打乒乓"——教师接过儿童扔过来的球，然后把球扔回给儿童，促使儿童继续玩下去或者开展新的游戏。"接过儿童扔过来的球"不仅说明了教师在活动中的地位，更形象地说明了教师和儿童之间的合作关系。为了维持游戏的进行，教师可以回球，也可以在技巧上给予指导，可以在材料上有所调整，进行支持性的干预，以扩展儿童"发球"的技巧和策略，提高注意力和努力程度，同时又保证儿童充分体验游戏的快乐。这一"打乒乓"的过程是教师和儿童共同学习、共同探索、共同研究的过程。这里的儿童是学习者和研究者，而教师是儿童及其活动的支持者和研究者，和儿童一起进行学习和研究。

这里不是儿童中心，也不是教师中心，它起于儿童，却是在教师设计的框架下。儿童讨论自己感兴趣的事情，而教师使之成为稍微一般化的体现一定专业的概念；它强调儿童的自主性、主动性，同时也强调教师的引导和帮助。应该说，这是一个教师和学生并重的方案。教师和儿童是平等的，他们共同参与到活动中，共同主动地投入学习中。这种师生关系决定了教学是一个非常复杂的同时很难预料结果的过程，需要教师与儿童、儿童与儿童之间能够很好地协商，共同对某个问题进行研究，即所谓的研究式教学。这种合作的氛围保证了其教育质量。

（六）多样的学习和表现方式——儿童的百种语言

瑞吉欧的幼儿园对儿童创造力和想象力的重视以及在这两方面取得的成就是举世瞩目的。

瑞吉欧对儿童以各种语言，尤其是艺术的语言，来创造性地表达自己的思维、情感、态度的鼓励和支持是其赢得如此声誉的主要原因。"语言"是指儿童学习和表现的工具，是一种基本的认识、交流和表现手法。它不仅指文字语言，还包括许多非文字语言，如动作、绘画、建构、雕塑、阴影游戏、拼贴画、戏剧表演、音乐等方式，而视觉艺术的语言作为教师"倾听"儿童的一种极佳方式，因其能够最大可能地把儿童的学习"可视化"并促进儿童经验的交流而备受推崇。百种语言意味着儿童用多种不同的方式或多种不同的符号系统，在不断探索、不断形成假设并不断验证的过程中，记录、理解并表现自己在活动过程中经历的记忆、想法、预测、假设、观察和情感以及最终的问题的解决。这样的学习和表现方式，形成了瑞吉欧幼教体系中最反传统、最具有变革性的特色。

（七）"作为第三位教师"的环境

瑞吉欧环境的创设与它深层的对儿童的认识非常一致：儿童是一个学习者和研究者，是一个社会的人，不断与周围环境发生互动，能进行长时间的调查，解决重要的问题，对美有一种天生的追求。于是他们把幼儿园看作一个促进社会互动、探索、学习的"容器"，一个有教育内涵、包含教育信息、充满各种刺激、能促进交互性体验和建构性学习的环境，努力使环境成为"第三位教师"（瑞吉欧幼儿园的班上一般有两位教师）。

瑞吉欧的幼儿园到处展示着儿童个体、小组或集体完成的工作以及大量的记录，洋溢着对美和和谐、对学校文化的基本因素——社会互动的关注，在材料的投放上也是颇费心思，以吸引和激发孩子对周围环境做出敏锐而积极的反应，瑞吉欧的幼儿园建筑更是与众不同。教室与教室、教室与艺术工作室乃至厨房、档案室等都通过"中心"（学校中央的一个过道，连接学校内部各不同建筑，主要功能在于提供一个聚会和交流的场合）联系在一起。教室内部既有适合不同大小的小组开展合作活动的场所，也有供学生独立开展工作的安静的私人空间；每间教室的隔壁都有一个小艺术实验室，可供开展延伸活动。全园还设有一个大的艺术工作室（这是瑞吉欧幼儿园的建筑中最具特色的一部分），它能提供充分的复杂材料和工具，给儿童运用各种表征、在各种表征之间的转换提供机会，让儿童发现自己擅长用哪种语言进行沟通；它帮助教师理解儿童工作的过程，发现儿童的个体差异以及在选择表达方式上的性别差异，回顾和反思儿童的工作历程，不断地修正自己观察和记录的方法，与其他教师以及教研员共同探讨并发展策略，进行研究并寻求自我发展；它还使家长和学校有了交流的媒介。

（八）社区参与管理

社区参与是瑞吉欧幼教的又一特色，因历史传统以及家长在瑞吉欧幼教体系建立中的奠基者的地位而发展出了一定的机制和形式。1971年，社会参与管理在有关学前教育的国家法律中得到确立，其主要形式是建立咨询委员会。每两年，家长、教育者、市民都要为每一所托儿所和幼儿园选举1～2名咨询委员会代表，这些代表服务于市托儿所和幼儿园教育部门，将与市长、市教育主管、早期教育主管、教研员一起合作，负责幼教事业的管理和发展。家长也通过各种形式具体参与到有关幼儿园的政策、儿童发展、课程设计和评估的讨论中。在瑞吉欧的幼儿教育中，家长不是消极被动的受动者，而是参与者和领导者，掌握着孩子所在的学校以及孩子的未来。这种管理方式能够适应文化和社会的变迁，能够促进教育者、儿童、家庭和社区的互动和交流，发挥教育的一致性和一贯性作用，有利于儿童的健康成长。

——王春华. 瑞吉欧幼教模式述评. 比较教育研究，2001(10)：54-57

三、蒙台梭利教学法

蒙台梭利是意大利著名的女教育家，是继福禄贝尔之后的最著名的幼儿教育家。蒙台梭利教学法是 20 世纪初，蒙台梭利针对传统教育存在的问题与不足，基于当时的生物学、实验心理学和缺陷儿童教育理论等，并充分吸收了卢梭、裴斯泰洛齐、福禄贝尔等人的自然主义教育学说而提出的现代学前教育理论和教学模式。

（一）作为"导师"的教师

蒙台梭利认为，教育不是成人以教材为本向幼儿传递的过程，而是成人通过给儿童提供"有准备的环境"，帮助儿童内在潜能主动发展的过程。因此，蒙台梭利把教师称为"导师"。"导师"最为重要的是尊重儿童和热爱儿童，重视观察儿童、了解儿童和准确把握儿童内心世界。其首要任务是为幼儿创设具有兴趣性和探索性的可供其与之相互作用的活动环境。这样，"导师"不是"知识的输出者"，而应引导幼儿积极主动地探索环境，不是在幼儿活动时"急不可耐"地讲解，而是让幼儿切实成为活动中的"主体"。

（二）主动发展的儿童

蒙台梭利对于旧式学校和家庭教育中压抑儿童个性的做法给予猛烈的抨击。认为旧式教育往往把成人社会强加给儿童，忽视了儿童发展的内在力量，压抑了儿童的本性，窒息了儿童创造力的发展。她指出在旧式学校中，"儿童的学习是强制性的，充满了厌倦和恐惧。"而儿童具有"潜在的生命力"，这种潜在的生命力是儿童发展的原动力。因此她倡导，新教育应本着自由的原则，重视儿童内在力量的发展，让儿童过一种自然、自由的生活，成人应尽量少地去干涉儿童，使儿童潜在力量在自由活动中不断成长。

（三）有准备的环境

蒙台梭利认为，儿童"潜在的生命力"的转化成长必须借助"适宜的环境"这一媒介。为了说明环境的重要，蒙台梭利专门引入了人的生理和心理的"双重胚胎期"的概念。认为儿童有一个从出生时的精神空白到 1 岁左右形成和发展的许多心理感受点和器官的"心理胚胎期"。而这种"心理胚胎"的形成和发展则需要既能够提供保护，又提供养料的"有准备的环境"。因此，成人应该为儿童提供"有准备的环境"，使儿童能够利用它进行自我塑造。蒙台梭利特别强调，成人世界与儿童距离过大，在成人世界和要求中，儿童成长的原动力就无法发挥出来，其发展也会必然受阻。这样，成人必须在了解儿童身心发展及其阶段性、敏感性等基础上为儿童发展创建"有准备的环境"。对此，蒙台梭利提出了幼儿"有准备的环境"的多条标准和要求。

（四）自主活动的"工作"

蒙台梭利指出，真正科学教育学的基本原则是给学生以自由，允许儿童按照其个性自由地表现，并对于活动在儿童心理发展中的作用给予了高度评价。她说："活动、活动，我请你把这个思想当作关键和指南。作为关键，它给你揭示了儿童发展的秘密；作为指南，它给你指出应该遵循的道路。"她认为，儿童主要有两种活动方式：一是游戏；二是工作。儿童的一个活动流程可以表示为兴趣、开始操作、出现专注、获得发展四个阶段的话，只具备前两个阶段流程的活动就是游戏，而工作需要上述四个阶段的全部特征。因而，游戏的功能主要在于愉悦儿童身心，儿童的发展主要是通过"工作"实现。同时，儿童"喜欢工作甚于游戏"，是因为工作是基于儿童内在要求的主动自由活动。这样，工作就成为儿童发展的基本形式。儿童的工作需要成人为之提供相应的"工作材料"，以供儿童在活动中操作。

（五）主题教育活动与区域教育活动的课程体系

蒙台梭利教学法课程体系由主题教育活动和区域教育活动组成。在蒙台梭利教室里，教育活动主要分为集体教育活动和个别教育活动两个部分。集体教育活动主要是通过主题的教育形式进行的，而个别教育活动主要通过区域教育活动形式进行的。

主题教育活动是幼儿在一起进行的团体教育活动。主题教育活动内容丰富，可以根据儿童发展的情况、儿童周围环境的变化的情况进行多种安排。区域教育活动是蒙台梭利教学法最基本的内核，活动的基本方式是"工作"。其重要原则是，所有的区域活动内容都"物化"为符合儿童特点的活动对象。儿童在区域中的活动方式就是操作这些"物化"了的活动材料。蒙台梭利的区域教育活动内容包括日常生活训练、感官教育、数学教育、语言教育、科学教育、文化教育、艺术教育等。从某种意义上说，区域教育活动可以包含了所有促进儿童发展的教育内容，而这些活动内容均应被设计成儿童操作的"工作材料"。

——田景正等. 蒙台梭利教学法及其在中国的传播. 课程·教材·教法，2014(6)：92-93

四、华德福幼儿教育

这一教育模式由人智学创始人、奥地利的科学家、哲学家鲁道夫·史代纳（Rudolf Steiner）所创办，第一所华德福学校名为"自由华德福学校"，创建于德国的斯图加特。21世纪以来，华德福教育在我国产生了较大的影响，尤其是一些民办的托幼机构，创建了多所华德福幼儿园，并在学术层面上有很多的研究和介绍。现将华德福教育的理念介绍如下。

（一）课程目标

华德福教育重视人的智力、艺术和道德的平衡发展，尤其重视儿童想象力和创造力的发展，强调在滋养儿童心灵的基础上促进其全面发展。具体来说，华德福幼儿教育注重健康的身体、敏感的情绪、社会活动能力、丰富的想象和智力的发展，帮助孩子寻找有意义的抱负和理想，尤其是对真、善、美的执着追求。教师的任务是唤醒每一个儿童的潜能，允许儿童自由地表现和发展个性。为了使其成年后不会迷失生活方向，引导儿童要追求真善美。感恩是幼儿期真善美的核心教育目标。为了实现对真善美的追求，华德福幼儿教育极为重视儿童想象力和创造性的发展。这在课程的材料、方法和内容等方面均有所体现。除了使用一些天然材料之外，华德福学校有一些特殊玩具，叫作"未完成的玩具"。这些玩具外形简单，例如，娃娃只有个别的感官，没有表情，也不做太多的装饰；教师讲故事时，都使用平淡的语调和语气，而将想象的空间留给孩子；孩子们经常开展一些富有创意的活动，如手工制作、布偶戏、蜂蜡捏塑、故事表演等；教师的教学通常采用拟人化手法，避免简单讲授和说教，而是赋予教学内容以生命，注入情感，让儿童在其中体验情感和寓意，滋养灵魂深处的想象力。

（二）课程内容

华德福教育非常重视教学内容的生命意义，反对将原本具有生命意义的事物脱离生命而孤立地展现在孩子们面前。教育应该促使儿童在身体和心灵上与自然协调，所以，儿童所用的材料都应该是自然的。成人还要教导儿童尊重大自然，关怀自然。在华德福幼儿园中，教师反对孩子们玩积木，认为孩子天性中没有任何想要由零件造出整体的倾向，给孩子们玩积木就会使孩子们远离生命。

华德福教育重视当前教育内容对儿童终生的价值和意义，把儿童放到人生的一个阶段来认识。生命头七年的教育中，没有学术内容，如读、写、算等。因为在大脑没有成熟时，不能有效地利用，如果过多使用，会造成身体、情感和精神的整体发展失去平衡。生命头七年主要是身体成长，显示出植物性和动物性的特征。教育对其感官要小心呵护，不要过度刺激。用于幼儿的声、光、色都应该是柔和的。

（三）课程组织

史代纳强调，教育不是为理想社会预备儿童，而是要按照生命原来的本质预备儿童，促进儿童在身体、情感、意志和心灵的发展。其中，意志的发展表现为手的运动，心灵的发展表现于思想的表达，主要是培养感恩之心。在不同的年龄阶段，儿童发展的主导任务各不相同。七岁前儿童发展分为三个小阶段，每个阶段有其发展的主导任务。1—3岁幼儿学会三个重要的生存能力：挺身坐起、走路和说话；3—5岁幼儿会展现想象力和创造力；5—7岁孩子们指尖运动变得灵活，开始会想象有图像和做计划性的游戏。针对不同年龄段的不同发展任务，华德福学校采用整段式教学。一个主题会延续4至6周，作为每天早上的主要课程。他们认为这种安排使孩子不需要同时应付多种课程的压力。

（四）课程实施

史代纳说，我们不应塑造幼儿适应社会，而是帮助他发展个性。他认为儿童具有四种性情，教师必须重视个别差异，了解个人的特质，并透过学习儿童四种性情的活知识以深入地帮助每一个儿童。

华德福幼儿园中孩子的生活和活动都以节奏性、规律性和重复性为原则。因为生活和活动的节奏就像呼吸一样重要，重复和秩序能给孩子带来稳定感和安全感，培养儿童的意志力，是健康身体发展的基础。同时早期的顺序规律生活经验可以为幼儿未来的逻辑思考奠定良好基础。

一日、一周，甚至一年生活中，教师交替使用收和放的策略来安排儿童的活动。收就是教师安排的、有组织的、以静为主的活动；放就是儿童自选的、自己开展的、以动为主的活动。通常周一老师会使用收的手段，周二至周四会使用放的手段，而周五又使用收的手段来管理幼儿的生活。春天教师多会放，而夏天老师又多会收，秋天则又改为放，冬天又变为收，依据季节特点，交替使用收放手段，使幼儿的生活富有节奏和韵律。把幼儿看作大自然的成分之一，使其充分地与自然和谐一致。教育内容和形式也比较固定。将儿童对于色彩的感知限定在三原色水彩颜料，作画内容限定在流畅的线条。每次每个布偶戏都有千篇一律的开头方式和基本一致的场景布置，教师表演布偶戏的言语和动作表情也无一例外地全是平淡。此外，每日饭前必作祷告和感恩；再有，教育手段比较单调，每日的教学活动主要可以分为三类，第一类是身体运动；第二类可以归纳为文学艺术活动，如布偶戏、故事、水彩画、手工(制作布娃娃)、蜂蜡造型、唱歌等；第三类可以归纳为创意游戏。

华德福教育认为七岁之前，儿童学习的主要方式是模仿，儿童会模仿物和人，所以，要把最美好的自然的环境和材料呈现给儿童，成人还要向儿童表现出高尚的情操。华德福教育培养真善美的终极目标在幼儿期以善良和感恩为核心。在幼儿期，主要通过四种手段来完成这个教育任务。一是给儿童创造美好、善良、和谐的环境和氛围，将善的东西呈现在幼儿面前，而将丑陋、邪恶隐藏、隔离开来；二是给儿童树立榜样，成人的言谈举止要谨慎，同时成人也要净化自己的心灵；三是开展常规感恩教育活动。每日饭前，孩子们都要在教师的带领下采用诵诗、歌咏的形式感谢大地、感谢动物、植物、矿物，感谢父母等，日复一日，年复一年；四是将感恩、善良等内容融入日常教学活动之中。文学、艺术活动中以善和美为永恒的中心主题。

(五)课程评价

华德福教育极力避免因考试、比赛和排名次等评价而给学生带来的不良影响，不把学习的时间和精力花费在无谓的名目繁多的考试上。在日常教学中也很少对孩子们的表现进行评价，认为这样的外在评价会引导孩子关注外在的奖赏，导致孩子骄傲或自卑，而是以展示学生学过的东西和取得的成绩来表现每个学生的个性以及取得的不同程度的进步，让孩子们发现自己的进步。

——费广洪. 华德福幼儿教育课程理念及其启示，教育理论与实践，2008(10)：43-45

五、学习故事

学习故事是基于新西兰国家课程标准基础上的一套课程评价体系，目前在我国各地产生了广泛的影响。现将其主要理念介绍如下。

(一)"学习故事"是一套由明确儿童观引领的儿童学习评价体系

"学习故事"是一套来自新西兰的儿童学习评价体系。新西兰国家早期教育课程框架《TeWhariki》(注：毛利语)中提出的教育理念、原则和儿童学习和发展线索引领着"学习故事"的评价理念和实践。在儿童是"有能力、有自信的学习者和沟通者"这一儿童观引领下，"学习故事"希望教师相信儿童，在日常学习情境中发现儿童能做的、优势和兴趣，并以此作为教学和评价的切入点，在不断"注意—识别—回应"儿童学习的过程中，为儿童提供多元化的促进和拓展他们进一步学习的机会和可能性，以支持儿童在自主自发的游戏中主动学习和探究，发展有助于学习的心智倾向，建构自己对周围世界的理论。

"学习故事"希望教师们捕捉儿童每日生活和学习中一个个让人惊喜的"哇时刻",用图文并茂的形式刻画儿童作为"有能力和有自信心的学习者和沟通者"这一形象,解读他们的所思所想所为,并在与儿童分享教师所写的"学习故事"时和他们一起回顾学习历程,让他们也能看到自己是"有能力和有自信的学习者和沟通者",从而激发他们进一步学习和成长的力量。

"学习故事"中的观察,是为了倾听和读懂儿童的心声,了解他们行为背后的动机、兴趣、想法、情感、态度、知识和技能等,收集能帮助我们全方位了解孩子的信息,然后再加以分析。信息,然后再加以分析。因而,撰写"学习故事"目的不是为了发现孩子的不足,为孩子制定"补缺"的方案,进而"指导"孩子的学习和游戏;而是为了懂孩子,进入孩子的内心世界,懂他的所思所想,建立和孩子之间互动互惠的关系,然后再思考如何促进孩子的学习和发展。

(二)"学习故事"是一套支持儿童在"玩中学"的思维和行为模式

新西兰早期教育机构中儿童的学习状态以由"儿童——环境——关系"主导的生成呼应式学习为主,由"教师——教材——教具"主导的规定好的课程基本看不到,而"学习故事"中记录的也大多是发生在孩子热切专注地投入"生成呼应式"学习状态中让教师感觉到的惊喜的"哇时刻"。

在 *TeWhariki* 中,"课程"被定义为"在一个专为支持学习和发展而设计的早期教育环境中所有直接或间接经验、活动和事件的总和"。在这样一个广义课程观的引领下,新西兰幼教工作者把和儿童在一起的每一分钟,幼教机构中的一草一木,幼教机构中所有人(儿童、教职员工和家长)都视为课程的一部分,儿童学习的契机也就蕴含在每一分钟里、一草一木中和与身边每一个人的交互关系中。课程发展的线索也就是蕴含在儿童自主自发地探究周围环境的过程中,即儿童"玩"的过程中。教师需要做的就是不断注意和识别每个儿童对什么感兴趣,在探究什么,发现儿童学习的线索,追随儿童的兴趣,创设适宜的学习环境,并在与儿童不断互动和呼应中促进学习和课程的发展。

(三)"学习故事"传递的是对学习的热情、喜悦和爱

在《学习故事和早期教育:建构学习者形象》一书中,玛格丽特·卡尔和温迪·李写道:"学习故事经常记录的、尽力做的是至少在某个文化、物质、学习、模式和概念空间里激发学习的'热情'"。教师们在"学习故事"中经常会写到的是"儿童的勇气、决心和毅力",并在"学习故事中传达他们在自己描述的学习过程中所感受到的兴奋之情,以及那种会传染给家庭和儿童的对学习的热爱"。于是,当教师带着爱和喜悦分享自己所撰写的"学习故事"时,他们也在分享积极正面的学

习经验，邀请孩子参与自我评价，并与家长分享经验，帮助家长从不同的视角理解自己的孩子以及他们的学习。

——周菁. 相信儿童 聚焦学习——有魔力的学习故事. 早期教育（教师版），
2015（7-8）：24-26

2. 实际性原则

实际性是进行课程选择时需要遵循的第二个原则。对不同课程模式的选择不是直接照搬，不加选择，拿来就用，而是要结合实际来用。这是因为，任何一种课程模式，哪怕是发达国家知名的课程模式，其产生和发展都是有其特殊的历史背景和环境条件的，并非具有完全的普适性，而且也必定存在着相应的问题与不足，因此在选择某种课程模式的时候，要结合实际吸取其有用之处，去除其不合理和不实用之处。

实际性原则中的实际包含两个方面。第一个方面是指国情和教育的实际，即所选择的课程是否符合我国社会主义教育的实际，其课程理念、目标、内容、过程及评价是否和我们国家的学前教育纲领性文件（《幼儿园工作规程》《幼儿园教育指导纲要（试行）》《3－6岁儿童学习与发展指南》）倡导的教育理念、目标、内容、方法等相一致。如果不一致，甚至存在矛盾之处，那就绝对不能够选择。第二个方面是指要结合园所的自身条件和实际来选择。选择某一种课程还要考虑到幼儿园所处地域、历史传统、师资水平、物质环境、外部支持等多种条件，从幼儿园自身实际出发来进行选择，而不是脱离幼儿园本身的实际盲目进行选择。

3. 参与性原则

参与性原则是进行课程选择时需遵循的第三个原则。参与性原则主要阐释了幼儿园的课程选择是一个多方参与、民主决策、群策群力的过程。园长在幼儿园的课程选择中起着非常重要和决策性的作用，这是毋庸置疑的。但是，需要注意的是，幼儿园并非是园长一人的幼儿园，幼儿园还是幼儿、家长、教师、其他教职工所共有的幼儿园。因此，在进行课程选择的过程中，让与幼儿园课程发展密切相关的个人及群体共同参与到课程的选择过程之中是非常重要的。应当允许幼儿、教师、家长、其他教职工都参与到课程选择的过程中来，进行民主讨论，充分发表自己的观点和意见，为幼儿园选择何种课程提出自己的建议。这主要是指幼儿园内部的参与。与此相对应，还有幼儿园外部的参与。在课程选择的过程中，幼儿园还可以邀请比较了解幼儿园情况的外部专家、学者、教研人员等为幼儿园的课程选择出谋划策，广泛倾听这些外部人士的意见，从另一个维度来审视和思考幼儿园的课程选择问题，进而能够更加理性、全面、正确地选择适合于自己幼儿园的课程。在多方参与、倾听意见的过程中，园长的引领能力、决策能力和判断能力是非常重要的。园长要能够去粗取精、去伪存真、不盲从群众、不迷信专家，而是能够综合各方意见，得出自己的思考和结论。

4. 可多样性原则

可多样性原则是进行课程选择时需遵循的第四个原则。我国的幼儿园课程领域当前呈多元化发展态势，受到国内外各种不同幼教思潮的影响。因此，实践当中，不但形成了国内不同幼儿园各具特色的课程，同时大量的国外幼儿园课程思想和实践也进入国内的幼教领域，直接影响、甚至改造着幼儿园的课程实践。因此，可以说，幼儿园课程的选择范围不但非常宽广，而且可以直接获得第一手的相关课程实践经验。在不同课程思潮和模式的交互影响中，很多幼儿园都感觉到不同的课程模式有不同的特点，在实际选择和应用中，可能会发现：这种课程模式的主题活动课程可以选择运用，那种课程模式的区域活动课程适合选择运用，还有的课程模式的评价方法可以选择运用。因此，可以从这种课程模式中选择这一点，从那种课程模式中选择那一点，最终将适合自身的课程要素选择完成，为我所用。这正是可多样性原则的生动体现。也就是说，在进行课程选择的时候，可以只选择一种课程模式，将这种课程模式整体拿来运用；也可以从多种课程模式中选择不同的课程要素或成分进行组合，经过结合来运用。不管如何选择，其目的都是为了更加适合幼儿园的实际，能够开展有效的教育教学，能够真正促进幼儿园教育质量的提升。

（二）课程规划原则

1. 整体性原则

经过课程选择之后，就进入到课程规划阶段，整体性原则是进行课程规划所要考虑的第一个原则。整体性原则包含两个方面的含义。一方面，是指要从课程各要素的整体发展来考虑课程的规划和实施，即要考虑到课程理念、课程目标、课程内容、课程实施、课程评价等课程内含各要素的整体发展，要对这些要素进行整体规划，并且有计划、有目的地去丰富和完善；另一方面，是指要从课程发展的外部条件和保障的整体层面来考虑课程的规划和实施。即要考虑到与课程直接相关的人员、设备、材料、时间、空间、制度、其他资源等因素，将这些因素与课程的规划、实施紧密结合起来，统筹考虑所选择课程的规划和实施。只有将

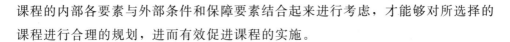

课程的内部各要素与外部条件和保障要素结合起来进行考虑，才能够对所选择的课程进行合理的规划，进而有效促进课程的实施。

2. 发展性原则

发展性原则是进行课程规划的第二个原则，即课程的规划和实施要注重发展性。落实所选择的课程，并不是照本宣科、一成不变的过程，而是应当着眼于不断提升课程的质量，要不断丰富和完善课程，使课程在规划和实施过程中不断得到发展。具体说来，发展有三层含义。第一层含义是"发展什么"的问题，是指发展的内容。课程的规划要考虑到课程的内部要素、外部条件和保障，要着眼于不断发展和丰富课程理念、课程目标、课程内容、课程实施、课程评价等要素，以及与课程直接相关的人员、设备、材料、时间、空间、制度、其他资源等因素。第二层含义是"如何发展"的问题，是指发展的方式和方法。课程的规划还要考虑到以什么样的方式发展课程、采取哪些具体措施等问题，尽可能详细地规划和考虑课程如何发展的问题，做好充分的准备，从而在具体的实施过程中做到心中有数、有的放矢。第三层含义是"为什么发展"的问题。在课程规划的过程中，园长及其领导下的管理团队和教师团队要厘清思路，尤其是要反复和仔细思考"为什么发展"的问题，即进行课程规划的元认知。弄清楚课程规划背后的原因，深刻认识到在进行课程选择之后，要有意识地进行课程规划，为将来园所课程的深入发展和进一步建设自己的园本课程做好充分的准备，这也正是发展性原则的根源所在。

3. 验证性原则

验证性原则是进行课程规划需遵循的第三个原则。课程规划的过程实际上是对选择的课程进行整体架构和重新思考，并且与实践结合实施的过程。在这一过程中，有所验证、有所修正是非常必要的。园所选择的课程是否真正适宜，是否能够满足幼儿园开展各项活动的需要，需要在课程的规划以及后续的实施中，结合幼儿园的实际情况和水平，在实践中不断验证。经过一系列验证过程，从而使选择的课程与幼儿园的实际情况紧密结合，真正成为适合幼儿园的课程，进而为幼儿园不断积累、发展和创新具有自己特色的课程奠定基础。

另外，验证性原则的遵循还意味着课程规划及其实施的过程也是幼儿园对自身课程不断自我评价的过程。验证的过程同样要充分发挥园长自身、园所其他管理者、教师、幼儿、家长、专家、学者、教研员等内外不同的力量，请不同的人员站在不同的视角和立场来对课程规划和实施进行评价，进而能够及时发现规划和实施过程中的问题，及时总结规划和实施过程中的经验，使得幼儿园课程的发展呈现螺旋式上升的态势。

案例 破解"儿童学习与发展之难"的思考与实践

——《3—6岁儿童学习与发展指南》的学用体会

一、《3—6岁儿童学习与发展指南》带来的困惑与动力

相距《幼儿园教育指导纲要(试行)》(以下简称《纲要》)颁布仅十余年，教育部于2012年又颁布了《3—6岁儿童学习与发展指南》(以下简称《指南》)，这不禁引起了我极大的困惑。《指南》中提出"要珍视游戏和生活的独特价值""关注幼儿学习与发展的整体性；尊重幼儿发展的个体差异；理解幼儿的学习方式和特点……"《指南》中除了学习品质的提法较新以外，基本原则集中体现的仍然是《纲要》提出的"以幼儿发展为本""以儿童为主体"的核心理念。那么，《纲要》贯彻了十年，难道我们真的不清楚"以幼儿发展为本"这一核心理念吗？作为园长也是曾经的带班教师，我亲身体会着幼教工作的辛苦和忙碌。在日复一日的工作中有时老师们真像是设定了程序的机器人，认真遵守着各项规则要求，努力应付着各种检查评比，朝七晚五，身心疲惫。常常为了开放展示而突击创设环境；为了评比检查而加班加点制作玩教具……以"以幼儿发展为本""以儿童为主体"为名，行"以教师为主导的"教育行为之实。有时我常常问自己："我们这样辛苦工作真的是为了孩子吗？我们这样不停忙碌，前进的方向和工作的意义又在哪里？"《指南》的出台用标题清晰地明示出："儿童是我们一切工作的原点""研究儿童以及儿童的学习""破解阻碍儿童学习与发展过程中的瓶颈问题"才应该是我们工作的重心。《指南》提出这些方向性的精神、目标和要求其先进性和正确性是毋庸置疑的。但是，让这种先进的教育理念真的在实践中贯彻落实到位却是十分困难的。一直以来，我们都是在研究怎么能教会孩子，我们有很多好的经验和做法可以让孩子学会。现在要让孩子做生活与游戏的主人，成为主动学习者，把教师和儿童这两者的关系颠倒过来。那么，没有老师在前面引导孩子们能学会吗？没有教师一遍遍的备课研课孩子们能发展吗？正当我感到迷茫困惑时，一次新西兰学习故事在北京的培训活动，让我看到了将《指南》精神落到实践工作中的希望。我那颗渴望改变又不知如何行动的心被点燃了。

二、新西兰《学习故事》经验给我的启迪

新西兰国家课程理想宣言——"儿童是以有能力、有自信的学习者和沟通者的身份成长的，身心健康有安全感、归属感，知道他们能为社会做出重要贡献。"与我们不同的是，她们对儿童是什么？以及儿童在教育中的定位问题有非常鲜明的观点。这种观点用宣言的形式来表达就形成了全社会的共识。儿童是什么？是有能力、有自信的学习者。这样的学习者并不需要站在他们面前无微不至、一万个不相信、一万个不放心的教师。他们需要的是退到他们身后，停下脚步静心观察了解他们到底喜欢什么？想要什么？能做什么？并及时提供支持与帮助的伙伴。

新西兰幼教理念和学习故事这套儿童学习评价体系之所以打动我、点亮我，除了理想宣言以外，还有非常重要的一点就是新西兰幼教工作者并没有止步于对儿童自由自主活动状态的理解和尊重。而是创造了注意、识别、回应这样的循环评价模式来持续不断地支持与推动儿童的学习。在这种循环模式下，计划不再只是简单的预设，是来源于孩子的真实兴趣，是教师观察和解读孩子们的结果。教师了解了孩子当下感兴趣的、能做到的、已有的经验、能够接受的学习策略……是什么，进而判断、适时跟进，真正的追随和支持儿童的学习与发展。这种教与学的模式不仅尊重了儿童学习的主体地位，更为儿童的学习提供了带有生成性质和不确定因素的广阔空间。让学习的内容和过程更富挑战、更具意义。我觉得，新西兰国家课程中的这些观念和做法不仅符合《指南》的精神，更与我们的困惑和想要解决的问题相一致。有了这些认识使我更加坚定了信心，要在我们幼儿园尝试通过记录儿童学习故事来支持儿童的主动学习。

三、打破传统模式，支持儿童主动学习的实践做法

我们幼儿园是一所很小的幼儿园，占地面积只有1500平方米左右，6个班的规模，园里教师平均年龄42岁。幼儿园小便于开展改革与研究，但是教师年龄偏大则是个大难题。老师们虽然工作兢兢业业、尽责守职，但在教育中对幼儿控制多、限制多。打破这种以及教师为主导的高控模式，首先需要面对的就是中年教师求稳怕乱以及长期形成的固有思维定式。再有就是真的要改变，作为管理者我自己也很矛盾。学习故事毕竟是舶来品，我们整个的社会环境、管理模式、课程安排、教师工作常规都与新西兰的情况相差甚远。孩子不上课

只游戏能适应未来的小学生活吗？评价模式转变为观察记录形式的真实性、过程性评价，会不会影响到上级部门对我园工作督导评价……这一切还都是未知。幸好，北京市早教所和我们西城区教研部门的领导和老师们表示坚定地支持我们进行尝试，并建议我们用一个实验班来探索未知之路。于是，我们从2013年9月起设立了一个实验班，并为这个班配备了骨干教师主导研究。这样，我们才在发现和推动幼儿主动学习的方向上迈出了第一步。

正如前面所说，发现儿童主动学习的"哇时刻"并不简单。没有支持儿童去自由、自主游戏的环境，没有支持教师退到后面的时间，儿童的主动学习行为就难以被发现。因此，第一个学期我们就做了一件事，就是打破固有常规，创造条件，寻找"哇时刻"。在这个过程中，我们尝试进行了四个打破，即打破时间限制、打破空间限制、打破材料限制、打破规则限制。在时间上我们打通了上午的时间，将原有的上下午各一次的集体教学活动，调整到每日一次下午分组进行。从8：30一直到10点都安排为幼儿游戏时间。在空间方面，我们尝试让桌椅、柜子为了孩子的游戏需要而活起来、动起来，孩子们需要交流，区角间就可以留出穿行的空间过道，孩子们挑战多米诺游戏，桌椅就要为其让路。这样孩子们就成为班级教室的主人，不仅会充分利用教室里的边边角角为自己拓展游戏空间，还能设计组合小组活动的桌椅位置。在打破材料限制上，我们打破原有材料的统一配置，鼓励各班教师根据孩子的兴趣、需要，自己挑选和购买玩具。我们也号召家长共同完成各种自然物、废旧材料等开放性材料的收集工作。为幼儿提供了从单一到多样、从无趣到挑战、从塑料到自然、从摆设到舒适的材料。至于打破规则，我们打破了原来按人数选区、按教师制定的规则要求完成游戏任务的那种虚假的、体现成人意志的游戏情景和状态，让规则为幼儿的游戏服务。随着时间和空间的不断调整，孩子们的游戏状态也发生了改变，我们从孩子的眼神中看到了兴奋、专注、认真、困惑以及成功的喜悦，这带给了我们很大的鼓舞。到了第二个学期，也就是上学期，其他班老师听了有关学习故事理念的介绍和讲座，看到了实验班的变化也开始对这一课程模式感兴趣了。有的老师甚至也开始记录儿童的学习故事给我们看。老师们发现的哇时刻越来越多，甚至记都记不过来。但是，记下哇时刻又能怎样呢？对教师来说重要的还是应该怎么理解辨识孩子的行为，怎么支持回应孩子的学习。于是，我们又开始了一系列教研活动，去探讨什么是学习？什么是儿童的学习？怎样的学习对儿童来才是有效的？等问题。我们通过集体教研的智慧共

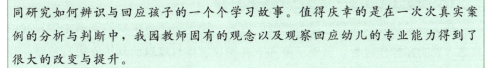

同研究如何辨识与回应孩子的一个个学习故事。值得庆幸的是在一次次真实案例的分析与判断中，我园教师固有的观念以及观察回应幼儿的专业能力得到了很大的改变与提升。

四、一点儿肤浅体会

现在回想一年前的我们，也真的算是无知者无畏了。因为当我们实践了一段时间才发现，原来因为一个时间点的打破其实牵动的是整套生活常规的调整。一种教学方式的引进实际上是整套课程体系的改变。对我们这所幼儿园来说这真的不是一件容易的事。所以，现在想想我觉得要想真正的改变一是，作为管理者、政策和制度的维护者，我们必须首当其冲的定准方向、必须坚定决心，要敢于冲破常规将先进的理念付之于行动。二是，付之于行动离不开一支过硬的团队。要让老师们都认同这种改变，就要让一切改变真正的帮助到老师们解决实际困惑。把过去虚假的展示、表演，改为对现实的承认和真实面对。园本教研要敢碰真问题、抓住真问题、解决真问题。把固守在教师头脑中一潭死水的固有思维模式打破激活，让每位教师都能体会到自己的力量与价值。有了认可先进理念又能够创造性解决问题的教师团队，才能将观念真正地落实到孩子的发展上。三是，实事求是。他山之石可以攻玉，学习故事有很多值得学习借鉴的地方。但是，我们有自己的国情、园情，在学习借鉴的过程中一定要能结合实际情况灵活调整，始终不忘的是我们的初衷，即"尊重儿童主体地位""促进儿童主动学习与快乐发展"。只要是能促进儿童主动学习与快乐发展的教育手段与方法，就应该不分国界、不分新旧。学习借鉴的目的是要因我而变、为我所用，最终完全变为我们自己的理解与行为。

最后一点儿体会是，我们现在的探索还挺停留在相对感性的范畴内。接下来我们不仅要总结前一段好的经验、做法。还要按着自己认准的方向深入的研究下去。特别希望有更多的同行大家一起来探索影响儿童主动学习的共性问题与解决之道。我期待在《指南》的指引下，我们也能建构一套自己的课程体系，让我们的老师明白应该为什么而忙碌，怎样工作才是有意义的。当然，我们共同期待的是看到孩子们在幼儿园真正享受到被尊重、做主人的快乐学习过程。

　　——节选自北京市西城区三义里第一幼儿园刘晓颖园长 2014 年 11 月 17 日在贯彻《3—6 岁儿童学习与发展指南》交流会上的发言

三、课程选择与规划的方法与策略

在了解了幼儿园课程选择与规划的内涵、课程选择与规划的原则之后，我们就进入到实际操作过程，需要了解和掌握课程选择与规划的具体方法与策略，从而能够有目的、有计划、有原则、有方法地进行课程的选择与规划。

(一)从多方面了解意图选择的课程

想要选择到适宜的课程，从多方面了解意图选择的课程是非常重要的，这也是进行课程选择的一个非常重要的方法，也是进行课程选择的首要步骤。园长及其领导的团队应当依托幼儿园的实际特点，群策群力，迅速确定意图选择的课程，进而全力对课程开展多方面的学习与了解。具体来说，可以通过文献法、讲解法、参观法三种方法来进行深入了解。

文献法是通过查阅相关书籍、杂志、报纸、视频、音频资料等内容来了解所选择课程的方法。可以通过这些文献当中对所选择课程的记载和评价对课程的各种要素进行了解，从而有一个总体的把握，这也是了解意图所选择的课程的第一步。讲解法是请对意图选择的课程比较了解或亲身感受或体验过该课程的专家、学者对课程进行全方位的解读，从别人的讲解中进而了解课程的方法。参观法是指亲身到意图选择的课程实施的托幼机构进行参观、考察、访学的方法，但这种方法花费较大，只有有条件的幼儿园才会选择。在了解意图选择的幼儿园课程时，幼儿园可以根据自身的实际特点选择合适的方法，也可以三种方法综合使用，以便能够较为全面地了解意图选择的课程。

(二)对比分析所选课程与幼儿园的课程现状

在进行课程的选择与规划时，对比分析所选课程与幼儿园的课程现状是非常重要的。在选择某种既定的课程模式之前，幼儿园如果已经开始运转的话，实际上是已经有了课程的存在的，这也正是幼儿园已有的课程基础。因此，对比所选课程与课程现状就非常重要，这是幼儿园能够深入运用所选课程、提升课程质量的基本前提。

1. 分析课程依托的理论基础和发生传统

一方面，对比分析所选课程模式和现有课程的理论基础。如果是国外的课程模式，更要深入了解其背后的理论基础，理解支持该课程模式的教育理论的内涵究竟是什么？其儿童观、教育观、教师观、评价观等究竟是什么？同时对比分析幼儿园现有课程的理论基础。一般来说，我国幼儿园课程的重要理论基础之一就是国家颁布的一系列与课程有关的政策文件，如《纲要》《指南》等，将《纲要》和《指南》的精神与所选课程的理论基础进行对比分析，从而更加深刻地认识所学课程模式与《纲要》《指南》的相通、融合或不同之处，进而更有针对性地进行选择。

另一方面，对比分析所学课程和现有课程的发生传统。就是要深入分析和了解所选课程模式是在什么地方、什么情境、什么历史条件下发生的，有何种独特的外部条件等背景。同时对比幼儿园现有课程的现状，了解现有课程发生的时间、地点、情境、条件等背景，比较两种课程的相似和不同之处，进而探讨运用所选课程的实际可能性。例如，瑞吉欧课程模式来源于意大利北部的一个小镇上，社区、家庭、幼儿园之间建立了非常密切的联系，孩子们随时可以走出幼儿园、走进社区进行观察和学习，因而形成了瑞吉欧独特的项目教学课程模式。那么，要选择项目教学课程模式，就要慎重思考幼儿园与社区关系的处理，以及对社区资源的利用，以便能够为幼儿提供深入的探索、观察和学习的机会。

2. 对比分析课程运作的现有条件和变化之处

幼儿园需要全面了解所选择的课程，分析所选课程实施的各种条件。在此基础上，分析自己在实施所选课程时的现有条件，并与所选课程实施的各种条件进行对比，积极为所选课程在本园的实施创造条件。现有条件包括幼儿园自身的地域环境和特点、幼儿的特点和水平、师资水平、设施和物质条件、外部支持和保障等，这些都是支持幼儿园课程实施的必要条件。要仔细一一对照这些条件，分析幼儿园自身的这些条件与所选择课程的这些条件有什么相同与不同。例如，地域环境和特点有什么异同？幼儿的年龄特点与水平有什么异同？师资有什么异同？设施和物质条件有什么异同？等等。然后在对比分析的基础上，更好地了解自己园所的实际条件，进而更有效地实施所选课程。

相同之处说明在这种条件方面达到了和所选课程相同的条件，可以不必更改现有条件，直接有助于所选课程的实施。例如，园所的资金投入、物质环境、设施设备都达到了所选课程的标准，那么就可以在这些方面不必做太多的补充和改进，维持现状即可开始实施所选课程。

不同之处有不足之处和超越之处。不足之处是指现有条件还无法达到所选课程的标准，那么就要仔细分析还需要做些什么才能达到所选课程的标准，尽可能满足所选课程的实施条件。例如，玩教具材料的配备没有达到所选课程的标准，那么就要按照所选课程的要求购置相应数量和种类的玩教具材料，从而保证课程的顺利实施。师幼比无法满足所选课程的标准，那么也要想办法尽可能缩小班级规模，增加教师的数量，使得班级规模和师幼比都达到一个比较合适的标准，以满足所选课程实施的条件。超越之处是指现有的条件已经超出了所选课程的标准，拥有了更好的实施条件，因此可以更好地实施所选课程，甚至将所选课程的水准提升到更高的高度。例如，现在国内有很多幼儿园的经费支持、硬件设施、玩具材料、家长资源等条件都达到了很高的水准，甚至远远超出了一些发达国家幼儿园的水平。因此，在实施所选课程方面，就有了更高的起点和更有利的条件，能够更好地落实和丰富所选课程的实施。

3. 准确定位可直接运用的要素和需改造的要素

课程的要素是构成课程的基本组成部分，我们前面已经讲到，主要包括课程理念、课程目标、课程内容、课程实施、课程评价等要素。每一个要素还可以作进一步分解，成为更加具体的要素。课程理念又可以细分为课程的理论基础、课程的指导思想；课程目标可以分为总目标、分目标、年龄阶段目标、具体活动目标；课程内容可以细分为健康、语言、社会、科学、数学、美术、音乐等方面的内容；课程实施包含的内容就更加丰富了，可以细分为活动准备、组织形式、时间安排、空间设置、材料提供、师幼互动、活动延伸等；课程评价可以细分为儿童学习与发展评价、教师教育理念与行为评价、教学活动效果评价等。如果再进一步细分，每一个课程要素的细分要素之下还可以再继续进行细分，使得课程要素更加具体化和微观化。幼儿园可以根据自身的实际需要再对上述要素进行更进一步的细分，使得课程要素更加具体，更加容易把握和理解，也有利于进行更加深入细致的分析。

幼儿园选择课程的过程中，可以将所选课题的课程要素参照上述的细分与幼儿园现有的课程现状进行细致的对比分析。一方面，充分和深入地了解所选课程的构成要素的具体情况；另一方面，也可以对比分析园所现有课程与所选课程的所有课程要素。在此基础上，结合幼儿园的实际情况，从所选课程中发现和确定可以直接运用的要素，进而判断所选课程是否适合于园所的实际；同时也需要发现那些不能直接运用，还需要改造的要素，进而能够真正选择适宜的课程，并且切实推动所选课程在幼儿园的实施。

（三）制订课程实施的详细计划，并给予落实

选择好适宜的课程之后，直接面对的就是课程的实施。课程实施是课程选择和规划的最终目的。要想切实推动课程的实施，使所选择的课程真正在幼儿园扎根，并发挥出应有的作用，就需要制订课程实施的详细计划，同时推动计划的落实。

1. 确定合理的时间安排

做好合理的时间安排，从时间上来把握和推动所选择课程的实施，是课程实施，也是制订课程实施计划的非常重要的一步。当选择好适宜的课程之后，就要确定课程实施的时间期限，即对课程实施的开始阶段、持续时间、实验时间、验证时间等的统筹安排与考虑。如，何时开始实施所选择课程？预计实施多长时间达到一定的效果？有无试验期和正式实施期的划分？有无实施期和验证期的划分？等等。从时间上来整体考虑和安排所选择课程的实施，有助于课程实施更加具有目的性和计划性，能够在一定的时间内考察和衡量课程实施的效果，从而及时总结经验和发现问题，及时提出相应的对策。

2. 制订翔实可行的计划方案

与时间安排密切相关的就是制定课程实施的翔实可行的计划方案，整体统筹和考虑所选择课程的实施。计划不同于规划。规划往往更加宏观和长远，是至少3年，甚至5年、10年的长期设想和安排，而计划则比较微观和具体，是较短时期的安排，可以是1~2年，也可以是半年，或是几个月，甚至是一个月、一天的安排。从实际操作上来看，规划最终还是要通过一个个具体的计划来实现。

涉及具体的课程实施，涉及所选课程的长远规划，就必须落实到具体的课程实施计划。只有制订切实可行的课程实施计划，并形成书面的方案和遵照实施，才能保证所选课程在幼儿园的具体贯彻和落实。课程实施计划的制订要特别注重操作性和可实施性。即课程实施的具体计划要和前面所谈到的时间安排整体结合进行考虑，要根据园所和所选择课程的实际情况，合理划分不同的实施阶段，根据不同实施阶段的目标和要求，安排不同的负责人员，提供不同的设备和材料，采取不同的、适宜的措施，达到人、物、事的最合理安排，从而保证所选择课程在实施过程中发挥出最佳的效果。

3. 形成和完善保障课程实施的管理制度

课程实施计划要想得到有效的落实，必须有制度的保障和支持。因此，要在落实课程实施计划之前和过程中，制定、形成和完善相应的课程管理制度，以制度来管理、保障和规范所选课程的有效实施。

从制度的产生时间来看，可以分为课程实施之前确立的制度、课程实施过程中形成的制度两种形式。要保证所选择课程的顺利实施，在课程开始实施之前就要进行一定的设想，构建相应的制度体系，使制度从开始就发挥其应有的保障和支持作用。但是，课程实施之前构建的制度毕竟只是理念层面的，是对课程实施过程如何进行支持和保障的预先设想，因此一旦进入实施环节，这种理念层面的制度就会出现各种问题，这个时候，就需要对预先制定的制度进行调整和改进。另外，在课程实施的实际过程中，有可能预先制定的制度体系难以满足课程实施的实际需要，还需要制定和增加更多的相关制度来对整个制度体系进行补充和完善，这就是课程实施过程中新制度的产生。由此可见，对预先制定的制度的调整和增加新的制度共同构成了课程实施过程中形成的制度。预先确立的制度和实施过程中形成的制度都是非常重要的，对于保证课程的顺利实施有着重要作用。

从课程实施的管理制度的类型来看，也是多种多样的。例如，关于课程实施的时间保障的制度、关于课程实施的资源保障的制度、关于课程实施的效果评价的制度、关于课程实施的方式方法的制度、关于课程实施的人员参与方式的制度等。不同的制度指向于解决课程实施过程中遇到的不同问题，因而有着不同的作用。例如，关于课程实施的时间保障的制度就确保课程实施的时间安排，如果没有这样的制度，那么，很可能就会因为幼儿园需要经常处理和应对各种琐碎事件和突发事件，而打乱了课程的整体实施过程，导致所选课程难以在幼儿园持续深入开展。关于课程实施的人员参与方式的制度就规定和规范了参与课程实施的具体人员及其参与方式，从而保证所选课程的实施有专人负责和实践，不会出现人员频繁更迭的现象。因此，在课程实施的过程中，不同类型的管理制度也必须要建立和完善，从而从制度上规范和保障所选课程的有效实施。

4. 可从小规模的试验开始再全面推开

在制订课程实施计划时，一个重要的技巧就是先从小规模的试验开始，在试验过一段时间，观察所选课程的实施效果，总结相关的经验和问题之后，再全面推开。毕竟在课程实施之前，对所选课程的适宜性的衡量都是理念层面的事情，只有真正通过实践，才能够考察所选择的课程是否适合幼儿园的实际。从小规模的试验开始，既能够在真实的幼儿园环境中切实考察所选课程的实施效果，同时又可以最大限度规避风险，防止因为所选课程不适宜而导致的各种问题的发生。

经过小规模的试验之后，如果证实所选课程的实施效果不错，那么就可以在全园范围内进行推广和实施。此时，可以采取经验交流会、成果展览会、活动观摩、课题研讨会等活动形式，来对前期试验的成果进行总结，同时正视和探讨出现的问题，进而研究解决问题的方法，从而为所选课程在幼儿园的全面实施奠定良好的基础。

（四）重视课程评价，通过评价来不断反思和提升课程质量

课程评价也是进行课程选择和规划的非常重要的一环。只有重视和开展课程

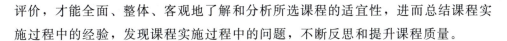

评价，才能全面、整体、客观地了解和分析所选课程的适宜性，进而总结课程实施过程中的经验，发现课程实施过程中的问题，不断反思和提升课程质量。

1. 对所选课程本身的评价方式进行运用和反思

当幼儿园选择了一种课程作为园所实施的课程时，同时也就选择了该课程的评价方式。因此，在实施所选择课程的过程中，要重视所选择课程已经形成的评价方式，并且在实践中运用这一评价方式，在实践中考察和验证这一课程的适宜程度，同时也结合实际不断完善所选课程的评价方式。这一过程，就是对所选课程的评价方式进行实际运用和反思的过程，也是幼儿园进行课程选择和规划的应有之义，更是园长在进行课程选择和规划时应当着重考虑的问题。

2. 对所选课程的使用效果进行评价

还有一种重要的课程评价是对所选课程使用效果的评价，这个使用效果实际上考核的是多方面的因素。使用效果与所选课程本身有关，也与课程的选择与规划有关。因此，对所选课程使用效果的评价，实质上是一种元评价，包含了两种评价。

(1)对课程本身的评价，即对所选课程整体各要素的评价，包括了对课程理念的评价、对课程目标的评价、对课程内容的评价、对课程实施的评价、对课程评价的评价。

(2)对课程选择与规划过程本身的评价。对课程进行选择和规划的过程本身实际上也影响着所选课程的使用效果。因此，需要考虑如下问题：课程的选择与规划过程究竟是如何进行的？是否遵循了课程选择与规划的各项原则？课程的选择与规划过程是否存在不合理之处？

因此，在进行课程选择与规划的时候，还要重视对课程本身的评价，对课程选择与规划过程本身的评价。经由这两种评价，来综合考察所选课程的使用效果。从而能够更加全面和深入地把握所选课程的合理性与适宜性，保证课程质量的不断提升。

另外，在对所选课程的使用效果进行评价的时候，还要仔细甄选评价者。要注意评价者的多样化，既有幼儿园内部人员参与评价，包括园长、中层管理者、教师、幼儿、家长等；还要有幼儿园外部人员参与评价，包括上级管理者、专家、教研人员等，做到内部评价和外部评价的结合，从而使评价发挥出更大的作用。

3. 建立和形成课程评价的制度

除了开展各种评价活动本身之外，为了保证评价活动的正常、及时、有序开展，幼儿园还应当建立和形成课程评价的制度，以制度的形式来确立评价的内容、评价的方式、评价的时间、评价的参与者等，从而保证评价活动的质量。课程评价的制度也是多种多样的，可以依据评价的内容形成不同的评价制度，如课程理念和目标评价制度、课程内容评价制度、课程实施评价制度、对课程评价的评价制度、对课程选择和规划评价的制度等；还可以依据不同的评价者形成评价制度，如教师参与评价的制度、幼儿参与课程评价的制度、家长参与评价的制度、外部专家参与评价的制度等。幼儿园可以根据不同的需要，制定适合本园实际的课程评价制度，从多方面对所选课程进行评价。

（五）形成"选择——规划——运用——评价——完善"的循环

进行课程的选择与规划，不断提升园长的课程选择与规划能力，还有一个非常重要的方法就是形成"选择——规划——运用——评价——完善"的循环（见图4-1）。形成这一循环意味着以一种整体观、系统论的视角来看待课程的选择与规划过程，对每一个环节都进行精心的设计、合理的安排，使不同环节之间能够有机结合、相互融合、通畅衔接，进而保证课程的选择与规划成为一个不断循环、发展和上升的过程，也为尚不具备开发园本课程能力的幼儿园提供一种进行课程选择与规划的思维观和方法论。

"选择——规划——运用——评价——完善"的循环实际上也是课程选择与规划的思维导图，以一种形象生动、全面思考、有机联系的方式展示出了课程选择与规划的全过程，有助于园长及其他幼儿园管理者和教师在头脑当中形成进行课程选择与规划的整体印象，对课程选择与规划过程的不同环节有清晰的认识，能够迅速掌握课程选择与规划的方法，进而有效地开展课程的选择与评价。

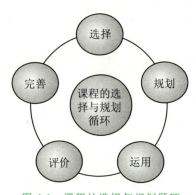

图4-1　课程的选择与规划循环

案例　走特色之路，创幼儿园课程建设新途径

——我园京剧特色课程的选择与建设

中华民族有五千年的悠久历史，有着博大精深、令人敬仰的传统文化。继承和发展民族文化，提高全民族的素质，是国民教育的重要任务之一。让幼儿从小感受和体验民族文化，接受传统文化的熏陶，理应是幼儿园教育的重要组成部分。群英幼儿园坚持"温暖、祥和、自然、开放"的办园理念，将中国的"国粹"京剧作为研究中的一个亮点，科学利用周边教育资源——北京京剧院，将京剧文化渗透于幼儿园的环境和教育活动之中。教师充分挖掘京剧文化中的各种艺术表现形式、手段，融会于日常的教育活动中，使幼儿在欣赏感受体验探索创新的同时，提高幼儿的审美能力，激发幼儿对中国传统文化京剧的喜爱。

一、京剧特色的选择

《纲要》中指出：教师可通过多种活动，使幼儿了解中国是一个多民族、多文化的国家。而京剧艺术是中华民族的艺术瑰宝，有着两百多年的悠久历史，以其无限的艺术魅力被称为中国的"国粹"。它与中国传统文化有着难以割舍的联系，在现在中国传统文化渐渐被忽视的时代，我们更应该关注京剧艺术，要继承和发扬京剧文化，就应该从幼儿园的娃娃抓起，才能让京剧文化具有长久的生命力。

因此，我园选择京剧作为幼儿园的园本特色开展研究，将京剧文化渗透于幼儿园的环境和教育活动之中。教师充分挖掘京剧文化中的各种艺术表现形式、手段，融会于日常的教育活动中，使幼儿在探索创新、学习知识的同时，提高幼儿的审美能力，激发幼儿对中国传统文化京剧的喜爱。

（一）京剧文化学习

我园充分利用幼儿园周边的社区资源与北京京剧院联系，成为共建单位，聘请北京京剧院的专家为我园的艺术顾问，多次组织京剧院的专家对全园教师进行京剧知识的入门讲座、教我们学唱京剧，让全体教师们都能了解京剧、走近京剧。

（二）蕴含的教育价值

《纲要》中明确指出其核心目标主要指向三个方面。

第一，实际感受中国民间艺术的丰富和优美，体验并认同民间艺术所蕴含的人文精神，培育民族情感和民族精神。

第二，萌发对民间艺术的审美情趣，充分体验感受美、发现美、表现美、创造美的愉悦。我国京剧特色不是为了让孩子京剧唱的有多好，而是通过京剧活动，让幼儿感受美、发现美、表现美、创造美。

第三，促进观察力、想象力、创造力、探究实践能力的提高，激发创新意识。

（三）京剧特色定位

充分挖掘民间美术和京剧中与《纲要》《指南》相关联的教育价值，以欣赏、感受、体验、了解为主要目的。

1. 环境。

艺术环境研究定位在：园所装饰环境、活动环境两个部分；园所装饰环境包括：室内公共环境、户外活动环境；活动环境包括：日常活动环境、大型活动环境。楼道环境与班级环境相结合，每班确定一个载体，在班级的环境和区域中，与幼儿和家长充分互动，布置供幼儿欣赏的京剧环境。

2. 课程。

（1）我园每周邀请北京京剧院的专家，与幼儿一起玩京剧；为教师进行专业培训。同时，每周1～2次的园本京剧课程，使京剧文化融入幼儿日常的教学活动中。

（2）引进优质的课程资源，借鉴专家的指导和优质课程资源中好的形势和方法，与《纲要》《指南》的理念结合，选择贴近幼儿生活的活动内容，钻研教材，探讨教学方法，年级组在教研组长的带领下，分析、研究课程内容，采取边观摩、边分享、边交流的形式，将新的教育观念转化为教育行为。促进了教师专业化的发展和研究能力的提高。

3. 游戏。

京剧文化博大精深，为了使幼儿更容易接受京剧、喜爱京剧。我园将京剧元素融入游戏之中，使幼儿在玩中感受、体验京剧文化。

二、加强理论学习，不断提高教师的理论水平

1. 明确研究方向。

我们首先带领教师认真学习课题研究计划，明确研究的意义，成立核心组，全园各班组共同开展实践研究活动。

2. 加强理论学习。

在《纲要》《指南》精神的指导下，我们充分认识到促进幼儿主动学习能力的提高，教师是关键，必须采取各种形式培养教师，全面提高教师素质，才能更好地促进保教工作的质量。

3. 营造了自然、开放的研究氛围。

(1)设立适宜的教研组织，为教师开展课题研究支持。

(2)营造自然、开放的研究氛围，调动教师课题研究积极性。

(3)京剧小常识介绍。

(4)话题辩论游戏。

三、总结、归纳了京剧活动发展幼儿主动学习能力的指导策略

1. 家园同步根据问题有针对性开展研究。

在开展民间京剧教育实践的过程中，通过进行问卷调查，收集来自多方面的教育评价信息。在研究京剧教育与幼儿主动发展的关系时，教师、幼儿、家长、社区均是教育评价工作的参与者。

2. 创设自然、开放的京剧艺术环境，激发幼儿对京剧艺术活动的兴趣。

我园将京剧艺术环境研究定位在：园所装饰环境、活动环境两个部分；园所装饰环境包括：室内公共环境、户外活动环境；活动环境包括：日常活动环境、大型活动环境。充分发挥环境的教育潜能，创设了宽松、优美、适宜的环境，激发幼儿对京剧艺术活动的兴趣。

(1)园所装饰环境贴近幼儿的生活，符合幼儿的理解水平。

环境创设内容的选择应考虑幼儿的兴趣、爱好和理解水平，并善于把幼儿熟悉的内容引入环境创设中，以便幼儿练习生活加以想象，并用语言、动作等多种形式进行表现，激发幼儿对生活的热爱和追求。

(2)卡通化、情景化的环境，符合幼儿的年龄特点。

在创设楼道环境的过程中，考虑到幼儿的年龄特点，结合幼儿的兴趣和爱好，创设的风格大不相同。在班级环境创设中，选择形象鲜明、颜色明快的卡通形象，将京剧艺术教育自然的融入环境中，使幼儿在幼儿园处处都感受到环境中的美，用幼儿自己的眼睛、心灵获得美的感受。

(3)互动的班级环境，提供幼儿主动参与民间美术活动的条件。

环境是幼儿活动的场所，幼儿是环境的主人，幼儿依赖于环境并作用于环境，我们支持、引导幼儿参与到环境的创设之中。

(4)大型活动环境，激发幼儿参与民间美术活动的热情。

①"群英民间艺术节"活动，为幼儿提供活动的机会。

《纲要》中强调要关注每一个儿童的发展，尊重幼儿内在发展规律，尊重幼

儿发展的自主权，尊重幼儿个别差异，给每位幼儿创造发展的机会与空间。如开展打破班级界限的"群英民间艺术节"主题活动，活动中幼儿园为幼儿搭建平台、创设环境、开展丰富多彩的民间艺术活动；孩子们参加各种民间游艺项目、观看戏剧、剪纸、国画、泥工等活动，在宽松、丰富的活动中得到了快乐、发展与提高。同时，充分利用家长资源，参与到各个民间艺术坊的展示和指导的活动中，使家长也融入民间艺术的课题研究中来，进一步了解民间美术教育对幼儿发展的促进作用。"群英民间艺术节"的活动，特色突出，受到了《人民日报》《北京日报》等各大媒体的关注，并进行了采访和报道。

②搭建各种民间展演的舞台，发展幼儿主动参与活动的能力。

为孩子们创设多种形式的机会，搭建各种表现的舞台，使每一名幼儿都有机会表现自己，建立自信心。幼儿参与北京电视台春节晚会与梅葆玖老先生同台演出"贵妃醉酒"；"六一"前夕，应邀参加了万泉寺小学"第三届戏曲文化节"；参加了北京市文联弘扬北京精神"京剧启蒙进社区"公益活动启动仪式；参加丰台区全民运动会入场式表演了水旗操，活动中幼儿大胆、自信的表现，既展示了幼儿的才艺、培养了幼儿的良好品德，又锻炼了幼儿的表现能力，提高了幼儿社会实践能力，使幼儿更加喜欢中国的传统艺术活动。

3. 宽松、自主的游戏环境，调动幼儿主动参与活动的愿望。

(1)以美工区和表演区为重点，引导幼儿自主创作，快乐享受活动过程。

(2)开展以民间美术形式为载体的班级特色游戏，激发幼儿主动创造的欲望。

(3)充分利用环境资源激发调动幼儿参与京剧艺术活动的积极性。

中华文化有着极其丰富的内涵，有着完整的道德体系和价值观，这对幼儿未来的人格塑造、习惯养成、世界观形成都有着极其重要的影响；幼儿通过接触和了解中华民族五千年的灿烂文化，增强了民族自豪感和文化自信心，并受到了传统文化的熏陶，提高了审美能力；同时还可以提高教师的素质和研究能力，这三个方面的价值，不正是幼儿教育的目标所在吗？

群英幼儿园教师会再接再厉，以更高远的目标继续对传统文化教育进行研究与探索，让幼儿园走出更多的小京剧迷，让我们的孩子浸润着中华民族的优秀文化，健康快乐地成长！

——北京市丰台区群英幼儿园园长　范建华

案例 以促进幼儿主动学习为目标的园本活动课程的实施

——我园对高瞻课程的选择、运用、创新和超越

一、问题入手、主动选择、引入适合幼儿园的课程模式

我园的办园理念是"做中教、做中学、做中求进步"。"促幼儿主动学习""一日生活皆教育"是我们的教育理想和工作方向，但是具体实践中，教师这样经常会遇到这样的困惑："正确的教育观、儿童观我知道，可一到实践，面对具体事情，我就不知道怎么办了。"

（一）分析问题、找到突破发展瓶颈的关键点

正当我们苦苦寻找解决办法的时候，区教研推荐我们看《活动中的幼儿》这本书（这本书介绍的是美国的高瞻课程）。这本书一下子打开了我们的思路，尤其是其中的六个字："计划""实施""回顾"。书中最重要的核心理念"促幼儿主动学习"，"让幼儿成为有智慧的问题解决者"，也和《纲要》的要求相一致。因此，书中的理念、方法就成了我园"活动课程"最初的模板。

（二）确定"活动课程"理念，确定课程实施策略

我们确定了幼儿园"活动课程"的核心理念同样是"促幼儿主动学习"，我们对其进行了中国化和园本化的解读，即让幼儿成为有智慧的问题解决者，做生活的小主人。其含义有二：幼儿是生活的小主人——是积极主动的交往者，学习过程的亲历者，有智慧的问题解决者；教师要成为幼儿的玩伴——发现幼儿的情感与智慧，鼓励幼儿的选择与尝试，支持幼儿的独立思考与表达。

（三）理解"活动课程"模式各环节的意义，促教师积极实践

针对教师总有想"教"的冲动，我们提出"和幼儿一起玩"的口号，在幼儿游戏区活动时，请教师暂时放下教师"教"的思想，而是和幼儿一起想怎么玩，玩得越热闹越投入越好。

为了让教师了解"活动课程"模式如何实施，我们一起分析了各环节的价值点，促使教师细致观察幼儿。

"计划环节"的价值是：重在给幼儿表达自己想法和意愿的机会，教师的角色是了解幼儿的兴趣、需求，和掌握幼儿发展水平。

"实施环节"的价值是：支持幼儿学会在实施自己的计划中主动发现问题、自主解决问题。教师首先要和幼儿一起玩，在游戏过程中观察了解幼儿真实的发展状况。

"回顾环节"的价值是：重在支持幼儿用自己的语言表达游戏过程，讨论共同关心问题。

（四）在深入实践中促教师主动反思

1. 发挥骨干教师作用，解决教师实践中的问题。

和教师一起研究如何解决教学实践中的问题时，管理人员要充分发挥骨干教师的作用，让骨干教师说出具体的解决方法，这比管理人员说服力作用要大得多。

2. 用"课程"本身的理念和策略，解决教师实践中的困惑。

我们借鉴的是"高瞻课程"理念和基本操作模式，这种教学模式已经形成有五十多年了，因此它有一套完整的操作策略和方法，我们用它来建设我们幼儿园的园本"活动课程"其实也是一个不断深入学习和解读它的过程。

例如，针对活动区游戏材料不丰富，教师不知道要提供给幼儿哪些材料才适宜的问题，我们组织教师学习"高瞻课程"中关于幼儿游戏区材料投放的具体内容，按照书中提供的材料对比我们游戏活动区的材料，教师理解了"低结构的材料"的含义，在教室中引进了生活中许多常见的东西，如纱巾、瓶瓶罐罐、泥土、沙子等。在丰富的游戏材料支持下，幼儿充分游戏，展现着他们对生活的认识和理解，教师渐渐看见了幼儿的自然智慧、自身潜力、主动学习的天性。

3. 通过调整教师案头工作方式，引发教师有效反思。

幼儿园教师每周都要写教育观察记录，时间一长教师就有些懈怠，凭着自己的经验分析幼儿，而不是通过幼儿客观的行为而分析解读。为了引导教师深刻的分析幼儿，有效的支持幼儿成长，管理者修改了观察记录表格，着重记录以下四方面内容：第一，记录幼儿活动的原始状态；第二，根据高瞻课程幼儿发展关键经验，判断幼儿现有关键经验是什么；第三，写出《纲要》中幼儿发展目标的内容；第四，教师下一步的教育措施。以这样表格的内容引导教师观察幼儿，通过"关键经验"思考幼儿行为和发展方向，用《纲要》中的理念，不断指引教师的教育实践行为。

二、扎根本园、创新实践、逐渐形成园本"活动课程"

我们借鉴"高瞻课程"中的一些思想方法，但我们的目标不是要把它模仿的越像越好。我们是为了解决我们幼儿园改革发展中的问题，促幼儿主动的探索、学习，同时教师也要不断改造自我，创造性的进行教育教学工作。

(一)梳理园本"活动课程"思想，以清晰思想引领实践

我们仔细分析了我园已有的文化特点，继承陈鹤琴先生"活教育"的思想，吸取高瞻课程中的有效经验，总结我们过去十年所做的"蒙台梭利教育中国化"的研究成果，提炼其精华，梳理出我园园本"活动课程"思想和策略。

我们始终都把"促幼儿主动学习"为课程核心，强调"幼儿一日生活皆教育"的理念，以"让幼儿成为有智慧的问题解决者，做生活的小主人"为课程实施方向。在具体促幼儿"主动学习"的过程中，我们主要做到以下四方面：第一，紧紧抓住游戏模式"计划""实施""回顾"三环节的应用。第二，注重低结构(身边常见)材料的投放。第三，有能激发幼儿主动思考学习的游戏内容，让幼儿有兴趣的不断探索、试验，获得经验、提高认知。第四，设立问题情境，通过幼儿操作，或相互讨论或师幼互动等方式，启发幼儿运用已知的经验和知识，分析眼前的问题，并通过尝试新的解决方法，进一步获得新认知新经验，及解决问题的能力。

(二)提出具体的行为策略，引领教师不断深入实践

"活动课程"刚刚在教师的头脑中建立，新思想还没有被完全内化到教师的思想与行为中，这时当教师处理新情况时，会不自觉地用习惯的已有的思维模式解决问题，针对这种情况，我们提出了三个行为策略。

1."让幼儿做生活的小主人"，"让环节流动起来"。

针对教师在幼儿一日生活组织中，尤其是过渡环节混乱、教师控制过多的问题，提出"让环节流动起来"。我们请做得好的骨干教师讲自己班上的小案例和总结出来的巧妙做法，同时观摩骨干教师的教学录像，鼓励青年教师模仿学习。并且让教师思考：让幼儿成为生活的主人教师应该怎么做？于是，越来越多的班级在一日生活环节中创造条件，让幼儿自主安排自己的活动，使过渡环节的活动自由而有序。

2."为幼儿推开一扇扇窗"。

针对幼儿游戏内容单一的问题，提出："为幼儿推开一扇扇窗"。同时采用了三种方式。第一，关注生活中幼儿常见的材料，和幼儿生活中能接触到的内容，并为幼儿提供；第二，和幼儿聊身边发生的大事件，鼓励幼儿发表自己的看法；第三，通过"回顾"环节，鼓励幼儿展示自己的成果，讲述创造的过程和想法。

3."在好玩的游戏中促幼儿主动学习"。

针对大组活动(教师组织的集体活动)中教师总摆脱不了"我教你学"的影子，提出"在好玩的游戏中促幼儿主动学习"，"让幼儿成为有智慧的问题解决者"。一是要和幼儿玩好玩的游戏，要追求有趣，调动幼儿积极参与游戏的愿望，二是要能引起幼儿游戏中主动学习、探究的行为，游戏不能太易和太难，要有适宜的挑战。要并且不断以此理念为基础进行实践，研究幼儿的年龄特点，学科的核心价值、幼儿学习的难点等，寻找多样化的方法与策略。

(三)促进教师在实践中不断拥有自己"思想"

做有思想的教师，让教师在与幼儿互动中源源不断获得鼓舞，获得职业的幸福感。这是我们的梦想，也是我们不断的追求。

1.以办园理念的认同和渗透来促进教师不断进步和终身学习。

我园的办园理念："做中教，做中学，做中求进步"，就是不断地追求以教师自身为起点的不断成长和进步；这个理念时时在我园的各项工作中展开，并成为幼儿园文化的主流，使教师自觉接受终身教育，这样的理念逐渐融化在教师的血液中。例如，对新教师培训，我们首先做好几个规定动作：(1)记录老教师工作的行为和原始语言，用自己对教育的理解分析老教师的行为和语言。(2)记录教师和家长交流的语言和方法，同时进行思考分析，提出自己的看法。(3)观摩各年龄班的环境材料，一一抄录，并写出环境材料投放在这里的功能和教育目标。

2.促教师将研究与理念、实践相结合，形成自己的思考。

通过"有质量的玩"帮助教师细致了解幼儿年龄特点及不同活动区的游戏价值点。"有质量的玩"是指教师能恰当地融入幼儿的游戏，并在与幼儿的互动中，教师能清晰地知道这样的游戏带给幼儿哪些成长价值。具体操作时，由骨干教师带领和管理人员参与，以年龄班为单位进行研究。经过一年多的实践研究，教师较好的了解了幼儿年龄特点，基本把握了具体游戏区游戏发展方向和价值点提供了明确的思路。教师在与幼儿"一起玩时"心中有了方向。

共同研究师幼互动的技巧，总结师幼互动(和幼儿一起玩的)价值点的定位，提高幼儿在自主游戏中主动学习的质量。经过探讨，我们将师幼互动价值点的定位归纳为两点：第一，教师肯定幼儿的游戏行为，增强幼儿的自信；第二，教师把幼儿活动中的闪光点放大，促幼儿坚持完成自己的计划，促幼儿有更多的想法，更有趣的玩下去。我们还通过听专家讲关于师幼互动的报告，骨干教师以实例讲和示范，教师之间互动研讨，讲自己的成功案例等方式，不断相互影响和传播好的做法，总结师幼互动的好经验。

3. 不断提升管理者的思想，使其成为教研引领者。

幼儿园要营造良好的氛围，追求教学能力提高，追求有品质的教育。管理者一定要听批评意见，多一个角度看事物，多一种警觉。管理者要带领教师不断的回归课程思想、回归教育理想的终极价值目标进行反思。管理者要不断地启发教师换一种思维方式思考教育教学活动，要每天和教师交流、进班看教师实践，不断寻找管理者自己在管理中的问题。管理者还要带头多进行教学实践，在实践中，管理者和教师不断成长。

——北京市西城区第六幼儿园园长　陈小明

第五章　提升园长的课程开发与建设能力

随着幼儿园课程改革和发展的不断深入，很多幼儿园积累了丰富的课程经验，已经突破了单纯的课程选择与规划阶段，而是进入课程的开发与建设阶段。这一阶段直接体现为园本课程的建设与实施。甚至很多省市都开始大规模推行园本课程建设工程，推动省市内大量的优秀幼儿园，甚至是全体幼儿园都要开发和建设园本课程。这种现象固然有其盲目、激进的一面，但是也反映出当前背景下园本课程开发与建设如火如荼的情景。那么，园本课程的开发与建设究竟是怎么回事？在什么条件下适合进行园本课程的开发与建设？如何进行园本课程的建设？这将是本章我们要探讨的问题。

一、课程开发与建设的含义

课程的开发与建设，就是在理论的指导下，有目的、有计划、有意识地，在具体的实践中，在深入研究、广泛调研和听取意见的基础上，构建和发展适合某个国家、某个地区、某个园所的幼儿园课程的过程。课程的开发与建设，是一项从无到有、从不完善到完善的系统工程，是建构和发展一门新课程的过程，也是一系列非常复杂的过程。

目前，结合我国幼儿园的实际，往往体现为园本课程的开发与建设。许多幼儿园在实际办园的过程中已经积累了丰富的课程经验，在课程理念的确立、课程目标的制定、课程内容的选择、课程的推动与实施，以及课程评价方面都有了较为深入的探讨，并且在长期的实践过程中形成了自身的特色。因此，他们开始致力于开发与建设富有自身特色的园本课程。可见，对于幼儿园来说，课程的开发与建设实质上就是园本课程的开发与建设。

（一）我国幼儿园三级课程体系

我们国家目前实行的课程体系是三级课程体系，即国家课程、地方课程、校（园）本课程。从我国幼儿园课程的发展情况来看，随着《纲要》和《指南》的颁布和实施，构成了我国幼儿园的国家课程体系，对于国家课程的目标、内容、实施方式、评价等都有了相对完善的描述，为广大幼儿园秉持正确的课程理念、践行正确的课程行为提供了基本的指导思想。但是，由于是国家层面的课程，因此，在具体细节方面并没有进一步的描述。各地在深入学习和贯彻《纲要》和《指南》精神的基础上，致力于结合各地的实际情况广泛开展运用《纲要》《指南》的实践，实际上就构成了地方课程。由于《纲要》颁布较早，因此在贯彻和实施的过程中，很多省市都形成了具体细则，如《北京市贯彻〈幼儿园教育指导纲要（试行）〉实施细则》《上海市学前教育课程指南》《山西省幼儿园课程指南》。尽管有了地方课程体系，在一定程度上解决了全国地区差异较大的问题，相对缩小了课程范围，有了更强的针对性。但在一省之内，甚至是同一个地区之内，差异还是有的，甚至有很大的差异。而每一所幼儿园就分布在这些不同的地区之间，因此为了解决不同地区、不同幼儿园之间的差异，需要在国家课程和地方课程的基础上，开发和建设园本课程，使课程更加符合幼儿园的实际特点。正是在这种背景之下，园本课程的开发和建设蓬勃发展起来，其目的是弥补国家课程和地方课程的不足，更加切合幼儿园自身的特点和实际需要。

在了解和贯彻我们国家的三级课程实施体系时，要特别注意国家课程、地方课程、园本课程三级课程之间的差异与不同，尤其是要注意到国家课程、地方课程、园本课程的开发者和建设者都是不同的。国家课程显然是由国家来开发的，地方课程是由地方教育行政部门和教研部门来开发的，园本课程则是由幼儿园来开发的。在具体建设方面，国家课程是由全国所有幼儿园来共同建设的，地方课程是由地方所有幼儿园来共同建设的，园本课程则是由单个的幼儿园来建设的。可见，前两级课程开发者和建设者是不统一的，只有园本课程的开发者和建设者是统一的。而且，园本课程较为微观和特殊，这也给园本课程的开发与建设提供了可能性。

另外，三级课程之间的关系也一定要理顺。国家课程反映的是教育的规律和国家的意志，是最高层次的课程，是整个国家幼儿园课程的指导纲领。地方课程要在国家课程理念和精神的指引下，结合地方的实际情况和特点进行开发和建设，是整个地方幼儿园课程的指导纲领。园本课程需要在国家课程和地方课程的共同指引下进行开发和建设，是基于幼儿园实际情况的、体现幼儿园特点的、最符合幼儿园实际的课程。

（二）对园本课程的认识和理解

梳理关于园本课程的不同理解，可以发现，园本课程是在国家课程文件精神的指引下，由幼儿园根据本园特点、幼儿需要和教师优势，充分挖掘本土与本园资源，以本园教师为主体，以幼儿园为基地进行课程开发，并在幼儿园中实施的课程。可见，园本课程是在幼儿园现实的根基上成长起来的，最能体现幼儿园特点，也是最适宜于幼儿园的课程。

园本课程具有适宜性、过程性、动态性、持续性、民主性、独特性等特点。其中，适宜性是指根据本园特点，突出本园优势，服务于本园幼儿和教师。过程性是指注重园本课程开发和发展的过程，使得过程与结果紧密相依，包含了课程设计、实施、评价和管理一系列整体过程。动态性是指园本课程的发展是一个不断调整和完善的过程，需要不断发现和总结课程实践当中的闪光点。持续性是指园本课程的发展是一个长期的过程，不是短时间内就能够完成的，需要一批又一批教师的共同努力。民主性是指园本课程不是狭隘的"本园课程"，而是需要充分吸纳各方面相关人士，充分发挥教师的主观能动性。教师是园本课程建设和实践的主体，只有发动广大教师，调动教师的实践积极性才有可能将理论的课程转化为现实的课程。独特性是指每个幼儿园的"本"是各不相同的，因此园本课程开发不可能有统一、固定的模式，而应该是多样化的，体现为自身的特色。需要注意的是，这里的特色并不是"特长"，而恰恰是"园本"和"传统"的更深层的反映。

从园本课程的实践来看，可以分为两个方面：第一，国家课程的园本化实施；第二，园所自主开发和建设的特色课程。

国家课程的本土化实施，是指幼儿园对《纲要》《指南》理念的贯彻和实施。要将《纲要》和《指南》的目标、五大领域教育内容、教育原则和要求结合幼儿园的实际进行消化和吸收，转化为幼儿园自身的理解和实践，因而实际上也构成了园本课程的重要组成部分，是国家课程的园本化，是幼儿园必须实施和贯彻的课程。

园所自主开发和建设的特色课程，是对国家课程和地方课程的丰富和补充，是在国家课程和地方课程的基础上对幼儿园教育传统、教育经验、周边环境、社区资源等因素进行充分整合与利用之后，所开发和建设的具有幼儿园自身特色的课程，能够凸显出幼儿园独具特色的特点，是对国家课程、地方课程以及自身特点的深入研究和充分发展。

可见，园本课程建设应当包含两个方面，首先要保证国家课程和地方课程的贯彻和实施，要贯彻国家的教育思想和精神，要尊重幼儿的身心发展规律和特点，保证幼儿的全面和谐发展。其次才是园本课程的开发与建设，要依托国家课程和地方课程的指导，充分结合园所的实际情况和特点，挖掘园所自身的特点，构建和发展凸显园所特色的园本课程，从而促进幼儿全面而富有个性的发展。这样，才能在理念上和实践上将国家课程和地方课程的园本化实施与园所自主开发和建设的园本课程相结合，共同纳入园本课程的开发与建设之中，使两个层面的课程在园本的层面上相互融合与补充，在实施过程中成为一个统一的园本课程，使园本课程的内容更加丰富和生动，进而共同促进园所、幼儿、教师、管理者的成长和发展，也使幼儿园课程更加扩展和完善。

 资料链接

对园本课程的不同认识

一、幼儿园的课程本身就是"园本课程"

园本课程的说法与国家基础教育课程改革有关，实际上它是直接从中小学的"校本课程"一词套用过来的。但这种套用合适吗？

我国幼儿园现行的课程管理体制是，由国家教育行政部门颁布《纲要》，规定总的教育目标、教育内容领域和实施原则，再由各地教育行政部门制定执行《纲要》的具体指导意见，而幼儿园则依据《纲要》和地方教育行政部门的具体指导意见，自行决定本园的具体课程和教学方法。这就是说，我国幼儿园课程的权利主体和开发主体都是幼儿园，即以幼儿园为"本位"。也就是说，幼儿园课程本来就属于"园本课程"；或者说，幼儿园的课程就是"园本课程"。

划分国家课程、地方课程、学校课程的依据是课程的权利主体和开发主体。我们在谈及课程的管理、规划时会运用到三类课程的概念以表示课程的性质。由于过去中小学只有国家课程和地方课程，因此"校本课程"作为本次国家基础教育课程改革的一大亮点被凸显出来。然而，幼儿园课程与中小学课程不同，在幼儿园里本来就没有如中小学那样的国家或地方规定的必须开设的课程门类，因此，并不涉及不同主体的课程问题，即不存在区分谁为"本"的课程问题。既然这样，那么我们使用"园本课程"一词又有什么意义呢？幼教界有必要因为中小学课程里使用了"校本课程"这一标志性词语，就立刻追随其后，套用起"园本课程"这个概念吗？如果在套用时再把幼儿园的特色课程与"园本课程"混为一谈，画上等号，把原来由幼儿园开发的特色课程一股风地更名为"×××园本课程"，那么就更容易导致认识上的偏差了。

我们必须警惕，不要让幼教改革变成"玩概念"，如果是那样的话，连穿新鞋

走老路都说不上，只不过是在旧鞋上贴"新"标签而已，而这"新"之所以还要打上引号，是因为"园本课程"实在不是今天才从外面引进来的什么新东西，它一直就存在于幼儿园课程之中。

——李季湄．园本课程小议[J]．幼儿教育，2002(9)：4-5

二、园本课程是对国家课程的补充

在我国当前进行的大规模的基础教育课程改革中，已经明确提出基础教育课程有三个构成部分：国家课程、地方课程与校本课程。每一部分课程都有其独特的价值与功能，都有其存在的必要性和重要意义。这种课程管理格局对增大教育的适应性、增加人才培养的多样性、拓展个体发展的各种可能性是颇为有利的。作为基础教育有机组成部分的学前教育，其课程也应由同样的三部分构成。就目前而言，教育部颁布的《纲要》其中具体规定了学前教育内容与要求，明确提出了五大领域的课程目标，同时对课程的组织与实施、教育评价等均做出了详尽的规定，这应被视为学前教育的国家课程。随后不少省市根据本地实际需要和特点，因地制宜，颁布了本省市的幼儿园课程指导纲要或指南，例如，青岛市出台了《青岛市幼儿园素质教育指导纲要》，从未来社会对人才的要求出发，从共同生活、探索求知、体验表达三个方面提出幼儿所需要的基本活动内容及要求，形成了开放教育、社会性教育、科学启蒙教育、创造教育等课程特色，这可视为青岛的地方课程。

关于园本课程，《纲要》中并没有直接提出其概念，但其总则中指出："城乡各类幼儿园都应从实际出发，因地制宜实施素质教育。"在第三部分组织与实施中指出："教师要根据本《纲要》，从本地、本国条件出发，结合本班幼儿实际情况，制定切实可行的工作计划并灵活地执行。"在"教育部关于印发《幼儿园教育指导纲要(试行)》的通知"中也明确要求："贯彻实施《纲要》，要坚持因地制宜、实事求是的原则，认真制定本地贯彻《纲要》的实施方案。应从具体情况出发，切忌搞'一刀切'。各地可采取先试点的方法对不同地区、不同类型、不同条件的幼儿园，分别提出不同的要求"。这些规定实际上给园本课程的开发留下空间，也是对园本课程开发的鼓励。

当前我国的幼儿教育课程正发生着深刻的变革，幼儿园正从单纯的课程实施者向同时又是课程开发者转变，他们在课程开发方面做了不少探索，这些工作凝聚着广大幼教工作者们的心血，无疑对发展教师与幼儿的独特性有裨益；对提高园长、教师、幼儿的创造精神和素质有裨益。

然而，进行了课程开发工作并不等于就开发出了园本课程。分析目前各地涌现出的形形色色的所谓园本课程，大致有以下几种情况：一是有相对独立的教育理念、课程目标、课程内容、课程实施和课程评价，这是相对比较成熟的园本课程。二是教育理念和课程目标参照国家课程，只是课程内容增加了反映本地特色文化的知识学习，这属于十分狭义的园本课程。三是其他的课程要素均采用国家课程，只是采取了不同的教学组织形式，从课程概念看，仅此是算不上进行了有意义的课程开发工作的。第四种情况比较糟糕——有些幼儿园在急功近利思想的支配下，对幼儿进行某一方面技能的强化训练，过多地占用了幼儿学习其他内容的时间，幼儿对训练内容不感兴趣，虽然受训练的幼儿获得了某方面较高的技能水平，并成了幼儿园所追求的特色，但由此幼儿牺牲掉了更多的东西，我们认为这是异化了的园本课程。

课程开发问题是一个极其严肃的问题。因为课程是教育目标达成的中介或桥梁，课程的质量和方向决定教育的质量与方向，进而决定培养对象的成长质量与方向。因此，课程开发绝非是一个简单的、随意的过程。开发者必须树立课程精品意识。要想开发出真正意义上的精良的园本课程，课程开发者需要全面理解园本课程的本质含义，并明确以下问题：为什么提倡园本课程，也就是说园本课程从理论上讲有哪些好处？要真正实现这些好处，对课程开发者和实施者有哪些最基本的要求？开发和实施园本课程，广大幼儿教师应具备什么条件，对现在水平的幼儿教师有何挑战？明确这些问题是成功开发园本课程的前提。

最后想特别提醒的是，当幼儿园奋力开发园本课程时，必须首先保证实施好国家课程，因为园本课程毕竟是对国家课程的补充。

——袁爱玲．冷静思考园本课程的热潮[J]．学前教育研究，2002(8)：5-6

三、园本课程的几个主要特征

幼儿教育领域受校本课程的启发并使用园本课程这一术语虽只是近两年的事，但对园本课程的研究却已有很长的一段时间，可以说，20世纪80年代以来，幼儿园课程改革的历程几乎就是园本课程研究的历程。而且，迄今为止，园本课程的研究远比校本课程的研究要深入和全面。园本课程，顾名思义就是指以幼儿园之"本"为基础的课程或是在幼儿园之"本"的基础上建立起来的课程。在此，"本"是指基础、现状、背景、实际、条件及可能等反映幼儿园现实的因素。因此，园本课程是指在幼儿园现实的根基上生长起来的、与幼儿园的资源、师资等条件相一致的课程。

　　园本课程是相对于普适性课程而言的。所谓普适性课程，是指在一定的范围内普遍适用的课程，它是以一个国家、一个地方或一个区域的一般共同点为基础建立起来的课程。普适性课程具体表现为国家课程、地方课程或区域课程。我国在20世纪70年代末80年代初出现的"部编"教材，从一定意义上说具有普适性课程的特点。园本课程是以某一所幼儿园为基点建立的课程，因此，它虽然有可能适用于基础相同的一些幼儿园，但它首先适合于这一所幼儿园。就某一个具体的园本课程方案而言，没有推广的必要和可能。但众多的园本课程的确是普适性课程形成的基础和参照。

　　园本课程有这样几个主要特征：首先，园本课程不只意味着一个课程方案，它还意味着一个逐步建设、逐步完善的过程，也是一个各种课程资源得到开发、利用的过程，还是一个幼儿园课程自身的特点不断彰显、幼儿园特色日渐鲜明的过程。其次，园本课程不是外来的课程，而是在幼儿园内部逐渐生长起来的课程，教师是课程建设的主力军，教师是研究者。在园本课程建设中做出贡献的除了教师外，还有园内的其他人员，如园长、保育人员等。参与园本课程建设的人员还包括家长及社区中的有关人员。再次，园本课程体现了课程决策权的再分配。在不同的社会，在同一社会的不同历史时期，幼儿园课程决策权的分配方式是不同的。地方及幼儿园拥有课程决策权是教育民主的必然结果。只有幼儿园拥有了课程决策权，才有真正的园本课程的产生。幼儿园的课程决策权不能等同于园长的课程决策权，幼儿园内部必须对课程决策权进行再分配，给予幼儿园课程相关的所有人员以一定的课程决策权。就课程而言，只有适合幼儿的、适合班级的才是适合幼儿园的。最后，园本课程不是一成不变的。幼儿园的基础、现状、条件会随着幼儿园课程的研究不断发生变化，幼儿园课程也必须跟上这种变化，使园本课程真正拥有立足之"本"。

　　——虞永平. 试论园本课程的建设[J]. 早期教育，2001(8)：4-6

二、园本课程开发与建设的背景和条件

　　园本课程的开发与建设是一项系统工程，更是一个艰巨而漫长的过程。谈到开发和建设，就意味着要在幼儿园课程的建设和实施方面要形成富有自身特色的理念、目标、内容、实施方式和评价等，强调原创性、实践性和验证性。因此，园本课程的开发与建设，不管是国家课程的本土化过程，还是富有幼儿园自身特色的园本课程建设，都有着相应的背景和条件。任何幼儿园想要开发和建设自己的园本课程，首先应当考虑到要满足园本课程开发与建设的背景和条件。

（一）深厚的研究和实践积淀

一所幼儿园要想开发和建设属于自己的园本课程，将国家课程、地方课程真正园本化，并在此基础上进行扩展和补充，结合自身的特点使得自己的园本课程真正形成，并且呈现出自己独有的特色，并不是一件容易的事情。这在背后意味着这所幼儿园要有深厚的研究和实践积淀。一方面，幼儿园要具有深厚的研究传统和习惯，能够在课程改革和实施的过程中深入研究，结合园所自身的特点对国家课程、地方课程、园本课程三级课程体系都进行深入的研究，并且能够对不同层面的课程深入把握，进行发展和创新；另一方面，幼儿园要能够在研究的基础上进行实践，既要有对国家课程、地方课程的思考和落实，同时还要在此基础上思考自己的创新之处，致力于将自己的研究成果和思考转化为实际行动，并且在行动过程中形成丰富的经验，尤其是开发和建设课程的经验，进而能够对经验进行内化和总结，从而能够转化成为课程开发与建设的力量和源泉。而且，基于课程的研究和实践还需要长期坚持，不能松懈，要有一定的时间积累，否则，开发和建设园本课程就只是一句口号，也很难落到实处。

（二）领导者和管理者的专业性强、思路明确

园本课程的开发和建设还需要有好的领导者和管理者。一位好的园长就意味着一所好的幼儿园。园长及其领导下的管理者的专业性、明确的思路、领导能力和管理能力也是进行园本课程开发和建设的重要依托。只有园长和管理者有很强的专业性，有明确的思路，以及相应的领导能力和管理能力，才能够真正进行园本课程的开发和建设。专业性强意味着对幼儿园课程的基本知识、建设和实施有清晰的了解和把握，对我国的三级课程体系有着较好的认识，因此能够站在正确的角度开展园本课程的开发和建设，不会走太多的弯路，不会把握不到重点。思路明确意味着对如何开发和建设园本课程有着清晰的思考和方案，能够带领教师们一起沿着正确的方向前进；同时也意味着有相应的领导能力和管理能力，能够设想和及时解决园本课程开发和建设过程中的各种问题，扫清园本课程开发和建设道路上的障碍。

（三）拥有一支理论与实践相结合的教师团队

园本课程的开发与建设离不开强大的教师团队的支持，园本课程开发和建设的主体是教师，园本课程的开发和建设离不开一支能够把理论和实践相结合的教师团队的参与。光有好的领导者和管理者是远远不够的，要想真正开发和建设出

园本课程，要想能够使深厚的研究和积累成为现实，必须要依托强大而专业的教师团队。只有充分发挥出教师团队的主动性和积极性，激发出教师的想象力、创造力和执行力，园本课程的开发与建设才能成为可能。

这支教师团队必须能够将理论与实践相结合。一方面，这支教师团队能够对园本课程的开发和建设有相关的认识和了解，能够深入地把握，理解三级课程体系之间的关系，同时还拥有课程与教学的相关理论知识，从理论上明晰园本课程的开发与建设的含义与意义；另一方面，这支教师团队还必须能够拥有很强的课程实施能力，能够有效实施三级课程，在实践当中明确三级课程的不同之处，进而能够澄清园本课程所要关注的问题，同时将国家课程、地方课程的园本化和园本课程的开发与建设密切结合，共同成为园本课程的组成部分，真正将园本课程的开发与建设落到实处。

（四）良好的课程管理制度和保障支持

园本课程的开发和建设不是一个空中楼阁，还需要诸多制度和外部保障系统的支持。在课程开发和建设的过程之初或者在过程中，园所应当提前设想或归纳课程开发和建设过程之中的困难和问题，同时针对这些困难和问题提出相应的解决办法，进而在此基础上形成有效的制度，来支持园本课程的开发和建设过程。这些制度应当是一系列制度的集合，包括备课制度、教研制度、观摩课制度、总结与评价制度等，对课程开发和建设的参与者、日程安排、开展方式、研究主题、支持和奖励措施等都应当有相应的规定和描述，并且落实为制度的形式，从而在制度上保证园本课程的开发与建设能够按部就班、逐步开展，不至于因为幼儿园琐碎的日常事务而被打扰或难以正常开展。

另外，在一系列制度建立和实施的同时，还需要加强外部的保障支持。园本课程的开发与建设是一个系统工程，更是一项长期复杂的过程。在课程的开发和建设过程中，实践、创新、梳理、总结、提升是一个不断循环往复的过程，除了制度的长期支持之外，还需要很多外部的保障支持，这些保障包括人、财、物、时间、空间等要素的及时提供和配备，目的是保证园本课程开发与建设的顺利进行。只有相应的课程管理制度和外部的保障支持完美的相结合，才能够为园本课程的开发与建设创设适宜的外部环境与条件，进而保证园本课程的开发与建设顺利进行，并且取得相应的成果。

案例 "课题合作研究制度"促进教师专业成长(节选)

一、建立课题合作研究小组,为教师开展研究提供平台与支持

幼儿园申报课题之后,如何开展研究呢?分析我园教师们的特点,一方面,繁忙的日常工作使得教师很难有时间和精力参加研究;另一方面,教师们的确缺乏研究经验和能力。因此,比较适合通过建立课题研究小组的方式开展合作研究,这样就形成了一个学习与研究共同体,大家可以共享智慧、群策群力,围绕一个共同的问题开展比较深入的研究和探讨。

那么,研究小组如何构成呢?是沿用传统的同一年龄班构成一个研究小组的形式?还是打破这种年龄班划分,采用新的形式?经过认真的考虑,我们决定从课题研究的需要和教师的兴趣需求两方面着手来建立研究小组,不再采用传统的年龄班教研组形式。这是因为,课题研究往往要求研究过程和成果能够体现出不同年龄班的特点和水平,因此需要不同年龄班的教师都参与进来,提供不同的思路和见解。另一方面,从教师成长和发展的角度来说,不同年龄班教师构成的研究小组能够提供更加丰富和多元的环境,教师们能够跳出同一年龄班的思维局限,观摩和研讨不同年龄班的活动,因此能够更加准确地把握和了解不同年龄班幼儿的发展特点和水平,有助于教师更快更好地胜任工作,成为熟知和掌握不同年龄幼儿特点并实施适宜教育的专业工作者。

教师的兴趣和需求是多方面的,需要发展的能力也是多方面的。为了充分尊重教师的兴趣和需求,每当课题确立之后,会由教科室向全体教师公布,鼓励教师自愿报名,以此为基础来形成研究小组。同时,为了让更多教师都能够积极参与到合作研究之中,我们尽可能扩展课题的多样性。从实际操作来看,我们既有上级申报的正式立项课题,这类课题往往是体现幼儿园发展特色和创新水平的,因此覆盖面比较大,能够吸引绝大多数的教师参与。例如,我园的社会性园本课程建设的课题以及相关子课题。我们还有自己的园级课题,这些课题更多是基于教师的兴趣和需求,目的是解决日常教育教学中的实际问题。而且,当园级课题持续一段时间,有一定的经验和积累之后,我们就寻求机会将其申报为正式课题,这样就大大提升了园级课题的价值,也使得教师更加有成功感。例如,我园的图画书阅读课题就是一个园级课题,在进行了将近两年左右的合作研究之后,我们将这个课题进行了申报,被立项为区级"十二五"重点课题，图画书阅读研究小组的教师更加有研究的积极性了。

不同课题合作研究小组的建立，真正为教师开展研究提供了一个有效的平台，原本孤立的个体研究因为研究小组的建立成了合作研究，大家共同关注一个问题、共同探讨一个问题、共同解决一个问题，使得研究的思路更加清晰，同时关注的角度也更加多样化，这就大大丰富了教师的教学思路和活动组织，必然会提升教师的专业能力。

为了使不同研究小组的研究能够比较深入，真正和日常教育教学相结合，解决教师困惑的问题，我们还对合作研究活动提出了一些必要的要求。例如，取得正式立项的课题研究小组必须向教科室提交正规的课题申请书、开题报告和文献综述，未取得正式立项的课题也需要提交研究计划和研究内容，这样就能够保证参与研究的教师能够比较系统地对他们研究的问题进行全面了解和认识，并且结合日常工作进行比较深入的思考，更有助于教师建立问题意识，而且也有助于研究小组明确研究问题，保证他们能够围绕这一问题开展持续深入的研究。同时，各个研究小组在研究过程中应当注意保存和积累研究的进程资料，如会议记录、教师论文、研讨总结、图片教具资料等，这就有助于教师增强对研究过程的感知和认识，同时能够在收集和整理资料的过程中梳理自身的思维，及时总结和提升教育教学过程中的经验和亮点，同时，这些资料的收集也有助于园所的课题管理工作，保证课题研究高质量地开展。

如何保证研究小组能够进行真正的合作研究呢？经过反复的讨论和实际验证，教师们发现必须满足两个条件才能保证小组成员之间真正进行合作研究。其一，就是研究小组应当有明确的主持人。主持人非常重要，是研究小组活动的组织者，是话题的开启者和总结者，也直接影响着研究的过程和方向。经过讨论，大家认为一般还是由经验丰富的骨干教师或在这方面有一定研究经验、并且善于思考的教师来担当。这样就能够充分发挥骨干教师和有经验教师的作用，能够将他们的经验、思路、方法和大家分享，对于年轻教师的成长有着非常好的促进作用。大家还提出，这个主持人是可以变的，在研究开展过一段时间之后，如果其他教师锻炼并成长起来那么就可以选用这样的教师来担当主持人。这样就能够保证不同年龄层次、不同经验、不同特点的教师都参与到研究主持人的工作中来，无疑会大大锻炼教师提出问题、分析问题、组织协调和总结提升的能力。其二，就是研究小组成员应当有不同的任务和分工。经过多次活动，教师们发现针对不同的研究问题和任务可以有不同的分工方式。例如，在撰写研究计划和内容的时候，小组成员需要各自承担自己的任务，有的去查阅资料，有的负责撰写，有的负责梳理和提升……最终共同完成这一任务。明确的任务和分工使研究小组中的每名教师在研究过程中都有事可做，支持教师带着目的和任务去观察和思考，增强了对幼儿和教育教学本身的关注和认识，既锻炼了分析、判断和写作能力，又切实提升了专业技能。

目前，我园活跃着图画书阅读、交互式白板、通过主题活动开展社会性教育、幼儿角色区游戏指导、民族传统文化教育五个课题研究小组，不同研究小组的教师都能够围绕某个特定的问题开展研究，有很高的热情和积极性，在专业思考和技能方面都获得了很大的提升。

二、设立"课题日"和"集体备课日"，支持和促进教师开展研究

如何将研究活动与教学实践相结合？如何深入支持教师在日常教育教学中运用和练习在研究活动中获得的各种知识、实施和验证研究内容和成果？为了解决这些问题，我们设立了"课题日"和"集体备课日"。

"课题日"就是以研究小组为单位，根据研究目的观摩组内教师的活动并开展研讨和评价，其主要内容分为两项，先是观摩"研究课"，随后进行集体研讨和评价。"研究课"的内容是丰富多样的，并不仅仅限于一节集体教学活动。根据不同研究小组的研究问题，"研究课"的形式非常丰富，可以是一节集体教学活动，还可以是某个活动区活动，还可以是某个过渡环节，还可以是某个区角环境，甚至可以是"某个教育理论的探讨"。

通过小组内观摩不同形式的"研究课"，提升了教师对幼儿园不同类型教育活动的认识，教师的活动设计能力和实施能力都得到了增强，进一步激发了教师的研究意识和探索愿望，很多教师都会想："我觉得我们班也适合开展这种形式的活动，下次我也试试。""我觉得这个活动内容在小班做不太适合，放在我们中班更适宜一些。"这就使得日常的教育教学和课题研究有了密切结合，研究成果可以得到立即的尝试和验证，而实践当中的问题和经验又反过来激发出更加深入的研究问题，这样就形成了一个良性循环，使得课题研究开展的更加深入和有效。更重要的是，小组内观摩提升了教师对研究小组的归属感，打破了不同年龄班、不同经验教师之间的界限，教师们围绕一个共同的研究目的，共同进行积极的研究和探讨，互提建议、互相帮助、彼此启发，真正实现了经验的共享和智慧的融合。

随着"课题日"的进行，教师们又提出了新的需求。他们认为在"研究课"之前应当安排一次集体备课，尤其是希望能够大家帮助她进行备课，因为一个人的思路比较狭窄，而且"研究课"毕竟是一节观摩活动，在这么多人面前展示也有着不小的压力，做课的教师很希望能够得到大家的帮助。针对这个问题，我们设立了"集体备课日"，并且放在"课题日"之前，利用一个固定的时间让研究小组的教师围绕"课题日"观摩活动的内容进行集体交流，帮助做课的教师出主意、想办法。经过集体备课，做课的教师有了比较明确的思路，参与集体备课的教师也对所要开展的活动有了更加明确的认识和清晰的预期，提升了"研究课"的质量和后续的研讨、评价质量。

"集体备课"的组织充分发挥了小组合作的力量，由作课教师主要采用"说课"的方式讲述自身的活动思路、活动目标和重难点问题等，并且提出自己的困惑和问题，然后大家群策群力帮她出主题和想办法，使活动方案更加丰富和完善，也使得"课题日"更加可圈可点，整体活动的质量更加提升。

综上所述，三年多来的研究和实践使得我园的课题合作研究制度得以形成和不断发展。这一制度被定名为"棉幼课题合作研究制度"，由课题研究小组的建立、集体备课日活动、课题日活动三大部分组成。围绕这一制度开展的一系列合作研究实践使得教师的研究意识和能力大大增强，他们意识到了自己的日常教学之中蕴含着无限丰富的研究问题，也意识到研究不是一个人的孤军奋斗，还有研究小组和群体智慧在背后支持和帮助自己。合作研究为教师提供了交流、发展和开阔视野的平台，激发了教师更加自主地去研究，而我们在一定程度上也确实达成了使课题研究和日常保教工作相结合，使研究成为教师工作的常态，提升教师研究意识和能力的目的，推动了教师专业发展和教育质量提升。

——刘峰峰. 课题合作研究制度促进幼儿教师专业成长[J]. 幼儿教育（教师版），2012(7-8)

(五)多方力量的支持和参与

园本课程的开发与建设当然是幼儿园内部的事情，教师是园本课程开发与建设的主体，园长及管理者是领导者、规划者、促进者。幼儿园的这些教职员工才是园本课程的真正开发者与建设者，也只有依靠他们，园本课程才能最终建设成功。但是，"兼听则明，偏听则暗"。如果只凭借自己的力量，只是埋头苦干，而不请其他人参与和建议的话，就容易走偏，容易走弯路。因此，在进行园本课程开发与建设的时候，必须应当争取多方力量的支持与参与。这些力量主要包括专家层、行政层、教研层、家长层、社会层等方面的外部力量。其中，专家层主要是指幼儿园所处地域的大专院校、科研机构开展幼儿园课程与教学研究的专业人员，他们能够从国内外最新研究成果的角度对幼儿园的园本课程建设提出前瞻性的建议。行政层主要是幼儿园的教育主管领导，可以给予园本课程开发与建设行政、管理、协调、保障等方面的建议。教研层主要是分管幼儿园教研工作的业务部门教研员，他们对本区域内不同幼儿园的课程实施和发展情况比较了解，能够从现实的角度给予一定的建议。家长层是指幼儿园的家长们，他们对幼儿园的课程情况最为关注，也可以充分听取他们的建议，谋求家长需求与园本课程建设之间的平衡。社会层则是指其他各方面关心幼儿园园本课程开发与建设的各界人士，也可以充分征求和听取他们对园本课程开发与建设的建议，吸取其合理之处。

园本课程的开发与建设一定是一个开放、民主的过程，绝不是闭门造车的过程。多方人士的参与，能够达到倾听不同意见、群策群力的效果；能够使得园本课程的开发和建设更加丰富、完善，也能够使园本课程的开发和建设在各方人士的关注、监督与支持下更加有针对性、更加有效。

 资料链接

园本课程开发与建设的背景和条件探讨

一、园本课程不是谁都能搞的，且不是那么随意就能搞好的

当前，不少幼儿教育工作者误以为幼儿园课程改革就是要建立"园本课程"，误以为这是将正确的教育理念转化为幼儿园教育实践的最佳途径。许多幼儿园教师都忙于发展和编制属于自己的"园本课程"，不少地区的各级行政职能部门也在大范围地要求每个幼儿园发展和编制"园本课程"，有的还以幼儿园有没有"园本课程"作为幼儿园评定等级和质量的一个重要指标。这样做，有时会导致许多问题，不只是幼儿园教师累了，更重要的是幼儿园课程本来应有的价值降低了，甚至没有了。

我国台湾地区的著名课程专家欧用生教授是台湾课程改革的先驱性人物，他曾经对台湾校本课程发展作过检讨，十分尖锐，也很中肯。在他的10项检讨中的第9项是这样写的："学校本位虽然强调自主，但自主要自律；强调增权，但必须有能；权责相符，必须负绩效责任，否则以'学校本位'为借口，可能陷入'陷阱'而不自知。"

　　笔者无意反对幼儿园搞"园本课程"。能搞好"园本课程"是"高境界""高水平"的，但是一定是"十分繁难"的，不是谁都能搞的，且不是那么随意就能搞好的。笔者赞同欧用生教授的这项检讨，认为热衷于搞"园本课程"的幼儿园园长和教师应该认真地思考一下自己到底有没有能力这样做？这样做了，能不能承担起沉重的社会责任？

　　根据大陆地区的具体情况，特别是幼儿园教师现有的专业水准，笔者认为，关于是否要在普遍意义上倡导"园本课程"一事，我们真的需要十分谨慎，要有社会责任感，不要让我们的园长和教师陷入"陷阱"中去还不自知。至少，以幼儿园有没有搞"园本课程"作为评定幼儿园等级和质量的一个重要指标，是没有道理的。这样做常常会让幼儿园园长和教师感到无奈、感到力不从心、感到心力交瘁，会起到不良的导向作用。

　　——朱家雄. 幼儿园园本课程再议[J]. 教育导刊，2006，5(下)：4-6

二、园本课程开发应具备的条件

　　园本课程在我国长期处于探索阶段，尚未形成科学的发展格局。总结相关的课程开发的经验，我们认为园本课程的开发应具备以下几个条件。

　　(一)明确而独特的办园宗旨和教育哲学思想

　　一般而言，国家对各级各类学校(包括幼儿园)的培养目标和培养规格都有统一的规定，这种规定只是最基本的原则性方面的要求，不可能照顾到各地各类各级学校的具体特殊性。而且千人一面、千校一律的培养目标和培养规格也难满足当今丰富多样的社会发展和个人发展要求。这就要求幼儿园要有自己独特的教育哲学思想和办园宗旨，即幼儿园要根据具体的师生特点、教育资源和幼儿园环境以及教育者的办园志趣确立自己幼儿园的独特的发展方向。

　　同样是为幼儿创造活动条件的场所，不同幼儿园办园特色和办园品位很可能大相异趣。有的幼儿园的办园宗旨突出身体锻炼，兼顾其他；而有的幼儿园则强调文体，发展个性特长；还有的幼儿园更注重基础、兴趣的培养，等等。在美国，不同幼儿园的办园的指导思想是不同的，有的宣扬自己主张福禄贝尔的理念；有的则强调自己是蒙台梭利的嫡传，而有的则打着杜威或皮亚杰的旗号。我国有些地方的幼儿园在办园的特色方面已走出了关键的一步，但还不成熟。至于说到教育信念、教育哲学思想，在20世纪90年代前，我国的幼儿园呈现的是千园一篇的窘人境地，"撒向孩子的都是爱"显得空洞；"一切为了孩子，为了一切孩子"更是空中楼阁。因此表现在园本课程的开发上显得漫无目的。

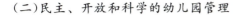

（二）民主、开放和科学的幼儿园管理

园本课程的开发是根据国家、地方的规定、学校的特点由众多的参与人员共同参与完成的，不是单个人的行为。这就要求幼儿园有一个民主、开放的组织结构，而不是"一个人说了算""一言谈"，更不是"闭门造车"，它需要幼儿园园长纵向、横向的协调，需要幼儿教师广泛而积极地参与，需要家长的配合，需要社会主动而有力的支持。

园本课程开发是幼儿园自主进行的，它的实施成效不可能依赖于国家用类似于外部统一考试等评价手段来检测。因此，园本课程的开发更多地需要幼儿园自身的科学的管理机制，确切地说是自觉自律的自我评价机制，幼儿园不断反思园本课程开发过程中出现的各种问题，自我批评、自我改进、自我激励，保证园本课程开发的顺利进行。幼儿园的科学管理还应包括对时间、场所、资金的管理，使得开发与利用课程资源时能从各种渠道得到有力的支持。

（三）素质较高的教师队伍

"校本课程的开发利用在有高素质的受过良好教育的教师的教育系统中更容易实现。"这说明，幼儿教师的敬业精神、专业知识和专业技能是影响园本课程开发成功的重要因素。由于课程开发对幼儿教师来讲是一个新的领域，而要致力于这一活动，必须具备相关的知识、技能。显然目前幼儿教师中的大多数还没有承担这一任务的足够的能力。因此在园本课程开发之前，对幼儿教师实行相关知识的培训，全面提高他们的素质尤为重要。

（四）提供有效的监督和服务机构

目前，有些地方在进行园本课程时，往往是由某位行政负责人（本地负责各幼儿园工作的行政人员）召集几位园长或教师编纂完成，然后指令各幼儿园购买（或半强迫半建议）。这种看似是带有地方特色的幼儿园课程，其实质并不是园本课程。这种课程的完成没有课程专家的指导、没有家长和幼儿的参与，充其量只是其他课程的翻版。真正的园本课程应该有一套完备的服务和监督机构，一方面这个机构能为园本课程开发提供有效的服务，使社会各界广泛参与决策、管理；另一方面它又能起到监督作用，对于不符合课程原则的幼儿园课程或违反幼儿身心发展的课程能及时发现、及时纠正，使园本课程不至于走到"一哄而上"的境地，这也是历史的教训。当然，服务是主要的，监督是其次，只是在发生不科学的"园本课程开发行为"时，监督作用才凸显出来。

——陈时见，严仲连. 论幼儿园的园本课程开发[J]. 学前教育研究，2001，2：27-29

◇ 三、园本课程开发与建设的原则、方法与策略

严格地说，园本课程的开发与建设并无一定之规。因为不同幼儿园所处的地域不同，面临的环境和条件不同，在开发和建设园本课程的过程中会遇到不同的问题，因而也会有相应的不同解决办法。但是，在园本课程开发与建设的过程中，有一些既定的原则是必须遵守的，也有一些相应的方法和策略可以借鉴。

(一) 园本课程开发与建设的原则

1. 准备性原则

正如前面我们所指出的，并非所有幼儿园都适合开发和建设园本课程，在有能力开发和建设园本课程之前可以先经历一个选择和归纳课程的过程，在这一过程中积累课程的经验，为将来开发和建设园本课程做准备。因此，园本课程开发与建设的一个重要原则就是准备性原则。园本课程的开发与建设不能够"匆匆上马"，"为开发而开发，为建设而建设"，而是必须经历一个充分的准备过程，积累和进行深厚的积淀。这一准备过程中，可以进行充分的实践和思考，既有对国家课程、地方课程的认真贯彻和实施，也有对适宜课程的选择与规划，将两者综合进行深入地实践、分析和思考。园本课程的开发和建设就是建立在这种认真、持续、深入的准备基础之上的，缺乏了长期持续的积累和准备，园本课程的开发和建设是不可能发生的。也就是说，园本课程的开发和建设要有时间和经验的长期准备和积累，不可能一次完成，而是需要多次、反复、甚至是若干年的积累、实践、思考、总结、梳理和提升。

2. 补充性原则

园本课程的提出是相对于地方课程、国家课程而言的。针对我国的国情，《纲要》《指南》实际上就是国家的课程文件，是国家对幼儿园课程、教学的总体规定和要求，是每所幼儿园都必须贯彻和执行的国家课程。在国家课程与教学文件的指引下，相关各省市也都制定和出台了各省市的基于《纲要》和《指南》的实施细则或文件，这实际上就是地方课程，是各地方针对国家课程的标准和要求，结合本地方的实际特点对国家课程的发展和补充，目的是形成地方课程，对地方各幼儿园的课程实施进行支持和引导。在国家课程、地方课程的基础上，各幼儿园根据自身园所的实际特点，一方面贯彻和实施国家课程和地方课程；另一方面有能力、有条件的幼儿园同时在此基础上开发和建设自身的园本课程，形成幼儿园独有的特色。如实施高瞻课程的幼儿园形成了课程实施的独有的活动区活动及相应的"计划—做—回顾"模式，这就是这类幼儿园独有的园本课程。还有风靡全球的

德国森林幼儿园，在大自然中学习、游戏、观察、探索，几乎没有成型的园所或教室，这种独特的实施方式也构成了他们的园本课程。但是这种园本课程并不和国家课程和地方课程有任何冲突，换句话来说，他们是在充分落实国家课程和地方课程的基础上，对两者进行的富有特色的丰富和补充。

可见，园本课程的开发与建设无论是从其内涵来说，还是从其具体实践来说，以及涉及园本课程、国家课程、地方课程之间的关系来说，园本课程一定是对国家课程和地方课程的园本化和补充。要遵循补充性这一原则，只有对国家课程、地方课程的园本化，尚构不成园本课程，只有在对国家课程、地方课程园本化的基础上，再形成园所富有自身特色的课程理念、目标、内容、实施方式、评价方式等，才构成真正意义上的园本课程。遵循补充性原则，可以帮助开发和建设园本课程的幼儿园去审视和思考自身的园本课程开发和建设是否满足了这一要求，而非简单把国家课程、地方课程的园本化看作开发和建设园本课程的过程，而忽略了基于园所自身特点对课程本身的开拓和创新，忽略了园本课程开发和建设的创新性、全面性、可实施性的要求。

3. 全面性原则

既然称之为园本课程，那么一定是一套完整的课程体系，包含了课程理念、课程目标、课程内容、课程实施、课程评价等一系列课程要素在内的，这正是全面性原则的内涵所在。因此，幼儿园所开发和建设的园本课程首先要深入思考和确立园本课程的理念，即园本课程依托了哪些心理理论和教育理论，对这些理论进行了怎样的理解和内化，秉持了何种儿童观、发展观、教育观等。在确立课程理念之后，再具体拟定园本课程的目标，目标需分层设置，可分为总目标、领域目标、年龄阶段目标、学期目标、月目标、周目标、活动目标等。根据课程目标，可以形成支持和实现目标的园本课程内容，课程内容应当着重体现幼儿园独有的特色，弥补国家课程和地方课程的不足。然后是课程实施，应当围绕课程目标和课程内容形成富有特色的园本课程的组织和实施方式，并且有连续的尝试、验证、调整和提升过程，真正使课程实施方式形成动态化的模式，形成特色。最后是课程评价，这也是园本课程的一个重要组成部分，是对园本课程效果的考察。园本课程评价同样应当基于园本课程的理念和目标，在此基础上形成对园本课程实施效果的考查方式。一般来说，园本课程的评价应当包括对幼儿学习与发展结果的评价、对教师教育活动(生活活动、游戏活动、上课、过渡环节、主题活动)的评价两个方面。这两个方面都应当分别形成相关的、便于操作的评价指标和量表，用于对园本课程的评价，进而促进园本课程本身的不断发展与提高。

4. 教师主体性原则

园本课程的开发与建设一定是全体教师主体性发挥的过程，不仅仅是园长或某几名管理者的事情，况且，仅靠园长和几名管理者，也不可能开发和建设出园本课程。因此，园长和管理者必须着力于调动教师的积极性和主动性，将课程建设和实施的主动权还给教师。园本课程的整个开发和建设过程，都应当成为教师想象力、创造力、批判力、行动力充分发挥和展现的过程。园长及管理者应当尊重每一名教师、鼓励每一名教师，为每一名教师参与到园本课程的开发和建设过程之中提供和创造各种条件，促进教师主体性的充分发挥。通过这一过程，可以达到群策群力、头脑风暴、思维碰撞的效果，真正聆听和吸纳教师内心深处的声音，激发出教师教学的活力及创造力，进而为园本课程持续不断地开发、建设和创新提供了源头活水，也使得园本课程真正成为富有生命力、创造力和能动性的课程，实现了教与学的真正统一。

5. 程序性原则

园本课程的开发与建设过程应有既定的程序，要经历课程确定、课程实施、经验总结、验证梳理等一系列过程。一般来说，这些过程都要按照步骤来进行，不能够跳脱某个步骤。要开发和建设园本课程，既有的课程理念、课程目标、课程内容、课程组织和实施方式、课程评价等因素是必须确立的，是需要清晰和明确的，在此基础上，才进入具体的课程实施、经验总结、验证梳理等后续过程。经此一系列既定的步骤和程序，才有可能将园本课程开发和建设成功，凸显出自有的特色。开发和建设园本课程切忌"先干了再说""盲目而为"，这种态度本身就是对教育的不负责任，也是教育理念不明晰、头脑不清晰的典型表现。一定要遵循程序性原则，按照"课程确定、课程实施、经验总结、验证梳理、丰富课程、继续实施、经验总结、验证梳理"的程序来进行，并且能够长期坚持下去，就一定能够取得课程建设的成功。

6. 开放性原则

园本课程的开发与建设过程必须是一个开放的过程，切忌闭关自守、夜郎自大。园长、教师一定要广开言路、扩大视野，充分了解同行园本课程开发与建设的经验，听取多方人士的建议，在此基础上开发和建设园本课程。园长首先要以身作则，通过外出参观、学习、交流、培训等方式扩展自身关于园本课程的经验和认识，将自身园本课程开发与建设过程中的经验和问题与别人交流、分享，从而听取别人的建设、汲取别人的经验，为我所用。除了园长自身要加强交流和学习之外，园长还要为园本课程建设的主体——教师，创造各种交流和学习的机会。通过"派出去""请进来"等方式，帮助教师们增广视野和见闻，能够有机会和平台分享自己在园本课程建设过程中的经验、困惑和问题，同时听取别人的经验，考虑和采纳别人的建议，从而更好地投入园本课程的建设之中。只有秉持开放性原则，真正做到管理层和实践层的共同开放，尤其是为教师提供更多的增广见闻、分享经验的机会，园本课程的开发和建设才能保证质量。

（二）园本课程开发与建设的方法与策略

1. 确定园本课程的理念

园本课程的理念是园本课程开发与建设的灵魂，是开发和建设园本课程的基本观点和方法论。要想开发和建设园本课程，首先要确定园本课程的理念，这是最基本、最关键、最重要的一步。园本课程的理念实际上蕴含了相当多的内容，有着极为丰富的含义，包括了儿童观、教师观、师生观、教学观、课程观、评价观等一系列内容。在开发和建设园本课程之初，园长可带领教师们首先开展课程理念的澄清、梳理和确立工作，确立幼儿园共同的课程理念，并且对这一课程理念进行细化。

 小练习

下面是一些问题，园长可带领教师们一起寻找这些问题的答案，有助于幼儿园尽快确立园本课程的理念。

（1）我们眼中的儿童是什么样的？

（2）儿童是如何学习的？

（3）儿童是如何发展的？

（4）学习和发展之间存在什么样的关系？

（5）教育的意义何在？

（6）对于儿童来说，教师应当扮演什么样的角色？

（7）师生之间应当是一种怎样的关系？

（8）教与学之间存在一种怎样的关系？它们是一一对应的吗？

（9）教学难道只是集体上课吗？还有其他的途径和方式吗？

（10）课程与教学之间的关系如何？

（11）什么样的课程是适合幼儿的？什么样的教学是适合幼儿的？

（12）应当如何对幼儿的学习和发展进行评价？

（13）应当如何对教师的教学进行评价？

（14）如何区分和比较不同课程或教学模式之间的本质差异？

（15）应当如何对不同的课程或教学模式进行学习与借鉴？

2. 明晰园本课程的目标并且对其细化

在确定了园本课程的理念之后，就需要在此基础之上进一步明晰园本课程的目标。园本课程的目标指向于培养怎样的幼儿，因此，一般从儿童发展的角度来呈现和陈述目标。园本课程的目标可以分为总目标和细化的目标两个层次。总目标一般是用简明扼要的语言来陈述清楚要培养怎样的幼儿。例如，"主动学习的幼儿""做小主人""健康快乐的小天使""健康、主动、友好、积极"等。总目标一定要明确易懂，让幼儿、教师和家长一下子就能够明白幼儿园的培养目标，从而能够更容易地取得各方的协同一致，共同向着目标努力。

在确定了总目标之后，一般还会有细化的目标。细化目标是对总目标的进一步解读和具体化，更具操作性。例如，"主动学习的幼儿"这一总目标如何转化为现实，就得通过细化目标对其进行更深入的具体化，阐释清楚主动学习究竟体现在哪些方面，要通过哪些方面的细化目标来达成。在健康、语言、社会、科学、艺术等不同领域，如何体现幼儿的主动学习，设置哪些具体的目标。

通过明晰园本课程的目标并且对其细化，就使得幼儿园所秉持的课程理念真正落地，转化成为幼儿、教师和家长都能理解的课程目标，进而明确努力的具体方向，使得园本课程的开发和建设成为可能。

3. 根据园本课程目标选择课程内容

在确定和细化了园本课程的目标之后，就需要根据实现目标的需要选择和确定课程内容。课程内容不同于课程目标，是实现目标所赖以凭借的途径。同一目标可以通过不同的内容来达成，同样的内容也可以达成多个不同的目标。因此，在根据目标来选择课程内容时，一定要注重结合幼儿园、幼儿的实际特点，注重课程内容的可理解性、生活性、趣味性、教育性、互动性、参与性等特点，使得课程内容能够与课程目标实现完美的契合，进而最有效地实现课程目标，同时也符合幼儿的身心发展和年龄特点，能够凸显幼儿园自身的特色。

课程内容也是能够非常凸显园本特色、地域特点、幼儿特点的因素。因此，在选择课程内容时，幼儿园应当特别注重结合幼儿园自身的特点、幼儿的家庭特点、幼儿园自身的地域特点，进而能够形成富有幼儿园自身特色的课程内容，并且固化下来，不断丰富和发展。例如，有的幼儿园坐落在竹海之中，那么，关于竹子的话题就可以成为幼儿园的园本课程内容，可以开展一系列围绕竹子的活

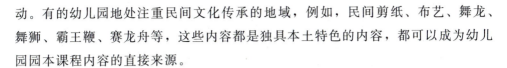

动。有的幼儿园地处注重民间文化传承的地域，例如，民间剪纸、布艺、舞龙、舞狮、霸王鞭、赛龙舟等，这些内容都是独具本土特色的内容，都可以成为幼儿园园本课程内容的直接来源。

4. 确定园本课程的实施方式

课程的实施方式是凸显课程独特性和创造性的最重要的因素。历史上各种不同的课程模式或教学法都创造出了自身独特的课程实施方式，对世界幼儿教育的发展影响深远。课程理念、课程目标、课程内容如何最终落地，真正达到教育的目的和效果，最终要通过课程实施方式才有可能实现。因此，园本课程实施方式的确立非常重要，直接决定了园本课程开发和建设的形态。

园长及教师要根据园本课程的理念、目标和选择的课程内容，来确定园本课程的实施方式。例如，可以选择综合主题活动的课程实施方式，可以选择探究式项目活动的课程实施方式，可以选择以活动区活动为主体的课程实施方式，还可以选择以游戏为主要活动形式的课程实施方式。无论选择哪种课程实施方式，都需要能够符合课程理念的精神，能够促进课程目标的达成，有助于课程内容为幼儿所理解和接受。在具体实施时，这些不同的课程实施方式可以只选择一种，也可以选择多种，融合进行。但是，需要注意的是，如果选择了多种实施方式，那么一定要突出重点，或者分层次、分阶段地按照不同方式来实施课程，切忌多头并举，"眉毛胡子一把抓"，其结果只能是领导"顾头不顾脚"，教师"手忙脚乱"，哪种课程实施方式都难以得到有效、深入地实践和研究，最终只能流于形式，难以形成富有园所自身特色的园本课程实施方式。

5. 推动园本课程的实施，不断进行经验梳理和总结

园本课程的开发和建设最终能够成功，还需要园长和教师共同推动园本课程的实施，并在此过程中不断进行经验梳理和总结，使这一过程呈螺旋式上升的态势持续进行。只有如此，园本课程的开发与建设才能最终落到实处，才能从理念层面的课程转化为实践层面的课程。

推动园本课程的实施，以及在过程中不断进行梳理和总结，并不是一个简单的决定而已，而是需要一系列时间、空间、制度、条件、资源等各方面因素的保障才能真正达成，同时，更加需要的是园长及教师们推动园本课程实施的坚定决心和持续不断的努力。只有将推动园本课程实施的所需的各种外部条件和内在决心两方面因素进行有机的融合，才有可能积累园本课程开发与建设过程中的经验，发现其中的问题，进而得以不断改进和提升，园本课程也才能建设成功。

6. 形成园本课程的评价方式及对其的元评价

课程评价是园本课程的重要构成要素，也是检验课程效果的重要方法或手段。园本课程的开发与建设，应当将园本课程的评价作为重要的开发与建设内容。经由研究和实践园本课程的评价，形成幼儿园富有自身特色的课程评价方式，对园本课程的实施效果进行有针对性的考核。园本课程的评价应当包含对幼儿学习与发展的评价、对教师教学的评价两个方面。一方面，通过课程评价了解幼儿在接受园本课程的教育之后的学习与发展效果，进而借此了解园本课程的真实效果，以便做出改进和调整；另一方面，要通过课程评价了解教师的教学效果、教师教学过程中形成的经验和遇到的问题，也是便于进一步的改进和调整。如果没有园本课程的评价，那么，园本课程的实施效果如何很难得到有效的考察和了解，园本课程的适宜性也会大打折扣。园本课程评价的主体应当为幼儿与教师，评价方式应当使得过程性评价与结果性评价相结合。同时，还需根据实际情况创新园本课程评价的内容与方式，形成富有自身特色的评价方式。

另外，园本课程的元评价也特别重要。元评价是对园本课程本身的评价，是对园本课程的整体评估和考查，涉及对园本课程理念、园本课程目标、园本课程内容、园本课程的组织和实施、园本课程评价等各个要素的评价。元评价的评价主体既可以是幼儿园的园长、教师内部人员，同时要尊重开放性原则，邀请家长、专家、领导、教研员、社区人士等外部人员参与。多方人士共同参与园本课程的元评价，有助于园本课程的开发与建设少走弯路，能够更加合理与适宜。

资料链接

教师是园本课程建设的主要责任人和核心推动力

对于国家课程、地方课程而言，园本课程是由幼儿园发起，并在幼儿园中实施的课程；是从幼儿园、幼儿、教职工的发展需要为主要出发点来考虑设置的课程；是立足于幼儿园和当地社区的实际条件，特别是在可能开发利用的课程资源的基础上不断发展和建设的课程；同时，也是在充分考虑与国家、地方课程标准保持一致的前提下凸显幼儿园独特个性的课程。

虽然在园本课程的建设中，绝对需要幼儿、家长、社区相关人员的普遍积极参与，但从教育机构运作的现实来看，幼儿园的教师集体仍然处在极其关键的地位，仍然是园本课程建设的主要责任人和核心推动力。斯腾豪斯宣称："没有教师发展就没有课程开发！"

课程的建设过程实质上也是一种变革的过程，而课程的变革，从某种意义上说，不仅是变革教学内容和教学方法，而且更是变革人；不仅是变革学生，而且更是变革教师。因为课程建设的实践不但可以督促教师在课堂上不断重建他们的知识结构和知识观，而且还可以督促教师在教室里不断重建他们与学生之间的关系。

——许卓娅. 园本课程建设与反思型教师自我成长研究[J]. 早期教育，2002(9)：26-27

四、引领园本课程的开发与建设是园长课程领导力的升华表达

正如前述所指出的，园本课程的开发与建设并非所有幼儿园都有能力完成的，需要具备诸多条件和深厚的积累才能够进行。同时，引领园本课程的开发与建设也并非是每一个幼儿园园长都具备的能力，需要园长具有极大的专业热情和自主性，极强的专业知识与敏感性，极高的专业精神与使命感，才能够引领园本课程的开发与建设。可以说，自觉、系统地引领园本课程的开发与建设，形成幼儿园独具特色的园本课程，是园长课程领导力发展的最高水平，也是每一位有志于成为专家型园长的园长的努力目标和方向。

案例 实施自主性教育课程，促进幼儿快乐成长

——延庆二幼自主性教育园本课程建设初探

我园园本课程是"自主性教育课程"，突出体现16个字：继承发扬、体系健全、扎实推进、收获喜人。

继承发扬——延庆二幼一直以来认真贯穿落实《纲要》精神，非常重视园本课程建设，促进幼儿健康发展。

延庆二幼"十一五"期间园本课程建设一览表

北京市学前研究会：《美术活动中幼儿创意表达的研究策略》
北京市规划办课程：《问题引领式主题活动促幼儿自主成长》

园本课程项目	研究成果
问题引领式主题课程	专著《在问题的追寻中促进师幼快乐成长》
生态艺术教育课程（特色）	总结了相应策略，初步形成了美术教育特色
户外一物多玩游戏	大胆尝试，在示范园验收中获得好评

随着教育改革的日益深化，随着《指南》的颁布，随着我园打造优质教育品牌目标的提出，我们又在积极的思考。

思考：如何在继承原有课程的基础上构建一套更加科学合理的园本课程，形成更具内涵的办园特色呢？

认识：办园理念是园所发展的灵魂，是办园特色形成的根基；课程建设是形成办园特色的关键。

根基：办园理念是师幼快乐发展——铺筑教师成长之路，让教师享受职业幸福；奠基幼儿人生之路，让幼儿自主快乐成长（核心词：人生、自主、快乐）

定位：办园特色（课程建设）自主性教育——培养幼儿自主学习能力，让幼儿自信快乐成长。自主性是人成长的内在动力源泉，自主获取信息，自主解决问题，是一个人适应未来社会发展需要的重要能力，是让孩子们人生自主快乐的保障。所以，我们把"自主性教育"作为我园的办园特色。

这样一种理性的思考与定位，让我们的办园特色从过去艺术特色项目层面上升到理念能力层面，更具有长久的生命力，更着眼于幼儿终身发展，也才能更好地为幼儿幸福人生奠基。

体系健全——经过不断的学习与实践，我园的"自主性教育"课程，初步形成六大体系。

体系一：理论支撑体系。

《3—6岁儿童学习与发展指南》；皮亚杰的建构主义理论；杜威的做中学理论等，让我们深刻认识到幼儿是有能力自主学习的，他们自身具备着无限的潜能，只要我们给他们创设适宜的条件，他们就能够自主的学习。

体系二：内容构建体系。

以习惯养成为核心的生活课程。

以健康快乐为核心的游戏课程。

以自主探究为核心的主题课程。

以自信表达为核心的艺术课程。

体系三：管理运行体系。

有效的举措：第一，以课题研究的方式推进；第二，组建四个课程研究团队，教学干部分别担任团队主持人，全体教师自由申报团队，人人都研究，班班都实践，实现了师幼与课程建设的同步成长；第三，团队培训、评价、成果梳理等一体化推进，增加课程建设的针对性与实效性。

体系四：目标分解体系。

办园总目标：管理科学高效，园所氛围和谐，师幼快乐发展，艺术特色彰显的北京市优质学前教育品牌。

课程总目标：促进幼儿自主学习，自信成长。

四类课程子目标：

生活课程目标——自己的事情自己做，养成健康文明的生活习惯。

游戏课程目标——在开放的环境中主动学习，在快乐的游戏中自主成长。

主题课程目标——自主发现问题，自主解决问题。

艺术课程目标——大胆创意，自信表达，个性成长。

体系五：实施操作体系。

体系六：反思评价体系。

课程评价还处于初期阶段，主要评价的方式以教师们过程性的评价和期末的展示交流评价为主，评价的结果更多的就是用来分享经验、表彰典型和为后续制订计划提供依据。

扎实推进——进入"十二五"以后，我们认真贯彻《3—6岁儿童学习与发展指南》，以四个课程团队研究为抓手，深入实施"自主性教育"园本课程，扎实推进园本课程建设，促进幼儿快乐成长。

第一类：生活课程——我是生活小主人。

重点研究不同年龄班在一日生活各环节中，幼儿自主性的表现方式以及教师的支持策略。小班突出幼儿快乐生活；中班突出幼儿文明生活；大班突出幼儿自主生活。围绕以上观点，针对来园、进餐、盥洗、离园等环节，以年龄班教研组的方式进行研究，让幼儿成为生活的主人。

第二类：游戏课程——我的游戏我做主。

重点研究不同年龄班如何通过，"改变游戏空间；改变指导策略；改变游戏材料"三个改变来支持幼儿自主游戏。我们提出不同年龄班室内游戏的支持策略：小班：创设情境游戏乐园——突出趣味性；中班：创设角色游戏场——突出体验性；大班：创设合作研究室——突出探究性。室外游戏：突出废旧物品的"一物多玩"和安吉游戏的理念，运用纸板、小椅子、露露筒、轮胎、大油桶等低结构材料开展游戏，孩子们随着音乐自主变换玩法、动作，自由选择材料，在开心快乐的游戏中，孩子们的创造力、交往能力、合作能力和体能得到同步发展。

第三类：主题课程——我的问题我解决。

以北京市规划办课题《问题引领式主题活动促幼儿自主学习》的研究为载体，重点研究不同年龄班幼儿如何带着问题去主动学习。我们提出了不同年龄班主题推进脉络以及解决问题的主要方式：小班问题点——以多种感官的运用为主要方式解决简单的问题；中班问题线——以直接操作和实践体验为主要方式解决具有一定难度的问题；大班问题网——以猜想验证连续探究为主要方式解决深层次的问题，逐步提高幼儿自主发现问题，自主解决问题的能力。

第四类：艺术课程——我的创意最独特。

以北京市级课题《废旧自然材料的创意表现》为契机，充分挖掘日常生活中的各种废旧自然材料的价值，以"借形想象"为研究理念，重点研究不同年龄班幼儿如何利用生活中各种废旧自然物进行大胆创意。小班平面事物的借形想象；中班立体事物添加删减的借形想象；大班多种事物主题组合的借形想象。

随着我们自主性教育理念的提出，从2013年开始遵循幼儿自主选择的原则，利用宽敞的楼道和专室，组建15个"雁儿飞"艺术小社团(美术类8个，音乐类6个，还有1个武术小社团)这些社团全部由老师和孩子们自主申报双向选择，打破班级教师和孩子界限，每周半天集中活动。小社团的开展，深受孩子们的喜爱，让孩子们有了充分自主选择教师、自主选择活动内容、自主选择活动伙伴的机会，促进其自主学习，自信成长。

完备的园本课程体系，整合性多样化的教育活动，和丰富多彩的广阔平台的搭建，有效地实现了五大领域教育目标，促进了孩子们全面而富有个性的成长。

收获喜人——延庆二幼"十二五"期间自主性教育园本课程一览表

两个市级课题：主题课程，游戏课程
两个园级课题：生活课程，游戏课程

四类课程	研究成果		
	文本类	师幼共成长	提升办园效益
生活课程	《我是生活小主人》1本	实现了教师教育观念与教育行为的有效接轨；幼儿自主学习自信成长得到体现	接待各种级别的学习观摩任务若干；外出讲座交流若干；办园特色突出，得到家长社会好评
游戏课程	《我的游戏我做主》1本		
主题课程	《我的问题我解决》3本		
艺术课程	《我的创意最独特》1本《幼儿创意画册》1本		
	《实践增智慧研究促成长》2本		
北京市园本课程丛书，已正式出版。			

有付出就一定有收获，我们的园本课程建设是在多年的实践中，不断积累完善的，还存在着许多不足，特别是在实践层面还经常反复，评价系统还不完善。但是，我想只要我们坚持不懈的一直做下去，我们就离《指南》对我们的要求更近一步。方向对了，就要勇敢地走下去！

——北京市延庆县第二幼儿园园长 李卫新

案例 构建园本课程与文化，支持幼儿主动发展

——儿童至上，"我"做主人

一个园所实施什么样的课程就会折射出什么样的课程文化，而一个幼儿园形成了什么样的课程文化就会培养出与之相对应的儿童。三教寺幼儿园的孩子开朗、热情、积极、专注、勇敢、自信……追根溯源，是因为近年来我园不断深入学习与领会《纲要》与《指南》的精神，以园级主题活动课程的开发作为突破口，积极构建园本课程模式，确立了"儿童至上，'我'做主人"的价值观，努力实现"培养自尊、自信、自主、自立的幼儿"这一育人目标。

"儿童至上，'我'做主人"强调"以幼儿为本""以幼儿发展为本""以幼儿主动发展为本"的教育理念。在这一理念的指引下，渗透与实现"培养自尊、自信、自主、自立的幼儿"的育人目标就必须要建设与之相适应的课程模式。园级主题活动课程是我园积极探索和研究的园本课程。园级主题活动课程是指以幼儿园为单位，根据幼儿发展中的关键经验与共性需要确立主题，全园在一段时间内，调动一切可以调动的资源，围绕同一主题开展生动、有趣、多维度的立体式活动，从而使幼儿积累比班级活动更丰富的感知经验，获得主动与全面的发展。

一、明确选题内容的目标指向

课程的实施是有其出发点与落脚点的。《指南》提出："为幼儿后续学习和终身发展奠定良好素质基础为目标，以促进幼儿体、智、德、美各方面协调发展为核心。"这也是我们实施园级主题活动课程的出发点。那么，园级主题活动课程落脚点又是什么呢？落脚点即"培养自尊、自信、自主、自立的幼儿"的育人目标。如何培养自尊、自信、自主、自立的幼儿呢？我们依据幼儿发展中的核心经验与共性需要确立了园级主题活动的选题与内容，

将幼儿期重要发展目标与园级大型活动、班级活动、家园共育工作的内容相对接，通过全园联动设计、组织、开展生动、活泼、丰富的主题活动，借助目标的靶向作用，将目标与内容相互渗透与整合，最终促进幼儿获得全面发展。

所谓园级主题活动目标的靶向作用，是我园根据幼儿成长过程中核心经验与共性需求而设定的主题内容，利用时间节点(即新生入园分离焦虑，幼儿必备的劳动能力、自理能力的培养、幼儿阅读兴趣与习惯的培养、幼儿个性的展现与尊重等)全园上下在一段时期内针对相应的主题活动定向目标设计活动激发幼儿兴趣、培养幼儿能力，丰富幼儿感知经验同时也与家长达成这方面的教育共识，提升家园共育幼儿发展的作用。

如我园园级主题活动的几个选题。

我是快乐小天使——目标是：通过大带小活动，增进幼儿间的互助、友爱关系。培养大中班幼儿自主、自信的交往能力，帮助小班幼儿适应新环境，减少分离焦虑带给幼儿的身心影响。

我是劳动小能手——目标是：通过年级竞赛、园级竞赛的活动感受劳动的快乐，培养幼儿树立自理自立的精神，学会关心他人，挑战自我。

我和图书做朋友——目标是：激发幼儿阅读兴趣，养成良好阅读习惯。让幼儿收获爱读书、会读书等终身受益的好习惯。

我是闪亮小明星——目标是：为每个幼儿搭建成长的舞台，张扬个性、培养兴趣与专长。

二、建立多元互动的人际连接

课程文化是一种教与学的文化，对一个人形成自我认识、获得自我发展有着深深的影响。《指南》提出："建立良好的亲子关系、师生关系和同伴关系，让幼儿在积极健康的人际关系中获得安全感和信任感，发展自信和自尊，在良好的社会环境及文化的熏陶中学会遵守规则，形成基本的认同感和归属感。"园级主题活动为幼儿的学习与发展提供了更多的共同活动与交往的机会，形成了同伴之间、师幼之间、师师之间、家园之间的多元互动模式。有效地将幼儿身边的所有人际关系连接起来，为共同的主题目标来沟通、协调、联合与合作，同想、同做、同成长。这种人际关系的调动与连接形成强大的教育力量，为幼儿的发展提供了更多的机会与可能。

在园级主题活动中幼儿是活动的主人，教师是活动的主导，家长是活动的合作者。著名教育家陶行知说："小孩子最好的先生，不是你，也不是我，而是小孩子队伍中最进步的小孩子。"在园级主题活动中，我们打破了原有单一的班级活动模式，以"大带小""平行合作""全园联动"等多种方式开展活动。

如我是小天使的主题活动中哥哥姐姐讨论怎样去照顾弟弟妹妹？弟弟妹妹哭闹时，有很多的眼泪和鼻涕，怎么办？怎样让弟弟妹妹不哭？可以带弟弟妹妹做些什么事？在大带小的活动中，他们每人认领了一个小班幼儿做弟弟或妹妹，学着用各自不同的方式表现自己对小班弟弟、妹妹的关爱、安抚。看到弟弟妹妹哭了，就帮他们擦眼泪，并且安慰他们："姐姐带你去玩。""我给你讲个故事吧。""你玩我的玩具吧……"小班幼儿很快和他们产生了亲近感、依恋感，有效地稳定小班幼儿的入园情绪。

"连线好朋友"的活动中，教师与中大班的孩子们讨论，有的孩子说："我想给我认识的欣欣打电话，我们可以一起出去玩。"有的说："我想再认识一个新朋友。"有的问："跟不认识的朋友说什么呀？"有的提出："你不认识，打电话说什么呢？"在孩子们的讨论中，确定了方案。于是，孩子们先认识名片、了解名片的用途，一起商量怎么设计，回家后与爸爸妈妈一起制作自己的名片。在幼儿园通过情景模拟，学会打电话的方法、礼仪和语言。如介绍自己、选择适宜的时间，如何商量见面时间和地点等；孩子们还想到为新朋友提前制作小礼物，准备见面时送出。接着，每个人在神秘魔箱中抽到新朋友的名片。

在园级主题活动中我们看到，幼儿从班集体走向园集体。幼儿人际关系范围被打开后，幼儿园里的哥哥姐姐们懂得了什么是责任，学会了友爱谦让以及怎样照顾别人；小班的弟弟妹妹更快的接纳和融入了新环境，认识了新朋友，学习了新本领；平行年龄的孩子们在材料互换、空间共享中相互交流，相互学习，开阔了眼界，认识了更多的好朋友。幼儿园对孩子们来说不再陌生，因为他们认识并可以随时和这里的每一个人打招呼甚至共同游戏。

同样，在园级主题活动中教师的原有身份也被打破，教师从小班级走向大集体。骨干教师、青年教师、成熟教师们相互结对开展伙伴行动研究，共同研讨设计园级主题活动方案，相互借鉴与吸纳，共享集体智慧，在活动组织与实施过程中提升教育理念以及综合组织能力，获得了加速成长。

家长从旁观者走向参与者。家长们在参与园级主题活动过程中了解活动的目的意义，发挥自身资源作用，在身临其境中感悟与提升自身教育经验。

可以说，园级主题活动课程最大的价值就是将课程中人的因素充分激发调动起来了，这种激发与调动使课程中产生了多维度的并且十分充分的互动，互动直接作用的结果，就是更好的落实了我园"培养自尊、自信、自主、自立的幼儿"的育人目标。

三、支持品质形成的策略梳理

园级主题活动把幼儿的当前需要作为教育的来源与资源，最大限度地支持和满足幼儿通过直接感知、实际操作和亲身体验获取经验的需要。形成了积极有效的互动，使幼儿以自由、自愿、愉悦、投入的状态参与活动，幼儿在做中学、玩中学、活动中学，通过探索、发现、思考、表现、表达的过程建构经验，形成积极态度和良好行为倾向。为了支持幼儿良好品质的形成，我们在园级主题活动的开展过程中梳理出了相应的策略支持，有效的支持幼儿自尊、自信、自主、自立的获得发展。

（一）站在旁边等一等

留出空间观察幼儿，跟随孩子的目光，实施适宜的教育。"快乐图书节"活动开展后，幼儿园鼓励幼儿通过多种途径寻找不同类型图书开办图书展，将幼儿自己收集来的异形书、家庭制作的亲子图书进行展示，并开展孩子们之间图书漂流活动，孩子自由结伴交换图书，带回家与家长进行亲子阅读，形成资源共享。

同时我们还在主题中鼓励孩子对资料进行分析和归类，每个主题活动之前的调查工作交给孩子们来完成，并根据调查结果协商活动内容。如："劳动小能手"主题前，请孩子们调查爸爸妈妈、小朋友在家中与幼儿园能做的劳动，让孩子们分析哪些劳动是小朋友力所能及的，再有针对性的设计后面的活动内容，为后面开展多个各小组活动提供了真实的依据。

（二）一定要让孩子有想法

将活动权力给幼儿，让幼儿说出自己的想法。根据园级主题活动的内容，激发幼儿挖掘主题活动的创新点，由他们自己选择和决定活动内容、方式和方法，根据自己自由的意愿去构建活动的规则。在"收获的季节"主题活动中，孩子们在院子中、秋游途中、来园路上……捡到了各种各样的叶子，教师根据幼儿年龄阶段不同，兴趣不同，在小中大班里分别开展了"叶子的秘密""叶子变变变""有趣的毛细现象""拓印叶子画""叶子的保鲜""会跳舞的叶子"……探究活动，从问题发起，到寻找答案、再到实验探索，收获成果，在教室的引导下孩子们一步步的又浅入深的开展这个种图同的探究活动，最后依据各探究小组的结论，在幼儿园里开展多项展览，如叶子保鲜方法展、创意叶子画展、叶子的秘密展、生活中的叶子展、各种各样的叶子展……体现了孩子们在各种探索活动中的成果。

（三）让孩子站在最前面

园级主题活动的核心价值是儿童至上，"我"做主人。为此，我们提出：鼓励孩子试一试——发现幼儿的兴趣与需要，满足孩子探索的要求。相信孩子一定行——给幼儿更多的自由探索的时间与空间，支持幼儿有意义学习。（拍拍手……）

（四）让他做他想做的事

孩子们成长的动力来源于兴趣，做想做的事就是最好的学习方式。在"红红火火过新年"主题活动中，教师和孩子们一起商量欢庆新年的方法。孩子们有的说唱歌跳舞；有的说剪纸画画、制作拉花渲染、烘托节日红火；有的说表演乐器演奏；有的建议讲讲"年"的故事、说说"过新年"的儿歌、聊聊"过年"的习俗、学学"拜年"的吉祥话；有的提议同伴间"互换新年礼物"；有的想和爸爸妈妈一起"包饺子"庆团圆活动……系列活动满足了每个幼儿的不同需求。孩子、老师和家长们共同参与其中、享乐其中。

（五）让每个人都有自己的角色

每个孩子都是不同的、每种不同都各有精彩，我们要为幼儿的不同搭建舞台，让每个孩子都有自己的角色，获得归属感。在《我是小明星》活动中，我们本着以上原则，让幼儿"人人展现、人人精彩"，开展了"运动小明星""创意小明星""才艺小明星"等系列活动。活动中，教师充分相信孩子、尊重孩子、等待孩子、鼓励孩子，让孩子在活动中感受快乐，在快乐中获得发展。

（六）最后一定要成功：只有成功才能让人感受到付出的甜蜜，付出的过程亦是品质形成的过程

"我是创意小明星"主题活动的主旨为通过多种形式、让幼儿富有个性化的表达表现，并在动手操作的过程中获得美的感受与熏陶。幼儿根据主题内容选择多样的材料、制作方法、呈现的形式，有目的地进行相关的美工活动，过程中可根据自己的想法与意愿大胆地进行表达表现，创造出不同于他人、各具特色的美工作品。每个孩子坚持完成自己的作品，培养了孩子积极主动、认真专注、不怕困难、有始有终的良好学习品质。

实践证明，通过开展有效的、适宜的园级主题活动，将教育融入幼儿生活，相信每个孩子所具有的潜质，把握适宜的环境、方式、时机与要求，利用

幼儿自身的经验点，支持幼儿有意义的学习，引发幼儿的主动性和创造性地发展，可以让孩子成为积极在主动的学习者，真正落实我园的育人目标，形成以幼儿为主体的课程文化，为每一个孩子享有并度过快乐而有意义的童年保驾护航。

——北京市西城区三教寺幼儿园园长　王岚

第六章 提升园长推动课程实施的能力

课程实施是课程最终发挥效果和作用的关键步骤，而推动课程实施的能力则是园长课程领导力的重要内容。课程的实施过程是非常复杂的，其中存在着大量的不确定因素，与此相对应，推动课程的实施也是非常复杂的，需要应对大量的不确定因素，合理地配置人、财、物等，才能有效推动课程的实施。在课程的实施中，园长是推动课程实施的领军人物，园长的理念、管理方法和策略等都直接影响到课程的实施，直接决定着课程实施的质量。因此，园长推动课程实施的能力直接决定了园长课程领导力的水平，提升园长推动课程实施的能力也是提升园长的课程领导力、提升园所课程质量的关键。

课程的选择、规划、开发与建设等各项工作最终需要通过课程实施来落实。作为幼儿园教学第一负责人的园长，在课程建设整个过程中负有主要引领的责任，园长不仅要引领课程理念、课程目标、课程内容的确定与选择，更是推动课程实施最强大的力量。园长要想真正有效推动课程的实施，需要建立相关的领导体系，建章立制，确保课程实施各项工作的规范有序开展，更需要园长身体力行，真正走进一线，走进班级，与所有教师一起研究幼儿、研究学科、研究课程，指导、推动课程的深入有效实施。

一、构建推动课程实施的领导体系

园长课程领导力不是一句空话，最终要通过课程实施来完成。课程实施需要整个园所来自各个方面的配合，需要建立特定的运行机制，需要相关制度的保障，需要多方面的支持，以确保管理到位，运转科学有序，落实扎实。

（一）建立"园长—副园长—主任—教研组长—班长"的层级管理体系

园长课程领导力核心在园长，关键在园长，但其真正的落实需要来自全园全方位的配合，需要一定的机制的建立，实行"园长—副园长—主任—教研组长—班长"的五级管理体系实现。只有将这一层次的课程领导力发展起来，园长才真正实现课程领导力的作用。

　　在整个课程实施开发过程中，园长都要进行有效的管理，要将具体任务分解明确至每一个人。比如，第一层是园长，园长是课程推进总负责人，全面掌握课程研究动向，系统部署每个课程实施每个阶段的中心工作，检查每一层级落实情况；第二层是教学副园长，负责落实每阶段中心工作，制订具体的课程，布置下一层组长工作；第三层是保教主任，负责教师的组织，课程实施中具体的协调、组织；第四层是教研组长的带动，课程推动的具体执行；第五层是班长在班级中的具体执行等。需要注意的是，虽然园长是第一层领导者，但园长课程领导体系不是一个单向度的单一过程，园长课程的领导不仅仅源于园长本身自上而下的领导，也源于各个层面特别是具体实践层面的实践验证，整个体系也是一个不断传达、运转，同时不断反馈、不断反思调整的过程。主任、教研组长、班长在课程实施过程中针对出现的问题可随时与园长、副园长反馈，以方便课程实施的不断推进。

　　另外，幼儿园各个部门，都是相互关联的，正所谓牵一发而动全身，虽然课程的领导主要是前勤保教部门，包括科研部门的工作，但后勤、保健、行政等各个方面都对课程领导力体系有相关影响。如只有后勤环境建设到位、相关采购到位，课程才有真正落实的平台，幼儿营养到位，身体健康，园长才有课程领导的精力，其他各教学部门也才能全力投入到课程的落实过程中。当然，在整个体系当中，园长的课程领导力是最关键、最重要的（见图6-1）。

图 6-1　幼儿园课程实施的层级管理体系

(二)建立教科研领导体系，依托教科研推动课程实施

　　教科研工作是依托课题研究以科学研究的方式研究课程建设以及课程具体实施，进而保证园所课程有效开展、提升园所课程质量的有力手段，依托于教科研工作，许多幼儿园的课程实施都取得卓有成效的成绩，探索出具有特色的、行之有效的课程实施途径与方式。所以在建立"园长—副园长—主任—教研组长—班长"五级管理体系的同时，许多幼儿园都建立起专门的教科研领导体系，积极开展教科研工作，依托专业的研究探索保证课程实施的科学开展。

　　具体而言，为加强对教科研工作的管理、指导和监督，更好地推进教科研工作的深入开展，可以依据实际需要不断加强教科研管理组织建设，健全完善园长—教科研领导小组—教育科学研究室—课题小组与年级教研组—教师五级科研工作管理体系。园长对全园教科研工作负总责，带头主持课题，下设由业务副园长、保教主任、教研主任等组成的教科研工作领导小组，小组内也可聘请领域内相关专家介入，协助把握方向，指导教改科研的开展。在此基础上设立专门的科研室具体负责教科研工作的具体组织与实施，建立包括班级核心教师在内的课题小组或年级教研组，各个层级与职能部门明确职责、分工清晰、责任落实到位，确保教改研究沿着科学规范、有序有效的轨迹运行。当然在此过程中，园长不仅仅负责教科研工作的方向性把握与整体规划，还直接指导教科研领导小组开展工作，更要作为领头人与参与者直接参与具体的实践研究工作，与教师们一起共同经历完整的研究过程。当然这里的机构设置只是一般性的建议，各幼儿园可以依据自身园所实际建立自身行之有效的管理机制（见图6-2）。

图6-2　幼儿园课程实施的教科研领导体系

二、推动和保障课程实施的管理制度建设

"不以规矩，不成方圆"，规章制度是园所的基本活动准则，它能够使园所和教师形成良好的秩序感，是保障园所有序运行的基础，更是园长课程领导力发挥的重要保障。完善好各项制度能让身处幼儿园的每位教职工都明确自己该做什么，每一项工作如何开展。幼儿园的各项工作都需要制度的支持，课程实施同样如此。强有力的、配套的制度，明确规定了制度内相关工作内容、工作流程，能保证课程实施落到实处。在具体的课程实施过程中我们需要建立的相关制度，实现用制度约束和规范各项工作的目的，而且制度的确立与保障可以使园长腾出更多的精力深入教育第一线指导课程实施工作。具体而言，需要制定的制度包括以下三大类。

第一，与课程管理有关的制度，如人员学习和培训制度、与课程有关的教科研工作制度、工作和人事安排制度、各部门人员分工合作制度、课程实施过程管理制度等。

第二，与课程选择与建设有关的制度，如课程选择的流程、课程开发与建设流程、课程实施制度、课程质量评价分析制度等。

第三，与教学有关的工作制度，如园本教研制度、常规保教、一日活动安排、教学环境创设、保教计划制订、备课等制度。

🔗 资料链接

推动幼儿园课程实施的制度概览

一、备课制度

1. 教师每日备课时间。

上午：9：30～11：00

下午：3：00～4：00（助教教师每周二下午）

2. 教师备课内容为：准备教学计划、准备教具、制作教具、反思教学内容、学习教学书籍。

3. 备课要求。

(1)教师按时参加备课，要认真做到"四备"：即备教材、备教法、备教具学具、备幼儿发展水平差异，确保教育教学质量。

(2)教师必须深入钻研教材。熟悉教材对所教年龄班的要求；了解教材内在联系；依据教材内容、幼儿实际认知规律和发展水平、确定教学目标和要求，掌握重点和难点，选择恰当的教学方法。选择内容要充分考虑幼儿的学习特点和认知规律，注重趣味性、活动性、综合性。

(3)教案要分细节写，写明活动内容、活动目标、活动重点和难点、活动准备、活动过程、活动小结。要对幼儿进行情感、态度、学习能力等方面的发展目标进行描述，重点创设幼儿学习过程的活动情境，活动情境应体现教师活动和幼儿活动的全过程。精心设计好带有启发性、整体性的提问，促进幼儿富有个性发展的课堂学习环节和时间安排。

(4)教师要独立思考，不生搬硬套，照本抄袭教参和其他备课资料。教案书写应整洁清晰、语句通顺、层次清楚，格式规范。

(5)教案在个人备课的基础上，加强集体研究，每周集体讨论一次，集体备课采取说课的方式进行。根据集体备课的中心议题，由主备课人进行说课，内容包括教学目标制定的依据、达成教学目标的设计思路、教学内容、教法、学法、重点、难点等，统一教学思想，统一要求，统一质量考核。

（6）提倡教师写活动反思，每次教学活动后及时总结分析成功与失败之处，并提出改进意见。

（7）提前备课，年轻教师必须写详案，新教师按一日生活流程写详案。

（8）根据教学内容，认真准备教具，做到每个教育活动都有教具，每个幼儿都有作品、有参与，幼儿能在与材料的互动中进行体验式、操作式学习。

（9）鼓励教师自制教具，将质量较好的自制教具收编入资料室，丰富资料内容。

（10）资料人员将对收集的资料进行登记统计，学期末将进行公示。对教师使用教具情况在学期末也将进行统计，并进行公示。

二、课程管理制度

对幼儿园实施与开发的课程进行价值判断，发挥评价的反馈调节功能，促进课程设计和课程实施的有机结合，不断提升课程领导及实施的质量。

1. 由园长组织各层面人员对幼儿园的课程实施情况进行分析，在广泛借鉴课程资源的基础上制定符合本园实际、体现办园特色、具有可操作性的幼儿园课程实施方案，并以多种方式组织全园教工学习、理解，达成共识，成为引领全园教工有效开展课程实施的具体实施指南。

2. 园长组织相关人员定期对幼儿园施行的课程进行分析评估与监控，鼓励教师、教研组在日常反思的基础上，诊断、发现幼儿园课程设置与实施中的不足，及时反馈，针对问题寻找改进对策，对不合理的课程内容及时进行调整。

3. 根据幼儿园空间资源的实际情况，合理制定各年龄段幼儿活动作息，在一日生活中合理的实施与推进课程。

4. 在广泛实践的基础上，构建园内共享的多媒体资源库、课程素材库、优质活动资源库，及时提供帮助教师开展各类活动的多种课程资源。

5. 教师在制定一日活动各环节的课程时要体现层次性和弹性，活动形式和环境具有选择性，使幼儿多方面发展需要获得满足，产生活动的积极性，主动参与活动，体现各类活动实施的有效性。

6. 随时关注各年龄段、各班级的课程实施内容，对不适宜的课程内容进行及时的调控。

7. 园长带头搭建教师开展课程实施信息交流的平台，以实现优秀经验的分享、共性问题的剖析、不同层次教师的发展。

8. 保教主任每周听课，依据当前的研究重点了解不同层面教师实践中的问题与需求，课后与执教者有当面的指导反馈，并做好听课笔记。

9. 强化课程实施评价的诊断功能，建立教师实践中反思、自主提高的评价方式，体现教师的自主地位，逐渐形成"自我认识、自我监测、自我发展"的机制，使评价工作成为提高和促进幼儿园保教质量不断提高的有效平台。

10. 收集来自家长的信息，并请有关专家对课程实施后的实际效果进行评估，使幼儿园课程日臻完善，形成课程不断革新和更新的机制。

三、园本教研工作制度

1. 园长为园本教研质量的第一责任人。负责组建园本教研领导小组，明确职责分工，统筹协调调研教研工作中的问题，将"园本教研"纳入幼儿园整体工作规划和年度计划之中。加强园本教研工作的检查与指导，定期参加教研组活动，组织班子成员进行专项研究，提高研究的实效性，提升教师专业水平。园长对整体教研活动要起到方向引领以及帮助教师进行提炼提升的作用。

2. 保教主任负责园本教研组织工作，围绕保教工作中的突出问题有计划、有目的、有实效的指导教研组深入开展教研活动。指导教研组长具体设计、组织教研活动，定期对园本教研工作质量进行归纳、总结和评估，促进教研活动质量的提升。

3. 教研组长协助保教主任组织开展幼儿园园本教研活动。依据幼儿园实际情况制订园本教研计划，有目的、有计划地落实教研组工作计划。

4. 每学期组织教研活动不少于8次，全体教师参加。

5. 每学期教师根据本班幼儿特点和实际水平，制定个人研究专题，并积极开展教育实践，期末有专题总结或论文。

6. 每次教研活动要有明确的目的，进行有针对性的理论学习，积极研讨，并布置下次的工作、研讨内容。

7. 教师要按时参加活动，在活动中认真进行理论学习，仔细做好学习记录。在讨论中，根据自己的实践效果、存在的问题或自己的疑惑，积极发表意见。共同营造民主、开放、合作、创新的研讨氛围。

8. 依托教研带领教师不断进行专业理论的学习，加强自身修养，提高专业素养。做好对研究成果的阶段性总结。

9. 努力发挥骨干教师的示范引领作用，探索园本教研的多种形式，如活动现场研讨、教师论坛、教师反思论坛、活动案例分析、观点辩论、同课异构、叙事研究等，提高教师参与园本教研的积极性，促进教师的专业化水平的发展。

10. 及时收集、整理教研活动内容的各种研究资料，如录像、照片、教案、图片、学习资料、计划、总结等的整理工作，保证档案资料的及时、完整及质量。

11. 教研活动要做到立足园所问题开展研究，以教师为研究主体，确保教研实效。

四、园本培训制度

1. 教师培训以园长为第一责任人，园本培训在以继教干部、保教主任、科研主任为共同体的园本培训领导小组统一安排和协调下开展。

2. 依据幼儿园实际情况制定园本培训计划，有目的、有计划地开展教师培训活动。

3. 通过课题研究、教研活动、案例分析、网络学习、师带徒等多种培训方式，结合园本实际，采取讲授、研讨、实践、观摩、交流、比赛、考查等多种形式，充分利用现代化教学手段，做到理论与实践结合，集中培训与分散实践相结合，教师"自学"与"互学"相结合。着力于以"课例"为载体的教学型培训；以"课题"为载体的研究型培训；以"学"为着眼点的学习型培训。

4. 定期进行业务学习，经常开展研究讲座培训，通过学习教育教学、卫生保健、教养、学前教育研究、国内外教育动态、各种有关杂志、刊物等进行教师培训。定期开展交流研讨，及时对教师进行园本培训效果及实效性作用等方面交流反馈。

5. 园本培训活动要有文字记录，包括：培训计划、总结、方案、过程记录。

6. 教师按时参与园本培训的相关活动，不得迟到和早退，更不准无故缺席。

7. 凡外出学习、听课、参加活动的教师，回园后及时做到信息反馈。

8. 在培训活动中认真进行学习，仔细做好学习记录，按时完成作业。

9. 园本培训中，根据自己的实践效果、存在的问题或自己的疑惑，积极发表意见、参与讨论，共同营造民主、开放、合作、创新的培训文化氛围，创建学习型组织。

10. 加强自身修养，不断提高业务能力，活动认真参与，工作耐心对待，做到不断学习创新，与时俱进。

11. 因教师个人原因不能按时参加活动时，必须在事后补齐学习笔记、作业。

12. 后勤为园本培训提供场地、材料等必要条件，确保教师培训工作的开展。

13. 所有教师培训活动都要有文字记录，包括：培训计划、总结、方案、过程记录等。

14. 每学期末由保教主任、教研组长将教师出勤情况和有关学习、培训资料、教师的相关培训、学历进修等及时做好园本培训活动内容的各种资料的收集、整理，如录像、照片、教案、图片、学习资料、计划、总结等的整理工作，保证档案资料的完整及质量。

15. 每学期末由继教干部、资料员将教师的培训材料和教师继教学分，进行统计、整理、分类、归类。

16. 所有归档材料登记入册，借阅需经相关领导批准，手续齐全。

17. 所有归档材料，均作为园所共享资源，为教师专业化成长提供支持、帮助。

五、教育科研制度

1. 园长、科研主任、保教主任积极参与科研活动，与科研组长组成科研研究核心小组，对园内科研起到支持、指导的作用。科研领导小组围绕教育教学实践中的问题开展研究，所进行的研究有一定的创新性和前瞻性。

2. 科研管理人员认真组织课题研讨，每学期组织开展科研活动不少于6次，并填写活动纪实。

3. 课题实验人员要认真研究实施课题计划，并及时上交研讨课教案、课题阶段小结等纪实材料。

4. 课题实验人员要积极参加市、区、园组织的研讨活动，在活动中认真进行理论学习，仔细做好学习记录。在讨论中，根据自己的实践效果、存在的问题或自己的疑惑，积极发表意见。不得迟到早退，有事请假。

5. 努力发挥骨干教师的示范引领作用，探索科研活动的多种形式，提高教师参与科研的积极性，提高教师的专业化水平，做学习型、反思型、研究型教师。

6. 课题研究中，每学期初根据研究阶段具体内容制订研究工作计划，每学期末研究人员对本阶段研究工作进行总结。

7. 指导教师学习课题研究的方法，提高教师运用教育科研知识研究，解决教育工作中问题的能力。每学期针对科研员参与研究的情况及研究内容进行评估，每学年评选优秀科研员。

8. 每学期能够及时收集、整理各种研究资料，进行汇总，保证档案资料的及时、完整及质量。

9. 幼儿园在对课题加强领导管理的同时，在时间、人力、物力、财力、经费等条件上给予积极支持。对科研、教学人员参加课题研究工作的时间、表现和成果列为考核时的重要内容。

10. 组织实施园本科研和各级立项课题的研究工作，组织园内教育科研的经验交流和各种展示活动，推广园内外先进的科研成果。

11. 教育科研要为教师的发展需求服务，为幼儿园领导的决策服务。

12. 营造民主、开放、合作、创新的科研文化氛围，创建学习型组织，发现培育典型，总结推广优秀教师的科研成果。

13. 园长统筹、协调各种资源，协调各部门关系，推进课题开展，创新科研机制。

14. 组织对全园科研工作质量进行评估和反馈，有效促进科研工作质量的提高。

15. 园内各组织之间相互联系，协同作用，有序开展，形成网络，发挥组织管理的系统功能。

六、园长教育科研工作职责

1. 园长是幼儿园教育科研质量的第一责任人，要带头申请开展课题研究。

2. 负责组建科研领导小组，明确职责分工，统筹协调科研工作中的问题，将"科研"纳入幼儿园整体工作规划和年度计划之中。

3. 建立健全完善的科研制度，建立科研推进、激励机制。

4. 营造民主、开放、合作、创新的教研文化氛围，创建学习型组织。

5. 加强科研工作的检查与指导，定期参加科研研讨活动，组织班子成员进行专项研究，提高研究的实效性，提升教师科研水平。

6. 每学期组织科研领导小组2次专门的科研工作交流，对科研主任、科研组长进行有针对性的培训和指导，提高其对科研活动的组织管理和指导能力。

7. 园长定期参加科研组活动，与教师一起开展课题研究，在研究中发挥引领作用，能有效带领教师解决科研中的问题，取得有效的科研成果。

8. 指导进行科研成果的梳理、科研成果的实践、推广及宣传。

——北京市朝阳区清友实验幼儿园相关制度　胡雪莲　郭丽华

三、园长推动课程实施应当遵循的原则

(一)把课程领导放在园长工作的核心位置

在幼儿园所有的工作中，课程领导是园长工作的核心。园长要明晰课程领导工作的重要性，把主要精力放在加强课程领导和管理、促进幼儿发展上，而不是被繁多的行政事务所绑缚。

(二)要充分发挥保教人员的主动性、创造性、参与性

课程实施是根据国家、地方的规定、幼儿园的特点由众多参与人员共同参与完成的，在这个过程中，园长的专业引领非常重要，但也绝不是说课程实施是园长单个人的行为。整个过程中园长都要求营造出一个民主、和谐的宽松氛围，需要园长处理协调各方面的关系，更需要吸引一线教师广泛而积极地参与、认真的落实，甚至也需要社区人员乃至家长的配合，需要社会各界的广泛支持。课程实施过程中要绝对避免园长"一个人说了算""一家之言"，或者中层干部的"集体决定"，而只有广泛吸取多方面人士的意见，课程实施才能得到广大教师、家长与社区居民的理解、认可，并成为课程实施的坚定的追随者、执行者、支持者。

(三)要进行系统推进

领导一定要具有系统的思维，要学会把所有的事情进行系统的思考。宏观上来看，要将管理层面、教学层面、教研层面、后勤保障层面的问题进行系统思考；微观上来看，在班级的课程设置、一日生活安排、五大领域活动、保育保健工作等方面也要指导教师系统思考，使各种活动能够有机整合，相互渗透，系统推进，互为补充，共同促进幼儿的发展。

(四)确立共同的目标愿景

有些时候，我们的工作并不是失败在理念上，也不是教师素质有问题，问题恰恰就出在相互沟通上。在层层的工作机制中，从园长一直到教师，由于传达不到位，很多教师忙着应付各种事情，但却根本不知道这样工作的目的、背景以及任务的重要性，不知道落实任务过程中自己角色的重要性。所以，在开展课程开发的过程中一定要告诉教师我们工作的目的是什么，愿景是什么，应该怎么把任务分解，怎样操作执行。执行过程中，要让教师们知道领导对他的期望，及时对教师的落实情况给予回馈，这样确保上下一个目标，劲往一处使，工作起来会顺畅很多。园长要围绕园所课程实施的价值取向、目标定位、内容选择经常与教师们沟通，保证目标愿景一致，任务清晰、明确。

四、在参与和指导课程实践中推动课程实施

《幼儿园园长专业标准》领导保育教育板块的"专业能力与行为"部分明确规定了园长要领导幼儿园的保育教育工作。"组织制定并科学实施保育教育活动方案。""具备较强的课程领导和管理能力，指导幼儿园教师根据每个幼儿的发展需要，制定个性化的教育方案，组织开展灵活多样的教育活动。""建立园长深入班级指导保育教育活动制度，利用日常观察、观摩活动等方式，及时了解、评价保育教育状况并给予建设性反馈。""领导和保障保育教育研究活动的开展，提升保育教育水平。"可见，园长的重要工作即在于发挥课程领导的作用，指导并推动课程深入推进，园长还应当深入班级、深入一线指导保育教育教育工作的开展。

（一）增强园长既是管理者，更首先是教师的意识

一名优秀的教师未必是一名好园长，但一位好的园长必定首先是一位优秀的教师，而事实上，多数在岗园长都是从优秀骨干教师中走出来的，许多园长都具有丰富的一线班级教育经验，特别是许多园长既是园长，也在专业上成长为骨干教师、学科带头人甚至是特级教师，这对于有效推动课程的实施都具有非常关键的作用。在许多幼儿园，园长都非常关注一线教学，经常带领教师进行研究课的研讨，与教师一起参与备课过程、教研过程，并给予教师们高屋建瓴的指导。在教师们的心目中，园长是专家型教师，园长要始终坚定的站立在课程实施的一线，和教师们一起进行课程教改实践，充分发挥自身专业引领作用。但同时我们也发现，随着行政工作的日渐繁杂，有的园长渐渐地从一线远离，将更多精力投身于行政事务工作，这直接影响了园长对课程的领导，影响了园长对于课程实施的有效推动。

为了有效地推进课程的深入推进，我们倡导改变以往园长抓总体，抓宏观，实际多忙于行政事务的做法，树立园长既是管理者，更首先是教师的意识，以"促进幼儿主动学习"为出发点，带领主任一起梳理教学常规管理；带领教师一起研究设计课程计划、整体课程内容设置，研究学科特点，分析关键经验，梳理一日常规，深入班级观摩幼儿在活动区的活动；带领教师一起分析幼儿发展现状，研究幼儿，探讨下一步发展方向，尤其狠抓教育质量，狠抓教学的有效性，反复研磨，真正让教师们在对比中获得提升，朝着更优化的课程迈进。

为了有效帮助干部深入一线发现解决真问题，提高干部团队教学领导力，推进《指南》的贯彻和实施，我园立足实际问题，申报了"通过班级诊断提升干部团队教学领导力"的研究项目。

一、项目实施的不同阶段安排

第一阶段：园长领导制定干部深入班级半日活动诊断记录表，明确诊断内容。

对教师进行班级诊断，需要一定的依据，所以我园项目实施第一步就是根据《指南》及《北京市半日评优标准》制定《行政干部深入班级半日活动诊断记录表》，表格包括幼儿管理、教师管理、班务管理三大方面，囊括幼儿文明礼仪、生活照顾、幼儿行为习惯养成、教师教育教学能力、课程执行、师德素养、工作状态、精神面貌、保教配合、班务管理各个方面的内容。记录表由园长带领主任共同商讨制定。

第二阶段：根据诊断表格，园长带领团队集体深入班级进行问题汇总。

根据表格内容入班定期不定期地进行亮点发现、问题扫描，经过筛查发现很多问题，对于一些简单的、个别性的问题我们都及时与班级沟通，进行了解决，而突出的、典型的、有价值的问题则由园长带头集体研究解决。

对于共性问题——集中研究解决

对于个性问题——园长或主任个别指导解决

第三阶段：立足问题制定并实施干预方案。

形成典型问题后，园长组织班子集体对问题进行分析诊断，寻找成因，并根据问题难易程度、成因不同制定不同的干预措施。

第四阶段：总结提升，撰写项目工作总结。

二、探索解决班级问题的新思路

以前面对班级中的问题我们总是习惯自己去解决，但是依托研究，我们发现不同的问题，成因不同，解决方式也应不同，方法得当，问题才能得到真正解决。

1. 对于经验性问题——园长协调挖掘幼儿园自身优势资源，开展同伴学习。

如我园的小四班，接班时班长只有两年工作经验，而班级其他教师更是只有一年工作经验或没有工作经验的新教师，这样的一个班级各方面工作能跟上大家吗？新提的班长具有一定的教学经验，但是她能进行好班级管理吗？进行班级进行诊断时，我们发现这个班级整体工作执行力弱，班级中存在多项问题：保教配合不协调，工作效率不高，教师间配合存在漏洞，教师精神状态拘谨，不苟言笑，幼儿整体情绪状态也差，与其他班级相比哭闹现象突出，而造成此局面的原因即在于该班级班长新上任，工作经验及技巧缺乏，整体班级管理能力弱。

针对该班级的现状园长带领班子集体研究，并根据不同的问题制定了不同的、多维度的干预方式。

第一，园长谈话——指出问题。对于有班级配合问题的园长会亲自找班长及成员集体分别谈话，了解每个人的想法，帮助解除相互之间的隔阂，希望他们能有效分工、友好帮助，而对于实在不能协调的，园长会在倾听教师意愿的基础上，调整班级教师，实现班级教师之间最优化的搭配。

而同时园长也告诉老师们：孩子本性好动活泼，与严肃不善言辞的教师相比，他们更喜欢活泼、有感染力、开朗的教师，教师过于严肃会导致班级氛围沉闷，即使我们性格内向，为了孩子我们也要大胆突破自我，展示出自己活泼的一面，与孩子们真正玩到一起，这样整个班级都会很有活力。这是幼儿对我们幼儿教师的独特需求。

第二，看视频——引导对比发现问题。在前期进行问题扫描的同时，我们也发现幼儿园有几个班长，他们既有经验，又是园所骨干，更是班级管理能手，带出了一批批好的新教师，整个班级在他们的管理下分工明确、合作和谐，保教质量高，为大家所公认。为帮助弱势班级成长，园长带领项目小组人员将优秀班级教学、开班长会、处理入园焦虑、班级过渡、各个环节以及教育活动的具体组织拍摄成视频供大家分享，帮助弱势班级感受优秀班级的课程落实，获得直接的经验帮助。

第三，园长进班——重点帮扶。对问题突出的班级园长亲自深入班级给予直接的指导，言传身教告诉老师如何去做，早来园如何接待，如何站位，面对家长的提问如何巧妙的回答等。比如园长发现某班老师指导活动区有观念问题，总是会手把手地去教幼儿，为此园长亲自进班指导建构区活动，让教师思考到底应该如何介入？介入时和幼儿说什么？让教师明白到底什么是高质量的活动区干预指导。

第四，开展半日评优——骨干带动，全面推进。为了全面推动各个班级半日质量的提高，园长在指定全园计划时将全园在5月进行了全园半日评优工作纳入计划。在具体制定方案时园长特意指出，不能像往常一样让教师们随机报名，而是让骨干教师、十佳教师、朝阳区半日评优获奖班级带头先进行展示，形成骨干先行带动全体，后进超越前进的格局。

经过一学期的努力，经过园长的整体规划设计，经过行政团队多管齐下、全方位多策略干预，小四班进步迅速，各项工作在小班组都凸显出来。在刚刚过去的班级半日评优过程中，小四班互动性凸显的班级墙饰、班级间教师友好的互动、幼儿高水平的表现赢得大家一致认可。

2. 对于由管理造成的问题——集体研究大胆改变管理方式。

通过我们的诊断，发现有时很多班级都存在不能按时交课程材料，不能按时完成任务的问题，那为什么会形成这样的状态呢？园长带领大家集体反思，站到教师的角度考虑她们的工作量，我们意识到班级很小，但管理起来却非常不易，每天教育内容的制定、教育材料的准备、课后的反思、幼儿的吃喝拉撒、个别幼儿的照顾、不同性格家长的接待、课题的开展、各种类型的观摩……让班长备感疲惫与责任的重大，导致有些工作顾此失彼。

针对这些班级的现状园长大胆制定了干预方案，改革了许多过去的弊端。

(1)改变管理定式，尽可能地减少班级负担。如原来要求教师们写详案，现在改为年轻教师写详案，经验教师写简案。原来要求反思笔记，现在要求一月一篇。原来会议不限时间，现在要求一小时以内。

(2)请主任教给班长有效工作技巧。首先，应该学会抓主要矛盾，安全工作、园所学期重点工作是班长应该重点考虑的任务，其他的可以适当"放手"，正所谓有张有弛，百战不殆。其次，应该学会"合二为一"，把许多工作巧妙结合为一项工作去完成，一项工作能促进幼儿多方面的发展，还能实现对家长的教育、获得家长的肯定，同时让班级年轻教师获得发展。最后，应学会反思与总结。引导教师们去总结工作中一些规律性、策略性的东西，不要总是疲于应付，忙着处理各种各样的事情，要学会思考，提炼出各种各样的"招数"，那以后工作起来可能就手到擒来了。

3. 对于课程实施方面专业性问题——广泛利用社会资源开展培训。

如我园实施的是《快乐发展课程》，在课程落实过程中，教师们产生了一些问题，也有一些认识上的困惑，对相关主题环境创设也存有疑惑，为此园长亲自出面，聘请相关专家，有针对性地与培训部门联系组织教师参加相关系统培训，为教师答疑解惑。

4. 对于通过培训也没有得到切实解决的实践操作性问题——请专家来园面对面言传身教。

如班级建筑区环境创设问题，一直很让教师们头疼，教师对小中大班幼儿搭建能力发展脉络模糊、对不同年龄阶段幼儿搭建能力把握不准，对建构区教师有效指导策略不清晰。针对此问题我们学习过相关内容，但效果不明显，为从根本上解决此问题，园长聘请理论结合实际、一线指导经验丰富专家来园指导，帮助教师在亲身搭建、实际体验中把握不同年龄段幼儿搭建脉络与水平，并与教师们一起梳理出许多行之有效的教师指导策略，直观的操作，亲身的体验给教师们留下深刻的印象，提高了教师建构区指导能力。

三、项目成效和所获经验

1. 实现了管理方式的创新。

以往我们进行园所管理，习惯于等出了问题以后去解决问题，包括园长在内管理人员的角色像救火队员，哪里出了问题去哪里解决，疲于应对，工作被动，总是被问题牵着走。而通过项目的开展我们有意识走出办公室研讨的模式，回归实践一线，回到班级中去，自下而上去以服务的姿态主动地去发现问题——排查问题——解决问题，这种管理方式自下而上的展开，使我们的工作也更加主动，更加积极，也更能发现真问题，并将可能出现的问题消灭在萌芽状态。

2. 让幼儿享受到更高质量的教育。

借助项目我们解决了班级中出现的幼儿礼仪教育、幼儿常规培养、活动区材料投放、教师配合等多个问题，使 12 个班级质量得到整体提升，与《指南》要求距离更近，而这一切的改变最终的受益人都是孩子，项目的实施为他们带来更高质量的教育。

3. 提高了班长的班级管理能力。

通过个别班级重点指导、几个年轻新班长的工作能力得到提高，对什么是班级管理、如何做好家长工作，如何统筹管理好各项班级工作都有了新的认识，现在他们的工作更加自如，工作状态也更加自信。

4. 园长及干部队伍整体的课程领导力得到提升

一年来，在园长带领下我们依托项目，边发现问题，边分析解决问题，取得成效，每个问题都得到较好的解决，不仅整体干部队伍的课程领导力得到了整体提升。以前我们查班都较为笼统，模糊，而现在我们在检查工作时目标更清晰、更明确，找真问题的能力也更强，对于问题的解决也更加自如。

5. 园长及干部团队要更加关注班级一线工作的开展

班级课程质量是我们一切工作的出发点与最终归宿，但是不知不觉中以园长为首都形成忙于事务处理，忙于材料整理的工作状态，忽略了对班级课程实施的关注，忽略了对我们开展教育本源问题的思考，走进班级，关注常态班级质量，不断发现问题、解决问题，这样我们工作的针对性与实效性才会更强，我们的课程实施才能真正得到重视并深入执行落实。

6. 各个部门管理人员应注重合作与配合

以前的幼儿园管理每个干部各抓一摊，交叉较少，后勤干部等都较少进班，而通过本项目大家集体的参与，集体进班研究工作，我们感觉个人单打独斗远远比不上集体合作的力量，大家集体寻找问题，共同研究对策，真的能带来"1+1＞2"的倍增效应，强调沟通，鼓励配合，我们的工作效率、工作成效会更加凸显。

——北京市朝阳区清友实验幼儿园　贾玉玲　郭丽华

（二）园长要始终身处课程实践的一线

园长要经常深入真正的实践，了解课程实施动态，课程实施现状，把握课程实施中存在问题，围绕教育教学展开研究。园长只有真正走进一线、参与体验、亲身实践才能真正了解与把握真实教育情境中的问题，理解与体悟教师的切身感受与困惑，也才能真正发现课程实施过程中的问题。因此我们倡导管理者与教师共同走进班级、走进鲜活的教育实践现场，做与教师亲历实践的探索者、研究者，成为与教师一起成长的一员，成为一名真正的实践者，而不仅仅是指导者、检查者、督促者。

1. 建立行政领导团队进班巡查管理模式

以往的幼儿园管理，即使是班级课程实施问题的讨论，行政团队都习惯在办公室自上而下的去研究问题，但其实真正的问题都存在于鲜活的、充满生机的班级教室，我们倡导建立以园长为核心，保教、后勤主任、教研组长等为主体的行政领导团队，定期进班进行班级课程实施问题诊断，将办公室办公转变为班级现场办公，利用集体的行政力量和对实践真实的把我全面提高班级教育质量。这种巡查可以分几步进行，比如，第一步我们可以根据《指南》及《北京市半日评优标准》制定《行政干部深入班级半日活动诊断记录表》，表格包括幼儿管理、教师管理、班务管理三大方面，囊括幼儿文明礼仪、生活照顾、幼儿行为习惯养成、课程实施、教师教育教学能力、师德素养、工作状态、精神面貌、保教配合、班务管理各个方面的内容。第二步为团队人员定期集体进各班进行蹲点及不蹲点的班级半日活动诊断，之后通过"中层例会""月工作汇总"发现问题、优势，并与教师集体互动，帮助各个班级发现解决若干问题，有效提高班级教学质量。集体现场针对式的、以班级课程实施为对象的课程诊断，集合集体的智慧，能给予班级全面直接的指导。

2. 实施园长半日蹲点等密切联系实践的制度

园长半日蹲点等密切联系实践的制度在幼儿园具有重要而特殊的意义。因为对幼儿园来说，一日生活皆教育，一日活动皆课程，广为幼教人熟悉的半日蹲点就是全面监控优化幼儿园半日工作细节的一种非常直接的方式。半日蹲点指导一般指在幼儿园，园长走入某个班级对幼儿入园后早来园准备、早餐、活动区、教学活动、加餐、区域活动、盥洗、户外活动等环节进行全面的观摩介入指导的过程，通过半日蹲点观摩及指导，全方位、多角度对班级真实的幼儿、教师进行细致的观察指导。观摩前园长都会先准备一日活动观察记录表，观摩结束后园长针对半日活动中的各个方面与班级教师尤其是主班教师进行反馈交流，提出合理化建议，对存在的问题进行共同分析，提出建议，以全面提高班级教育水平。在具体操作过程中，园长可以一个人进班蹲点，也可以带领行政人员一起蹲点，还可以带领空班教师一起蹲点，大家共同献计献策，集体进行问题会诊，利用集体智慧共同为实现更优质的半日活动质量建言献策，促使实践一线的课程实施朝着科学正确的方向两性发展。

3. 展示园长示范课，为教师树立课程实践的榜样

园长对于课程实施的真正参与不仅仅指园长要充分参与教师们的实践，对教师的实践进行高位的指导，园长还要真正实际带班，通过示范课来加强自身的课程领导。园长应当是幼儿园的骨干教师、学科带头人或者特技教师，是某一学科

的权威代表。园长做示范课能让园长亲身体验实践一线的课程实施情况，最直接的感受课程理念在课堂中的实施与运用。通过示范课，园长还能将丰富的教育理念和教学方法落实到具体的教育教学中，影响和带动学校年轻教师的成长，实现对教师的专业引领。

园长示范课的意义绝不仅仅在于请园长为教师们做课这么简单，作为园所灵魂人物，园长一举一动、一言一语都对教职工有着引领作用，通过园长示范课的带动，就会有干部示范课、骨干教师示范课的诞生、有年轻教师临摹课的追随，有经验教师创新课的出现，所以这里的园长示范课不是狭义的，而是具有更广内涵与外延的示范课。

案例 以研磨经典课例为手段，提高教师教育教学能力

我园从"十一五"开始就致力于音乐教学研究，在研究的带动下幼儿园经过集体一次次碰撞，经过特级教师和专家的点拨，幼儿园研发出五十多个优秀课例，比如《月亮婆婆》《找小猫》《小兔和狼》《小鱼游》《小小鸟》，这些课例已经被老师们实践过多次，而且经过多次讨论，已经非常成熟，从目标制定到活动设计都广为大家所认可，形成我园宝贵的课程资源。在这样的现状面前，差距面前，如何帮助教师快速成长，在短期内融入并赶上经验型教师，成为摆在我们面前一个急需解决的难题。而有效的利用已有研究成果，鼓励年轻教师研磨我园经典优秀课例，在模仿中感悟、领悟、内化，并在此基础上尝试局部或个别环节的创新能帮助年轻教师少走弯路，直接在正确的道路上起飞。因此，我园立足实际问题，开展了以研磨经典课例为手段，提高教师教育教学能力的研究。

一、园长指导年级组长建立不同领域经典教育教学资源库

根据幼儿园实际情况，组织教师从杂志、学习资料中收集各领域的优秀课例，并且按不同领域进行整理成册，形成幼儿园经典课例集。

二、根据教师从教年限进行分层，并提出不同研磨课要求

园长带领项目小组人员确定总体要求：通过优秀课例的实践研磨，提升教师领域教育教学能力、夯实教学基本功。将教师按工作经验分为不同组别，提出不同的研磨课要求：1～3年为青年教师组，模仿经典课例进行施教，基本达成教育目标；3年以上为经验教师组，在研磨课例基础上尝试进行教学方法、形式等方面的创新。

三、制定标准和活动步骤

进行课例的研磨，那什么样的课例是优秀的，要有一个评价的标准，为此园长与干部一起根据《北京市半日活动评优标准》、朝阳区教委学期教研室下发的《朝阳区领域评优标准》从目标的有效性、内容的有效性、组织的有效性、结果的有效性维度制定了《课例研磨表》。表格既是评价表，更是一个方向性的引领，帮助教师在看课的过程中学习从哪些角度看课，从哪些方面去评课，学习如何全面的对一个活动进行全面的反思。

活动步骤依次为：园长带领主任及教师共同现场观摩→做课教师介绍活动背景与活动设计思路→做课教师自我反思→教师分组或集体反思→园长归纳总结新策略完善活动方案→再次观摩实践验证新方案→园长带领再次反思分析形成新方案。

四、项目效果

在园长的引领、规划、设计下，一名名教师的积极参与，一种种材料的精心投放，一个个情境的巧妙设置……推动研究持续进行，而在一次次的研磨中，教师们改变着、反思着、研究着、成长着。一学期来，研磨形成了14个园本优秀课例，实现了教学方法的创新，凸显了《指南》精神。

以田老师的《春天和我捉迷藏》为例，这首歌是田老师在上学期参加朝阳区教委组织的《指南》专家讲座时现场学到的一首歌曲，当时许卓娅教师现场教唱了这首歌曲，并带领教师们进行了有趣的音乐游戏，那回到自己的教育实践中，如何在自己的班级实施呢，田老师没有完全模仿专家的做法，而是根据幼儿情境学习的特点，为孩子们根据歌曲内容编了一个美丽的故事，带着孩子们进入一个春天到，小河解冻的意境中，而随着故事的导入，田老师引入了歌词，并一步步教孩子们学会了演唱歌曲。整个课例到这里应该完整地结束了，但是在研讨的过程中，园长指出：让孩子们学习演唱目标不错，但是本节课其实还可以做得更好，我们音乐教育的目的不只在音乐，而应着眼幼儿音乐素养的整体提升以及幼儿的全面发展，要树立"一科切入、全面推进"的思想，从本节活动来看，我们可挖掘的内容还有很多，可以挖掘更多培养幼儿音乐素养的内容，比如，用身势为歌曲衬词伴奏，还可以引入打击乐器，让孩子们为歌曲伴奏，这样借助这个音乐作品，幼儿不仅歌唱能力提高，而且对于节奏、节拍等也有了充分的感知。经过园长的启发，田老师又在原来的活动基础上延伸出两个音乐活动，通过多种方式对音乐作品进行了感受与欣赏，表达与创造，收到很好的效果。

——北京市朝阳区清友实验幼儿园　贾玉玲　郭丽华

（三）加强园长对教科研工作的参与和领导

幼儿园的教科研工作过程是一个求真、求实的过程，是一个不断发现问题、分析问题、解决问题进而获得自我成长的过程，教科研不仅能解决课程实施中的问题，加速队伍成长，还能对整个幼儿园整体质量的提高都有着巨大的推动作用。向教科研要质量是幼儿课程实施推进过程的必然选择，正是在这个意义上，园长对教科研工作的参与和领导起着非常关键甚至是决定性的作用。

1. 园长应真正承担课题并带领全园参与课题研究

无论多么忙，园长都应该真正承担课题，发挥课题负责人的作用，履行教科研第一责任人的职责。团长要带头做科研，亲自承担课题研究，从设计实验方案，到按方案组织实施、进行实验研究，撰写专题论文、研究报告、调查报告等，这样才能真正依托教科研推动一线教育改革。此外，园长还要在课题研究的过程中发挥科研引领的作用，与教师一起讨论问题，带领教师真正开展有意义的研究，使教师们都能从中感受到园长对教育科研的重视，并能从园长的引领中学会依托科研开展课程改革。

2. 园长真正参与教科研活动

现实生活中虽然有些园长是课题研究的负责人，但在具体开展教科研工作的时候却很少参加，将自己游离其外。作为园长这是不可取的，只有真正成为其中的一员，成为教科研实践者中的一员，并带领教师开展研究，同时在研究过程中对教师们起到引领作用，才能真正推动课程的实践与实施，也才有能力带领广大教职工坦然面对接踵而来的各种改革，在新的形势下克服种种困难，不断提高办学质量。

3. 园长在教科研工作中切实发挥专业引领作用

园长参与教科研工作并不是说园长要"主导""把控"教科研，不是说教科研活动中园长"一个人说了算"、体现"一家之言"，相反，我们认为园长的真正参与体现在园长有效地通过教科研活动了解课程实施者存在的问题、困惑，并给予有针对性的、适宜的指导。教师和幼儿一样，都是主动的学习者，充分激发教师学习的热情及投身教改的主动性、积极性是园长参与教科研工作中关键的任务。

（1）做忠实、耐心的倾听者，通过倾听，了解想法，发现问题。

教师丰富的教育经验是独特资源，是教师成长的根基。新知识的建构，新理念的内化必须建立在自身原有教育经验的反思基础上，才会成为对他们的日常工作具有实际意义的理论。幼儿园进行的教研活动如果不能建立在教师已有经验的基础之上，不能与教师已有经验相联系，那么这样的研讨是无意义的，因为引导不具针对性，就无法与教师共鸣，无法真正促进教师的发展。所以在研讨之初，园长所做的只是倾听与对话。研讨过程中，为提高教科研工作的针对性，同时给予教师有针对性的指导与引领，我们倡导园长不要盲目点评，而是认真地做一个忠实的倾听者，倾听教师的心声，倾听教师对问题的理解与认识，以全面的了解教师的现有认识水平，把握教师的已有经验，并在此基础上给予有针对性引领。

（2）做研究过程中问题的质疑者、提问者，通过提问引领思考。

园长应当注重借助于"适宜的问题"引导教师深入思考，根据研究目的提出一些关键性的问题，按照一定的逻辑顺序展开，形成"发现问题—辨析问题—寻求对策—解决问题—再发现问题"等环节构成的问题链教研，进而引导教师一步步思考，逐步将研究引向深入。

例如，在关于班级"小小值日生"的生活课程进行研讨的过程中，各个班级都纷纷介绍了各具特色的值日生内容，分享了很多班级的工作经验。园长发现虽然各班形式不同，内容也很丰富，但却存在几个问题：第一，班级值日生，我们年年在做，班班都在实践，但是班级设置值日生的核心价值到底是什么？这个问题教师却并不清晰。第二，小中大班各个班级孩子的能力是有差异的，但教师的内容交流中，各个班级值日生工作的内容层次并不凸显。第三，很多班级值日生墙饰很美，但是与孩子的互动性不强。针对这些问题，园长适时依次提出问题："班级开展值日生工作的目的是什么，对孩子的核心发展价值是什么？""小中大班孩子值日生工作内容都何不同，请根据幼儿的发展能力梳理小中大班不同值日生工作内容，并说明依据。""怎样做班级值日生墙饰才能更具操作性，与孩子们实现更好的互动？"园长的提问引领教师思考发现深层的内容，发现班级值日生工作的问题，起到很好的问题式指导作用。

 小练习

引领教师反思教学活动的四个维度

1. 活动目标定位是否准确，是否符合年龄特点与班级幼儿水平？

2. 活动内容是否适宜，是否有助于目标的达成？是否有趣？是否必须？

3. 教师对幼儿的引导是否到位？环境材料是否很好地支持了活动目标的实现？体态语言是否丰富适宜？环境创设是否得宜？策略是否有效地促进了幼儿的主动学习？

4. 幼儿的反应如何，是否投入？是否获得了相关经验？活动目标是否体现到幼儿的发展上？

（3）做与教师平等沟通的交流对话者，在对话中碰撞思想。

园本教研如果没有教师的主动参与，没有教师与教师之间的平等对话、民主讨论、自由交流和智慧碰撞，就没有相互沟通、理解、启迪和完善，园本教研就只能流于形式，缺乏实效。为积极调动教师参与的积极性，园长需剔除学校领导独断专行的作风和培训者高高在上的自大心理，与教师建立一种平等的合作关系，实现由过去的领导者、指挥者、传授者、检查评估者向服务者、合作者、引领者及研究促进者转变，从"专家霸权""骨干霸权"走向"集体对话"，走进教师，解读心灵，"做教师的合作伙伴、知心朋友"，不给教师任何压力，真诚的成为教师的对话者。这样教师才能敞开心扉，才敢真正的说出自己心中的困惑，园长才真正有可能理解教师，发现研究中存在的真问题。

（4）做教科研活动的引领者、提升者，通过提升实现质变。

虽然教科研活动要充分的调动教师的智慧，要充分调动教师的积极性、主动性与创造性，要打破以往园长我说你记，我讲你听的模式。但这并不是说教科研活动不需要园长高位的提升，事实上，不经提炼与引领的教科研活动很可能停留在"就经验论经验""就事论事"的层面，缺乏将经验与理念结合以从根本上解决问题的能力，所以园长在教科研活动中一个核心任务在提升。园长要在研讨的基础上，提炼教师经验并与一定的理念相结合，使教师不只有感性认识，更要上升到理性认识层面，为教师在理论与实践、经验与理念之间搭建起桥梁。

（四）园长承担多种角色，发挥好不同角色应当承担的作用

作为幼儿园课程和教学第一负责人的园长，在推动课程实施的过程中，扮演着许多不同的角色。这些角色有着各自的重要价值和意义。因此，园长要学会

"弹钢琴"，协调自身承担的不同角色的作用，在课程实施过程中扮演好自己承担的不同角色，从而切实推进课程的实施。

第一，方向的引领者。在推进课程实施的过程中，园长始终有明确的课程理念和目标，有目的地进行课程整体规划及推进课程。

第二，关系的协调者。在整个课程实施过程中，园长需要构建体现本园教育理念和办园宗旨的民主开放的组织结构、和谐互动的教学系统，有效沟通好部门之间的配合，各自的分工任务，为课程实施营造出良好地运转环境。

第三，有效的管理者。整个课程推进实施过程中，园长都要进行有效的管理，要将具体任务分解明确至每一个人，发挥教师的潜能，切实推动课程的实施。

第四，课程实施方案的制定者。作为课程领导者的园长要根据幼儿园具体的实际发展方向与现状，以幼儿园的课程实践为基础，以幼儿园组织成员为主体，主持制定园本化的课程实施方案。课程实施方案要具有很强的可行性和可操作性，要有明确的课程目标、有适合不同年龄班的具体课程和实施方式，要考虑到本园教师实施过程中各种材料、时空条件的可行性。课程方案并不是一成不变的，园长要紧密关注教师课程的实施，在实施过程中不断调整、丰富、完善、创新课程方案。

第五，课程实施的参与者。园长应当带领园所管理者与教师共同走进班级、走进鲜活的教育实践现场，做与教师共同亲历实践的探索者、研究者，依托教科研平台，与教师共同探讨课程实施中出现的各种问题，共同反思、共同批判，与教师共同成长。

第六，课程实施的监控者。在推进课程过程中，实施情况如何？进度如何？是否取得如期的效果？方向是否正确？这些都需要园长都要带头建立监控，进而不断总结课程实施过程中的经验，反思课程实施过程中的各种问题，自我批评、自我改进、自我调整，保证课程的顺利实施。

第七，课程实施的保障者。在课程实施过程中，园长的课程领导还体现在保障各种条件方面，园长需要考虑到各种因素，确保各种条件到位，配套保障适宜，做好经费的预算，做好相关教材、书籍、音响等材料的及时充足配备，支持每位教师做好发展规划和获得及时的培训等。

案例 借助课题研究，推进课程实施，促进办园特色和园本课程的形成
——以图画故事书为载体提高幼儿多元表达能力的实践研究

如今，我们已经生活在一个图像传播的时代，"读图"现象已经成为这个时代鲜明的特色。"读图时代"的来临反映了一种阅读方式的改变，也折射出一种文化的变迁。图画书阅读的飞速发展和在幼儿园的广泛运用就是一个明显的特征。那么，如何挖掘图画书阅读的教育价值？如何借助图画书这一良好的载体促进幼儿多方面的发展？就成为我们研究的问题。

一、图画书阅读与幼儿多元表达能力的关系探讨

（一）发展幼儿多元表达能力是幼儿获得主动发展和提高创造力的需求

幼儿的表达方式具有多样性、自主性、创造性等特点，这与学龄前儿童具体形象的思维特点有关。幼儿的情感易于激发、易于显露，对喜怒哀乐都容易产生共鸣，所以他们总是以强烈的情绪去迎合绘画、音乐、诗歌、舞蹈和戏剧中流露出的热烈的感情，而且也愿意主动尝试着用不同的方式表达自己的情感。如果能够为幼儿尽可能提供自由、宽松、丰富的表达条件和氛围，那么，就会促使幼儿在想表达、敢表达、会表达、爱表达的过程中逐步成长。随着幼儿表达能力的发展，其创造力也在这一成长过程中得到发展。儿童通过在充满想象与创造的空间中进行多种途径的自由表达，从而有效地发展其多元表达能力。

（二）图画故事书能以生动有趣的可视图案，激发幼儿的想象和表达

一本优秀的图画书，应当是文学语言、美术语言和教育语言的有效结合，作为物质形态，展示在孩子的面前表现为书的大小、开本、质地（纸书和布艺书）、形状（立体书、洞洞书）、轻重、装订、印刷、装帧等诸多方面，非常符合幼儿借助形状、颜色、大小、声音等来阅读的特点，可以极大程度激发幼儿的兴趣和想象力，支持幼儿进行多元化的表达。

（三）图画故事书能以幼儿喜欢的话题触动形成想法，激发交流的动机。

图画故事书中的话题多种多样，孩子可以根据自己的兴趣进行选择，激发孩子阅读的动机。成人与孩子在不断地交流、倾听、讨论中，拓展阅读信息的范围，帮助孩子深入的理解故事，迁移阅读中的情感去感受生活。

（四）图画故事书通过增强情感体验，激发幼儿大胆表达

人们通常认为幼儿的情感体验比较少、比较肤浅，其实不然。当我们观察

幼儿阅读图画故事书的情绪表现时，孩子的反应让我们吃惊，孩子的情感世界竟是那样敏感而丰富，他们既体验着阅读本身带给他们的快乐，也感受着故事中人物的各种情感变化，同时故事本身也能引起孩子情感的激荡。当孩子的情感需求得到满足时，他们精神饱满，联想丰富，思维活跃，还会寻找其他的方式把自己的情绪情感表达出来，如画画、表演、语言交流等。他们会把这种发自内心的情绪情感投射到生活的方方面面。

基于上述思考，我们认为培养幼儿的多元表达能力是图画书教学的重要目标。我们基于本园对图画书教学的研究，基于图画故事书本身的特点，基于对《纲要》和《指南》的理解，基于对幼儿年龄特点的把握，探究以图画故事书为培养幼儿多元表达能力的载体，尝试以图画故事书中的人物和情节引发幼儿的多元表达，开展主题活动，并以此作为一种新的探索模式，进入实践研究。力求通过实践研究形成提高幼儿多元表达能力的教育策略。

二、基于培养幼儿表达能力的图画故事书教学策略

（一）读说结合——通过图画故事书教学与讲述结合培养幼儿的表达能力

1. 选取贴近幼儿生活的故事，调动幼儿已有经验说出内心感受。

贴近幼儿日常生活的故事情节更容易引起幼儿情感上的共鸣，更容易引导孩子进入绘本所描绘的生活和情感世界，激发孩子主动说出自己的感悟和体会。

2. 从幼儿的兴趣出发，引导幼儿进入故事情境。

教师在选择绘本时，常常会问"什么样的绘本更能吸引孩子呢?"其实对于幼儿来说，尤其是低龄幼儿，兴趣是参与一切活动的首要条件，阅读更是如此。图画书中生动可爱的人物形象、充满幻想的故事情节都能作为吸引孩子的兴趣点，激发孩子的阅读欲望。因此教师要选择适合孩子发挥想象力的绘本，并结合故事内容引导幼儿通过细致的观察和情感的体验，引发他们运用语言、表情、动作表达自己的情感与感受。

3. 引导幼儿观察故事细节，预测故事结果并表达。

图画书阅读给了幼儿一双善于发现的眼睛和一颗愿意发现的心。幼儿喜爱阅读图画书的原因之一，就是书中无处不在的细节。从封面到封底、从扉页到环衬、从图画开头到结尾，图画书画面上无处不隐含着作者安排的小细节。教师要引导幼儿去观察发现那些关乎情节后续发展、主人公情感变化的细节等。

4. 利用故事情节构建创想空间，引导幼儿创编故事并大胆表达。

幼儿期的孩子处在从具体形象思维到抽象思维过渡时期，他们的思维非常活跃。而图画书作为文学和视觉艺术的完美结合，其展现的艺术和智慧能极大地激发幼儿想象的火花，其独特的叙述方式则既为幼儿的想象力提供了丰富的素材和广阔的空间，又对幼儿的想象力提出了挑战。而正是在应对挑战的过程中，幼儿的想象力得到飞速的发展。教师可以充分利用这一特点，引领幼儿表达自己的创意想法，并在表达想象的同时促进语言表达能力提高。

（二）读画结合——通过图画故事书教学与美术创想结合培养幼儿的表达能力

1. 找准兴趣点，激发创编。

《指南》中提到"每个孩子心中都有一颗美的种子，滋养这颗种子发芽变化需要来自孩子内心的原动力，激发这颗种子破土更离不开孩子内心的驱动力"。美术活动是幼儿全面发展的有效手段，是一种有形、有色、有情节的艺术活动，是幼儿情感表达的重要途径，是幼儿表达童心情感世界的主要形式，也是培养幼儿观察与认知、表现表达、想象与创作力、养成良好个性的重要途径。所以我们要发现孩子的兴趣点，以孩子的眼光看世界，使幼儿的多元表达更富童趣。在图画故事书的教学中应抓住美术创作关键点，助力幼儿的多元表达。例如，当孩子们看过《999只青蛙兄弟大搬家》后被书中那夸张、拟人、形象简单、色彩明亮、有趣的画面所吸引，激起了孩子的创作热情。撕纸创编故事《青蛙兄弟又搬家啦》自然就应运而生了。

2. 提取认知点，联想迁移。

美术创意表达允许幼儿自由发挥，幼儿可以将图画故事书中新内容纳入其原有的认知结构中，进行再创造。美术创意表达的开放性特点给幼儿的自我表达提供了丰富而广阔的天地。在"读画"的过程中，既让图画故事书在美术活动中得到充分的运用，又增加了幼儿认知，激发了幼儿创意表达的兴趣，使图画故事书的价值得到最大限度的体现。例如，在阅读《大海里我最大》这本书后，我们选取了反义词这一认知点，让幼儿用绘画的方式来表达反义词。

3. 聚焦发散点，创意表达。

每一本优秀的图画故事书都有广阔的思维发散空间，它隐藏在故事情节中、人物表情中和事物特征中，教师可以以美术活动为活动载体，合理利用这些思维发散点促进幼儿的创意表达。例如，在图画故事书《谁的自行车》中出现

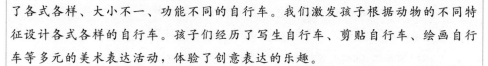

了各式各样、大小不一、功能不同的自行车。我们激发孩子根据动物的不同特征设计各式各样的自行车。孩子们经历了写生自行车、剪贴自行车、绘画自行车等多元的美术表达活动，体验了创意表达的乐趣。

4. 关注重点难点，自我超越。

孩子的发展需要经历一个逐步提升的过程，每一次质的发展都是孩子自我超越的过程。教师在设计活动及提供材料时应着眼于孩子的最近发展区，关注孩子成长过程中的重点和难点，为孩子提供带有难度的内容。如在美术创作时如何表现运动中的物体是孩子美术创作能力发展过程中的一个需要超越的难点，教师为孩子们提供相关的图画书绘本《开心一天》，引导孩子自主发现"线条表现运动轨迹"这一美术表现方式进行创作。

(三)读演结合——通过图画故事书教学与角色表演结合培养幼儿的表达能力

戏剧是一项融文学、音乐、美术、表演、舞蹈等于一体的综合艺术形式，它能以直观有效的方式对人的认知、情感、社会性、审美等各方面发展起到积极的促进作用。幼儿具有戏剧天性。幼儿在戏剧的世界里能随兴所至，且不受外界的约束。幼儿园戏剧教育为幼儿的戏剧表演提供了舞台，但它不是才艺教育，不是为了训练演员，而是要激发幼儿创作的潜能，让幼儿在虚拟的游戏世界里重新建构自己的经验世界；让幼儿在活动中受到艺术的熏陶，体验艺术创作的喜乐，进而更加敢于表现、乐于表现。同时，通过戏剧活动幼儿解决问题的能力也能得到发展。

我园顺应了幼儿在阅读后喜欢根据图画故事书中的角色、情节和语言进行表演的意愿，开展了戏剧表演活动。在读读演演的过程中，经历了以下四个环节。

1. 在改编剧本中创意表达。

图画故事书中的展现方式是图画，它是平面的、静止的，戏剧表演中的展现方式是动作表演，它是立体的、动态的。那么怎么能够让平面、静止的故事活灵活现地、充满童趣地展现在我们面前呢？这就需要孩子们经历改编剧本这个过程。要想成为创造性的戏剧表演，一定要在理解故事内容的基础上，按照兴趣、喜好、说话方式和理解程度对故事中的场景、人物、情节等进行改编、创造，从而体验创造与表达的乐趣与成就感。最后的故事内容可能跟最原始的、来自图画故事书的原创不一样了，但是改编后的故事真实的来自孩子的想象、符合孩子的思维方式，并深受孩子喜欢。

看似简单的剧本改编，孩子语言的发展贯穿于其中，也对其他领域的学习与发展有着重要的影响：幼儿在运用语言进行交流的同时，也在发展着人际交往能力、理解他人和判断交往情境的能力、组织自己思想的能力。通过语言获取信息，幼儿的学习逐步超越个体的直接感知。

2. 在制作表演道具中探索表达。

"表演道具"包括孩子在表演戏剧过程中用到的表演背景，角色穿戴用的服饰、饰品和剧情所需要的物品。道具是戏剧表演中不可缺少的物质材料。孩子喜欢参与制作道具，他们把用各种材料制作道具当作一种游戏，一种玩中学的活动方式，这种活动方式非常的适合孩子的年龄特点，既能激发幼儿主动参与戏剧表演的意愿与兴趣，更能帮助幼儿提高多元表达的能力。

3. 在区域角色中体验表达。

每一个戏剧表演都不可能一次排演就成功，孩子们在自主、自由的编演中，需要不断地调整。因为是自由、自主的创作表演，那么就应该给孩子创造一定的自由创作和发挥的条件，而每天的区域活动中的表演区正好满足了这个条件。

表演区排演活动给了每一个孩子公平的选择机会，我要扮演哪个角色？即使出现了多个孩子想演同一个角色的情况，也没有关系，因为每个孩子会根据自己对所扮演角色的理解来诠释角色，这种理解是独一无二的。每一场戏剧必须要有观众去欣赏，在欣赏后观众可以提出一些建议和意见，在不断地磨合和修改中，渐渐地把戏剧排演的完整起来。在戏剧故事磨合的过程中，每一个角色孩子都想尝试，所以每一次演对手戏的孩子是不同的，对话习惯也不一样，对话表述方式不一样，那么在这个对话交流过程中，孩子的语言表达能力和语言理解能力都得到了有效的、显著的提高。也就是说，每一个情节中角色之前的对话是自由、自主的，这种对话内容没有固定的模式，是以孩子理解故事内容为基础，自主的把要表达的内容转化为适合自己的口语表达方式进行表述，这其中也就提高了幼儿的语言表达能力。

4. 在舞台表演中自信表达。

随着幼儿表演的日趋成熟，他们需要一个更大的舞台来表现自己，让孩子在表演中获得自信。幼儿的年龄发展特征决定了他们在活动区自发的戏剧表演是一种"游戏性"的行为，而非"观赏性"的表演。为了增强孩子们的自信表达，我们请家长一起融入表演中，帮助幼儿感受成功，体验自信。家长跟孩子一样穿上服装，画上妆。当看到自己的父母跟自己一样穿上了可爱的、毛茸茸的动物服装，脸上画上了胡子，孩子想要参与游戏的兴趣立刻满满的，急匆匆地跟在家长的身后，就登上了让他们既害怕又喜欢的大舞台。伴随着熟悉的音乐，看到身边家长们投入的表演和夸张的动作，孩子的眼神中渐渐多了趣味，慢慢的，他们已经全身心的参与到表演游戏中去了，伴随着剧情的发展时而紧张，时而欢呼，当家长们看到自己的孩子能够大胆地走上舞台，惟妙惟肖的进行表演，也都发出了由衷的称赞。在这场视觉和听觉的盛宴中，孩子感受到了前所未有的快乐，同时也让孩子有了"我能行，我真棒"的真实体验。

并不是每一个孩子都是自信心满满的，当遇到对自己没有自信心的孩子，我们除了要鼓励，还可以利用同伴间的榜样作用进行引导，采取一个角色多人饰演的方法，分解了孩子身上的压力，通过同伴间的榜样作用，激发了孩子的内在潜力，帮助幼儿树立了自信心。

（四）读做结合——通过图画故事书教学与实践操作结合培养幼儿的表达能力

幼儿之间的交流是幼儿学习语言、提高表达能力的途径之一。这种平等、宽松的语言交流氛围，可以使幼儿谈得尽兴，谈得充分，有助于他们形成良好的倾听、交谈习惯。幼儿的语言也是在运用中主动建构的，他们不是语言训练的被动接受者，而是一个有着明确目的的积极参与的语言加工者。

1. 进入社会真实情景，在亲身感受中表达。

已有的生活经验是幼儿表达的基础。在这一图书买卖活动中，我们以"什么是跳蚤书市？跳蚤书市和一般的书市有什么不同？"作为活动开展的切入点。带着这个问题首先从了解跳蚤市场进入了这一主题活动。在孩子们的提议下教师和幼儿共同观看了动画片《大头儿子小头爸爸之跳蚤市场》，动画片中通俗易懂的父子对话，大头儿子小头爸爸各自卖出买回自己的物品带来的喜悦让每个孩子在短时间内知道了《跳蚤市场》的模式和意义。接下来"孩子们，大头爸爸和小头儿子为什么那么高兴"的讨论又让幼儿感受到"因为他们把自己的东西用满意的价格卖出去，又用卖出去的钱，买到了自己喜欢的东西"的快乐，教师进一步的问题："你们想不想做一个和大头儿子小头爸爸一样高兴的事情！"更是一下子激发起幼儿参与跳蚤书市的热情。

在教师的倡议下，爸爸妈妈参与其中，带领孩子们到自由市场用 10 元买菜，到超市用 20 元购物，购物归来孩子们共同分享自己的购物经历，谈论着市场的物品分类、购物中的讨价还价、10元钱买到的物品等，在具有这样的生活经历的基础上，跳蚤书市的活动逐渐开展起来。

2. 小组合作，在互动交流中表达。

幼儿自主选择合作对象，建立合作小组，在与同伴的不断交流中，发展着语言表达能力和交往能力。根据每个孩子的个性特点，采取不同的指导策略。集体阅读给大胆、语言表达能力强的孩子表现自我的空间。小组阅读鼓励孩子们互帮互助，个别指导针对言语表达较弱的孩子。小组合作学习为每名幼儿提供了学习发展的空间，同时也对能力较弱的幼儿提出了挑战和考验。为了帮助能力较弱的孩子尽快成长，我们鼓励幼儿以大带小，以强带弱，既能让幼儿各尽其能，又能在相互帮助与合作中促进语言表达能力的发展，最终实现共同成长。

3. 亲身实践，在主动学习中表达。

在区域活动中的模拟体验是一种理想化的社会交往环境，最终幼儿仍需要在实践中亲身体验自己的学习成果。利用在游戏区和教学活动中获得的表达技巧解决实践中的具体问题，促使幼儿的表达能力和交往能力在这一过程中得到提高。

三、基于培养幼儿表达能力的图画故事书教学的支持条件

(一)材料支持——精选图画故事书

1. 以不同图书选材引发幼儿的不同表达兴趣和话题。

针对幼儿的不同年龄特点、生活经验，图画书选材也有很大的不同。适合小班幼儿阅读的图画书，往往是画面色彩鲜艳、纯度高、故事情节简单、细节少，描述的内容一般不超越小班幼儿的认知水平，故事的主人公也多是孩子们熟悉或喜欢的小动物或亲密家人。中班幼儿活动能力增强，有意注意提高，喜欢积极动用感官探索，规则意识处于萌芽阶段，因此中班幼儿应选择重规则、重细节、重探索的图画故事书。大班幼儿合作意识逐渐增强，情感的有意性和稳定性增强了，创造欲望强烈、爱学好问有极强的求知欲，表现与表达的方式也更为多样化。因此大班幼儿应选择一些涉及合作和学习生活的图画故事书。

总之，选择适宜幼儿年龄特点、符合幼儿已有经验的图画书可以让幼儿很容易的、自觉的进入到图画书提供的语言环境中去，让孩子喜欢上语言表达。

2. 以不同图书特征引发幼儿不同形式的美术表达。

（1）关注色彩——引发幼儿用不同的色彩表达自己情绪情感。色彩是传递情感温度、呈现作品性格、营造画面气氛的重要元素。色彩缤纷的图画是幼儿图画故事书中最能吸引孩子眼球的部分。丰富的色彩为幼儿的情感表达提供初步条件。

（2）关注细节——引发幼儿细致观察，推测故事的进展。相对于文字的细节描绘能力，图画书更有优势，它通过生动的视觉形象与读者发生互动，在细节中蕴含故事的发展轨迹，让孩子们通过细致观察来推测故事的发展，并用语言和绘画表达出来。

（3）关注美术风格——引发幼儿模仿优秀作品中的构图、线条和作画方式。阅读不同风格的图画故事书有利于幼儿吸收优秀作品中的构图、线条、作画方式、对色彩的运用、画面的总体感觉，从而丰富其艺术感觉，并尝试细致观察推测故事的发展用多元的表达表现形式来阐述自己对图画书理解的愿望。

（二）环境支持——创设多元表达的氛围

1. 尊重、关爱、赞赏幼儿的表达行为。

一个亲昵的动作、一副赞赏的表情、一句积极的鼓励，就可以唤醒孩子积极的情感，激发和强化孩子阅读的愿望。在开放式阅读环境下，鼓励幼儿把自己的看法和观点讲出来，然后一起进行分析、讨论，互相提问及回答问题，交流各自的感受。师幼共享的不只是图书，还有彼此的关爱和情感的交流，从中让幼儿享受阅读的快乐。

2. 与幼儿共创阅读区和主题墙。

教师与幼儿共同创设阅读区域，将其布置得温馨、舒适，近乎家庭式的阅读环境。如地板上铺设柔软、舒适的卡通地垫、放置小沙发，沙发上摆放几个布娃娃、色彩鲜艳的大靠垫，尽可能地让他们拥有一个光线充足、柔和、宁静、舒适的阅读环境。这种"家庭式的阅读"方式可以更好地让孩子感受阅读、享受阅读。

根据幼儿的兴趣和发展需要，还可以以主题墙饰的形式进行阅读经验交流。如"我最喜欢讲的故事""我最喜欢画的故事""我最喜欢表演的故事"等，加强幼儿阅读后的表达。

3. 运用多种手段吸引幼儿参与阅读活动。

图画故事书种类繁多，大小也不一。在组织集体阅读时大书可直接由教师出示给孩子们观察。小书可运用实物投影仪来扩大它的画面便于幼儿观看。在这个科技发达、网络通信的时代，利用网上下载图书课件也是一种非常不错的方法。网上许多课件画面忠于原著，有些课件还配有动听的讲述，有些课件还制作出了翻书的效果，感觉像在看一本真书一样。对那些文字优美的绘本，教师还可配以背景音乐来朗读，带幼儿进入一种配乐散文诗的境界。这样的阅读既增加了幼儿的阅读兴趣，又帮助幼儿加深理解和记忆。

（三）主题支撑——让幼儿的表达综合化、生活化

《纲要》中指出幼儿在阅读后的表达应该是多元化的，应该允许幼儿通过语言、艺术等形式表达自己内心的想法和创意。这就需要教师为幼儿提供多渠道、多样化的表达情景氛围，允许幼儿用多种语言大胆表达自己的感受、意愿和想法。

主题活动是多学科整合性的课程，一个主题活动会涉及语言、社会、健康、科学、艺术五大领域的活动，并通过集体、小组、区域等多种形式开展，能充分地为幼儿提供多元的个性化的表达途径。在主题活动中，可以充分地尊重每名幼儿的智能发展优势，使他们可以按自己的喜好选择活动内容，可以按自己的能力选择活动方式，有利于幼儿在自主选择的环境和活动中运用喜欢的方式大胆地、不受拘束地、有感情地表现自己更为符合其自身的对于图画故事的认识和理解，并在表达中体验表达的乐趣，获得满足，更好地激发其进一步表达的愿望。

所以，图画故事书引发的主题活动成了促进幼儿多元表达的有效切入点和有效途径。也更好地将科研和日常课程紧密结合。

四、实践成效

（一）幼儿的表达能力得到了明显提高

1. 激发了幼儿的表达欲望。

在阅读图画故事书的过程中，幼儿通过说、做、画、演等各种方式进行多元表达，学习的积极性提高了，阅读习惯逐渐养成，并且有了主动的阅读意识。以前的阅读活动，大多看到的是幼儿在图书区一本换着一本的漫无目的地翻看着图书。通过实践研究，我们看到了孩子行为的转变。

在"大班跳蚤书市"活动中，当幼儿在跳蚤市场经过挑选、砍价、购买这一热火朝天的买卖活动中买到自己喜欢的图书后，马上排排坐在长长的走廊中，各自专注地翻看着买到的图书，并交流着书中的趣事。幼儿自主阅读的愿望和能力增强了。

在阅读过程中，幼儿会自然的和同伴一起谈论故事内容，或在有的幼儿提议下，几名幼儿结成小组共同准备将故事进行表演，更有幼儿拿着图画书来到美工区，准备自己绘画并制作图书续集。幼儿阅读后能够用多元的方式表达自己的阅读感受。

2. 提高了幼儿敢表达、会表达的能力。

幼儿在阅读图画故事书过程中，能积极参与、注意倾听，大胆地表达自己对图画故事的理解、表达自己观察到的画面细节、表达自己对故事情节发展的猜测等，在日常生活中，幼儿能够运用图画书中的词汇、句式、语句等清楚地表达自己的想法。

3. 提高了幼儿创意表达的能力。

以图画故事书为载体的多元表达，实际上是使孩子们的理解能力大大提高了，思维充满想象力。特别是无字书，更是可以无边无际的想象，他们会讲述出不同版本的生动有趣的故事。在看了小老鼠的故事书后，孩子们自发的发挥着他们无穷的想象创造力，争相讲着小老鼠的后续故事；在自主图画书小老鼠的故事续集中画出心中的故事畅想；还自编自演这小老鼠故事中没有出现的情节。在图画故事书阅读后，幼儿乐于选择自己喜欢的方式，进行充满创意的个性表达。

4. 提高了幼儿情感表达的能力。

以图画故事书为载体的多元表达，逐渐帮助孩子懂得了在群体生活中，只有和他人友好的交往、相互认同、相互尊重才能快乐的生活。在阅读了故事书《猜猜我有多爱你》一书后，孩子们将"猜猜我有多爱你？天上的星星有多多，我爱你就有多多"的爱的情感表达，带到生生当中、师生当中和家庭当中。

5. 提高了幼儿自己选择多种方式表达的能力。

以图画故事书为载体的多元表达，给孩子们选择表达的方式方法，幼儿学会了用自己喜欢的方式，把阅读后的感受说出来、画出来、演出来……更重要的是孩子将这种在图画故事书中的健康心态和做人做事准则迁移到了实际生活中，各学科领域的目标内容也在这种迁移过程中得以自然的实现。

（二）教师的教育教学和研究能力得到明显提升

1. 提升了教师图画故事书教学的能力。

通过"以图画故事书为载体，提高幼儿多元表达能力教学策略的研究"，教师逐渐掌握了如何选择适宜的图画故事书、如何使用图画书引发课程的有效方法。在开展图画故事书教学活动中，教师无论是对幼儿发展水平的分析还是对活动内容的选择、活动目标的把握以及活动的设计以及方法的运用等方面得到了全面提升。

2. 提升了教师指导幼儿多元表达能力发展的水平。

在研究中，教师了解了幼儿表达能力的特点和发展现状，并结合学习与实践探索出适宜的不同年龄特点的支持幼儿表达的方式，而且更关注幼儿的个体差异，能够将幼儿作为独立的个体、有个性的个体来看待，鼓励幼儿自主的选择自己喜欢的方式表达他对于图画故事的理解，利用有效的方式提高幼儿表达能力的指导水平得到了提升。

3. 提升了教师的科研能力。

（1）教师能带着问题去主动发现问题并在研究时提出问题，聚焦问题，有了问题意识。如引导幼儿戏剧表达的求同与拓展问题的讨论。

（2）教师具有了提出假设，验证假设的意识和行为。如研究阅读故事书多元表达的途径，提出了进入主题的假设，并在实践中证明了这个假设的实际意义。

（3）教师课题总结从描述过程到整合经验、从散在方法到集成策略、从点滴认识到形成观点等有了比较大的进步。由于不断地总结方法并引用方法，教师迁移的能力有了较大的提高。

（4）教师在研究过程中积累了大量的教育经验，形成了许多有价值的论文和案例成果，在国家和市区级获得了多项奖励。

（三）家长协同教育的意识和能力得到明显提高

1. 形成了家园促进幼儿多元表达能力的共识。

在家园互动中，家长在参与讲座活动、亲子共读活动和观摩活动特别是看到孩子的成长变化，深深感受到以图画书为载体的多元表达活动对于孩子各方面发展的促进作用。纷纷表示出支持与认可的态度，并且更为主动地与幼儿园配合，共同营造每日阅读的书香氛围。

2. 帮助家长学会了一些促进幼儿多元表达能力发展的方法。

通过幼儿园和班级的宣传，以及亲身的参与，家长们也学会了一些促进幼儿多元表达能力发展的方法。他们不但积极地走入幼儿园"小蚂蚁书屋"倾听教师的阅读教学，参与幼儿园的图画故事戏剧表演等，也逐渐将这些教育方法运用到家庭当中，和孩子共同探讨故事中的问题，鼓励孩子将阅读后的想法画下来，还和孩子一起动手制作图书。家长的参与，使我们的研究达到了更好的效果，使幼儿的表达能力得到了更为迅速的发展。

3. 为家园协同奠定了良好的基础。

课题研究中家长参与的良好效果使我们更加认识到：家庭教育与幼儿园教育的配合，不是幼儿园教育和家庭教育的简单相加，而是一种"1＋1＞2"的合作教育方式。家园合作是课程架构中的一部分内容，是课程实施的强有力保证。也为今后的家园协同活动奠定了良好的基础。我们还要通过各种途径，使幼儿园与家庭建立一种合作、对话、一致、互补的关系，在双向互动中，逐步唤醒了家长的主体意识，提升了教养水平，促使家长真正和幼儿园携手，共同担负起教育幼儿的任务。

（四）凸显了办园特色，形成了园本课程

在三年的科研中，教师们扎扎实实进行学习与实践，不断地研究积累了丰富的教育案例，并逐渐形成了幼儿园的园本课程，并在这一过程中凸显了幼儿园的"创意阅读与多元表达"特色。幼儿多元表达能力的提高，使家长们看到了孩子现阶段的成长以及对一生成长的价值，对幼儿园的教育表示满意。来幼儿园参观学习的同行们对我园的研究表示认可和欣赏，开阔了同行的研究思路和视角，提供了更广阔的交流和发展的平台。我园的办园特色和课程特色逐渐凸显和形成，以图画书为载体的多元表达课程成为其重要标志。

——北京市西城区槐柏幼儿园园长　申桂红　张静

第七章 提升园长组织和 开展课程评价的能力

一项针对一级一类幼儿园教育评价现状的调查表明，园长们普遍认为课程评价的进行有相当大的难度："太难了，没有做"，"大的原则是知道的，但具体怎么做不知道"。十几年已经过去了，不少幼儿园也开始尝试进行课程评价的探索与实践，尽管取得了一定的成绩，但仍然困难重重，效果也不甚理想。影响因素多、操作难度大、缺乏可参考的课程评价方案等都是其中的原因。但是，组织和开展课程评价，是园长课程领导的重要内容，也是园长课程领导力提升的重要目标。这就需要园长深刻理解课程评价的意义、内涵与类型，明确课程评价方法的选择与确定，熟悉课程评价工作的组织方法与策略，真正具备组织和开展课程评价工作的能力。

一、幼儿园课程评价的重要意义

课程领导力不是行政领导力，而是专业领导力。这种专业领导力不仅体现在园长对课程目标、内容、实施的理解上，更体现在园长对课程评价的领导与组织上。园长课程领导力的全面提升，必须包含领导和组织课程评价能力的提升。

课程评价的根本目的是通过对课程的诊断，了解课程的适宜性、有效性，为修整、调整和完善课程乃至推广课程提供科学依据，最终目的是促进幼儿的全面发展，提高幼儿园教育的质量。因此，课程评价对于提升幼儿园课程质量、保证幼儿的健康和谐成长、促进教师专业发展有着重要的价值和意义。课程评价是对课程理念、课程目标、课程内容、课程实施、课程外部支持与保障等课程要素的审视和反思，是对幼儿园课程的全面监控和考察，也是园长课程领导力的重要内容。可以说，课程评价能力是园长课程领导力内在的应有之义，也是课程领导力提升的重点和难点。

(一)课程评价有助于实现课程的基本功能，促进幼儿的成长与发展

从根本上来说，一切评价都应当围绕学习者的发展而进行，幼儿园课程评价的最终目的是促进幼儿的学习与发展。因此，在实际的课程评价实践中，儿童发

展与学习评价是其中重要的内容之一。在课程评价中，我们通过儿童学习与发展评价来剖析课程目标的达成程度和课程的适宜性与合理性，并进行适时的调整与改进。因此，适宜而有效的课程评价不仅将幼儿的学习与发展作为重要内容，还将促进幼儿的学习与发展作为其根本目的。

（二）课程评价有助于促进教师专业素养和能力的提升

课程评价的另外一个重要内容是教师教育教学活动评价。教育教学活动是幼儿园和班级对幼儿施加教育影响的基本途径。作为教育教学活动的主要参与者，教师的观念与行为，对教育教学活动目标、内容、方法及策略的选择与指导等都会对幼儿产生全方位、多方面、持久性的影响。通过对教师在课程实施中的观念、教育行为、教学方式与策略，师幼互动等多方面进行评价，总结教师的积极经验和待改进的问题，从而帮助教师丰富专业知识、提升专业素养，增强专业能力，从根本上实现教师的专业化发展。

（三）课程评价是课程领导力的重要体现和实施途径

课程评价以各种形式贯穿并渗透于课程方案实施的整个过程中，包括实施前评价(需求评估、比较和选择课程)、实施过程评价(诊断与修订课程)与实施后评价(了解课程目标的达成程度、判断课程的成效)。其根本目的是对课程进行全方位的监控、管理和调整。因此，从其本质上来说，课程评价本身就具有课程领导和管理的含义，是课程内在的领导、管理、分析与诊断等。在课程评价的整个过程中，包括对课程方案的评价、实施过程的评价以及课程效果的评价，时时处处都渗透着对课程的管理与监督。

课程评价的不同形式也都从不同的方面反映着对课程的领导与监控的思想。外部评价、结果评价等鲜明地体现为外在的对课程的领导和管理，是课程领导力的外在体现；而内部评价、过程性评价则更多地体现出课程管理的民主风格，是课程领导力的内隐方式。

无论从哪个层面上来说，作为课程评价的主体与参与者，园长都要重视课程评价的重要意义，地位和作用。课程评价具有诊断、调整、优化以及鉴定等多方面的功能，一方面，能够帮助园长检验或完善原有的幼儿园课程，或者开发和发展新的幼儿园课程；另一方面，也支持园长进行课程管理，做出影响课程的各种决策。更重要的是，课程评价是课程领导力的重要体现和实施途径。

二、幼儿园课程评价的功能、对象与类型

提到评价，人们就会将其与"判断""价值"等概念联系起来，课程评价也不例

外。"课程评价之父"泰勒把评价看作对课程目标实际达成程度的描述。而美国"教育评价标准联合委员会"(1981)对课程评价的定义是：对某一对象(方案、设计或者内容)的价值或优点所做的系统探查。概括来说，课程评价就是以一定的方法、途径对课程的计划、活动过程以及结果等有关问题的价值或特点做出判断的过程。幼儿园课程评价也不例外。要深入了解幼儿园课程评价，必然涉及评价的功能、评价的对象、评价的类型等问题。

(一)幼儿园课程评价的功能

所谓评价的功能，实际上是对"评价发挥什么样的作用"的描述和判断。随着人们对评价对象的逐渐深入，人们对评价功能的认识也随之扩展和深入。现阶段的评价已经并非仅仅承担诊断和选拔的功能，而是承担了更多的改进和提高教学的功能。评价不再仅仅是领导者或管理者进行管理和监控的工具，而是也可以被教师和学生所用，成为教师和学生用来改进和提高教学与学习的工具。总体来说，幼儿园课程评价的功能主要体现为以下四个方面。

第一，需要评估。即在课程计划拟订之前，先了解幼儿或社会的需要，并以此作为选择和建设课程的依据。此外，教师对进修的需要，幼儿对某一方面学习的需要等，都可以借助评价来完成。

第二，成效的判断。即全面了解一项课程或教学计划在幼儿园实施后会收到哪些成效。一方面包括对目标达成程度的了解，通过与预定目标的比较对照，判断其达成目标的程度；另一方面还包括对那些预定目标之外的效果的了解和把握。

第三，课程诊断与修订。即对课程方案或正在进行中的课程进行评价，找出其优缺点及成因，使课程得到不断的修订和完善，并从根本上促进幼儿的发展。

第四，课程比较与选择。即对不同幼儿园课程方案及其实施进行比较，从而发现它们在目标设置、内容组织、教学实施以及实际效果等方面的异同，并结合实际需要对课程做出选择。

(二)幼儿园课程评价的对象

评价的对象解决的是评价什么的问题。随着评价理论与实践的发展，人们对评价对象的认识越来越全面和深入，从初期的只以学生(幼儿)的学习结果为评价对象发展到涵盖更为全面而丰富的评价对象，包括对课程设计的评价、活动过程的评价、活动效果的评价等内容；从只关注对学生(幼儿)的评价发展为全面关注学生(幼儿)、教师、教材、环境的评价。课程评价的对象大大得到了扩展。幼儿园课程评价也顺应了课程评价发展的潮流，评价对象得到了丰富和扩展，不再仅仅关注幼儿的学习和发展结果，而是将幼儿的学习和发展过程、教师的教育行为、环境创设、教育活动设计、教师的反思等都列为幼儿园课程评价的重要内容。

 资料链接

关于课程评价对象的探讨

在课程评价对象得到扩展的同时，关于课程评价对象到底包括哪些内容或哪些要素，不同的学者持有不同的观点与看法。有学者从多元化的课程评价观出发，认为课程评价对象应包括课程实施、课程组织、幼儿发展、课程目标、课程参与者以及课程评价主体自身。还有学者认为，课程评价对象应当包括：课程方案评价、实施过程评价和课程效果评价，并改变我国幼儿园课程评价对象窄化的现状。有学者从大教育观出发，主张将幼儿园课程评价对象扩展到"幼儿园"之外。

一、多元化的课程评价对象

动态的多元化课程评价观要求幼儿园评价的内容应包括课程实施（主要是教学）、课程组织、幼儿发展（情况）、课程目标、课程参与者以及课程评价主体自身，尤其是后面四项常被忽视。

1. 幼儿发展。传统课程评价过分追求量化评价，抛弃了许多暂时无法定量而又极为重要的评价信息，重视幼儿的外在行为目标，忽视其内在的情感体验、兴趣需要及态度的培养。其后果便是幼儿园课程只重视幼儿的知识掌握程度，而忽视其心理情感及能力等方面的发展。幼儿园课程内容的选择就是本着能促进幼儿身体、认知、能力、社会性、情感等方面的全面发展，这决定了幼儿园课程评价的内容也应该包括这些方面的发展情况。况且，课程发展的一大趋势便是走向统整和开放，幼儿园课程的整合性和开放性也将加大，其不再只为发展某一些能力而进行某一些活动。

2. 课程目标。课程目标应纳入幼儿园课程评价的内容。在传统课程评价中，课程目标是制定评价标准的重要依据，是不容再被评价的。而泰勒的学生澳大利亚著名课程理论家惠勒(D. K. Wheeler)却提出"必须对课程目标本身进行评价"这一著名观点。他认为课程目标应该成为评价主体对课程进行评价的一个重要视角。诚然，课程是一个过程，若用一个静止不变的目标来评判一个处于发展中的过程，无异于刻舟求剑。因此，必须随时对课程目标进行评价、改进，才更利于整个课程的运转和发展。

3. 课程参与者。课程参与者也应成为幼儿园课程评价的内容。课程参与者主要指除了课程实施中的教师以外的包括参与幼儿园课程开发、编制、设计过程中的相关人员。对这些人员的评价，有利于从课程形成的起点（至少是操作起点）到课程发生影响这一整个过程作整体的和发展性的评价。

4. 课程评价主体。课程评价主体自身也应成为幼儿园课程评价的内容之列，这往往是最易被忽视的评价内容。事实上，课程评价者的知识水平、兴趣及价值观等直接关系到评价过程的效度和信度。

——史晓波，桂诗章. 多元评价视角下的幼儿园课程评价[J]. 江西教育科研，2007(6)：83

二、课程评价对象应当包括：课程方案评价、实施过程评价和课程效果评价

幼儿园课程评价内容应该包括三个部分：课程方案评价、实施过程评价和课程效果评价。当前，幼儿园课程评价对象的窄化，是一个普遍现象。人们往往只重视对幼儿学习结果和幼儿发展状况的测量和评价，并据此剖析课程目标的达成程度。幼儿园课程评价涉及的因素非常多，如政治经济背景、文化传统、教育观念等涉及的范围广，包括幼儿园所有的保育和教育活动，表现方式比较内隐，如教学目标的适宜程度、教师的教育观念态度、师生互动的质量等问题都没有明显的外部表现。再加上变量多，多重因素的关系交叉重叠，很难将一个因素从众多的变量中分离出来，操作起来难度很大，所以常常被幼儿园置之一旁。但评价作为一种反馈矫正程序，应畅通于课程发展的各个方面，这样才能使课程的发展成为一个不断完善的过程。虽然幼儿评价是课程评价内容的主要构成之一，但更重要的是还应将课程目标、内容、活动过程等一并看作评判的对象，才能全面准确地认识课程。

此外，无论是从文献来看还是从幼儿园实践来分析，国内幼儿园开展的课程评价主要还是集中在微观领域，系统、大型、长时间的课程评价研究为数甚少。从课程方案和课程实施方面的评价研究来看，一般仅拘囿于单一的幼儿园教育活动或一日活动范畴，有关幼儿园课程整体规划或课程整个运行过程的评价研究，为数甚少。

——虞永平，彭俊英. 对我国幼儿园课程评价现状的分析和建议[J]. 人民教育，2003(11)：23-24

三、课程评价对象应当扩展到"幼儿园"之外

以往我们所指的课程，常常指的是"幼儿园课程"，这样一种课程观是将在幼儿园中进行的活动视为幼儿经验的"生长点"，而对于幼儿园之外与儿童发生密切联系的各种场景视而不见。事实上，影响学生发展的不仅是学校，而且重要的是其赖以生长的各种环境，包括家庭和社区。后现代课程论专家舒伯特（Schubert）指出课程不是单数，而是复数（curricula），意在指明课程不仅是学校之中的教育活动与内容安排，而且包含与学生生活紧密相连的各种小环境，如社区也可能为幼儿提供相应的方案支持计划。笔者在参观温哥华、西雅图的中小学时，发现社区为学生提供诸多课程方案，如在森林公园、国家图书馆、生态景区等公共社区配备工作人员，这些工作人员有着丰富的教育经验，能根据不同年龄的儿童发展特点给予相应指导，可以说一个森林公园，一个生态景区，一个图书馆本身就是儿童教育的基地。

——姜勇，刘霞. 当前我国幼儿园课程评价存在的问题与对策[J]. 教育导刊：幼儿教育，2002(6)：7-9

（三）幼儿园课程评价的类型

幼儿园的课程可以有不同的评价类型，我们可以从评价在课程中发挥的作用来划分，也可以根据评价的主体来划分，还可以根据评价的方法和工具来划分。

1. 从评价在课程中发挥的作用划分

根据评价在课程中发挥的作用我们可以将评价划分为诊断性评价、形成性评价和总结性评价。这套序列性的评价体系最早由美国教育学家布卢姆提出。

诊断性评价在课程实施之前进行，强调的是课程评价的诊断意义，其目的在于诊断幼儿园课程开发和实施的状况，从而使课程计划及实施具有针对性和可行性。形成性评价贯穿于幼儿园课程实施的整个过程，强调对课程实施过程存在的问题及解决方式等各种资料的搜集，其目的是改进幼儿园课程实施的效果。因此又叫作"过程评价"。总结性评价往往在课程实施完成之后，它是对幼儿园课程整体的实施效果进行资料的梳理及分析，并决定在哪些方面对课程进行改进和完善。因此，总结性评价也叫"结果评价"，它与形成性评价往往相应而存。

上述三种评价方式不仅在世界很多国家受到重视，目前在我国的学前教育领域也逐渐得到大家的认可。作为课程实施者的幼儿教师已经意识到过程性评价以及诊断性评价对促进幼儿发展的重要意义，并将其有意识地运用到对幼儿的日常观察与指导过程中，原意运用发展和变化的眼光来看待孩子的每一个进步。

2. 从评价的主体来划分

从评价的主体来划分，我们可以将评价分为内部评价和外部评价。在内部评价中，课程开发者为评价主体，课程实施者参与其中，通过调查和测验等手段对课程计划和课程实施的效果进行鉴定，其主要用于形成性评价。目前，内部评价已经为广大幼儿园所使用。在幼儿园课程的开发及实施过程中，往往会预先考虑课程评价的内容，课程开发者及参与的幼儿教师都可以在课程的实施过程进行评价，充分发挥了评价者的主动性，并能够产生真实的评价效果。外部评价，是之前评价领域最常用的一种评价方式，也是我们在幼儿园最常见的评价方式。如上级行政领导评价教师的教学效果，学期末对幼儿各方面发展水平的测查等。由于外部评价的主体不是课程开发和实施者，而是除课程开发之外的人员，因此其着眼于课程实施结果对教育目标所达到的程度，主要用于总结性评价。

3. 从课程评价的工具和方法划分

从课程评价的工具和方法来看，评价又可以分为量化课程评价和质性课程评价。

量化课程评价，以科学实证主义作为其认识论基础，把复杂的教育现象和课程现象简化为数量，进而从数量的分析与比较中推断某一评价对象的成效。质性课程评价反对量化评价把复杂的教育现象和课程现象简化为数字的做法，力图通过对自然的调查，全面充分地揭示和描述评价对象的各种特质，彰显其中的意义，促进理解。事实上，二者并非完全对立，而是可以在评价的过程中进行有的放矢的运用。我们在进行幼儿园课程评价的过程中，可运用量化评价的方式评价一些简单的课程现象和教育现象，而在更多的情况下面对的是复杂的现象，尤其是教师和幼儿的发展都是一些难以量化的内容，因此可以采用质性评价的方式。

目前，随着幼儿园评价方式多元化的发展趋势，质性评价越来越被幼儿园评价者所认可与采纳。质性评价具体的呈现方式有真实评价、档案袋评价等。真实评价打破以往虚空的评价方式，强调幼儿园评价必须落实到幼儿真实的生活情境之中，其目的在于帮助幼儿积极地应对真实生活中的各种问题。教师要详细真实地记录幼儿的学习过程和相关信息，通常以轶事记录、教师观察笔记及幼儿作品集锦等具体形式进行。档案袋评价也是目前不少国际幼儿园采用的一种评价方式，档案袋评价不仅强调教师要详细真实记录幼儿的发展过程，也注重对幼儿发展关键点的筛选与判断。只有那些具有价值的内容才会被放进档案袋中，因此，档案袋的建立过程不仅让教师学会了如何判断幼儿的进步，同时也为幼儿提供一个学习发现自我、确立自我动机以及展开自我创造的机会。

综上所述，上述三种分类方法使用了不同的标准，一种分类方式并不一定能涵盖所有的评价形式，而且各个类型之间并非相互排斥，而是可以彼此相容的。因此，幼儿园在选择课程评价类型时可结合自身的实际情况，进行有针对性地选择与运用。如果幼儿园要对课程进行诊断和修订，那么诊断性评价、过程性评价以及内部人员评价就可以作为主要的评价方式；如果幼儿园课程评价突出对目标达成程度的了解及成效的判断，那么总结性评价、外部评价便可作为主要的评价手段。所以，幼儿园在开展课程评价工作时，要根据评价目的与评价对象的不同特点，选择适当的评价方法，从而获得全面准确的评价信息。

三、幼儿园课程评价的原则

课程评价是幼儿园课程领导和管理工作的重要组成部分，其重要性、功能、类型等在前面进行了诸多阐述，已经不言而喻。具体到每个幼儿园的课程评价工作来说，还是有一些基本原则需要遵循的。

(一)功能多样性原则

课程评价的原则必须结合课程评价的功能来谈。就像前面我们所论述的，课程评价有多种多样的功能，包括需求评估、课程诊断与改进、成效判断、课程比较与选择等。具体到幼儿园的课程评价工作来说，当我们想要计划、引进或实施某项课程时，我们应当首先了解幼儿的发展需求或者园所的发展目标与方向，并以此作为课程开发的直接依据。而此时，课程评价发挥的功能就是需求评估。对于不同幼儿园正在开发或形成的园本课程，我们就可以通过多种评估方式，如课程审议、教师及幼儿发展评价等找出课程的优点与待改进之处，为修订课程提供建议。经由这种反复的过程，园本课程会达到尽可能完善的水平。再比如，当我们在考虑幼儿发展需求及园所需求的基础上实施某项课程之后，想要知道课程究竟达到了哪些成效，那么我们就可以通过评价了解幼儿的发展、教师的成长以及园所的变化及影响力等，并与之前进行比较与分析，从而得出对课程成效的全面判断。

因此，幼儿园应当明确评价的各种不同功能，并根据自身的需求开展不同形式的评价，让评价更好地为幼儿发展、教师发展及园所发展服务。

(二)评价主体多样性原则

当前，在世界课程评价领域中，评价主体的多元化和对自我评价的重视已经成为现在教育评价的重要标志之一。作为评价主体的评价者，从理论上来说应该包括不同类型的人员，如课程专家、管理人员、幼儿及家长等，特别是第一线的教师。因为评价的功能不仅是对课程实施结果的考察，还有对课程进行诊断、比较、修订等多项功能。作为课程实施主体的教师，如果能通过参与评价，了解课程发展过程的全貌，深入理解课程的性质与目标，进而采取有效的方法完成课程规定的各项任务，这是十分有益的。① 因此，一定要赋予教师参与和进行课程评价的权力，发挥课程评价的自我管理、自我评价、自我诊断、自我改进的功能。

但反观我国幼儿园课程评价的现状，评价主体单一，多重主体参与的评价并没有实现，尤其是对教师的"单向性评价"仍然是评价的主要形式，被评价对象的自我评价没有得到应有的重视。教师不仅接受管理者的评价，同时也可以进行自我评价，以及对管理者进行评价。而他人评价也不仅仅是相对意义上的他人，家长以及专家、领导者、社区工作人员等其他人士都可以是评价的主体，都可以参与评价。

（三）诊断和改进性原则

幼儿园课程评价还有一个非常重要的原则需要遵循，那就是诊断与改进性原则。前面我们也曾论述到，幼儿园课程评价承担着许多功能，包括需求评估、成效判断、课程比较与选择、课程诊断与改进等。在这些众多的功能中，课程诊断与改进是课程评价的最基本也是最为显著的一个功能。为什么这么说呢？因为，幼儿园课程评价的重要目的不是在于要得出一个确定的结果，对幼儿的发展或教师的教育做一个优劣的评判，而是更多地要发挥一种积极的促进和改善作用，也就是所谓的诊断和改进功能。它要诊断幼儿学习和发展过程中的问题，诊断教师教育中的问题，并且在此基础上进行不断地调整与改进，以达到促进幼儿学习与发展、提升教师的专业素养与专业水平的效果，并从根本上提高幼儿园的教育教学水平。

四、幼儿园课程评价的组织方法与策略

每个幼儿园都有课程。课程的效果究竟如何？是否促进了幼儿的学习与发展？是否有助于教师的专业化发展和成长？是否符合幼儿园的实际情况和需要？这些问题都需要通过课程评价来回答。那么，园长如何组织和开展幼儿园的课程评价工作呢？大致可以参考以下的方法和策略。

（一）明晰幼儿园课程评价的需求

任何工作的开展都有其原因，幼儿园课程评价工作也不例外。为什么要开展课程评价？这个问题是园长在组织和开展课程评价工作之前首先要考虑的问题。

其实，课程评价的开展需要园长有整体的感知和考量。如，某所幼儿园计划

---

① 虞永平，彭俊英. 对我国幼儿园课程评价现状的分析和建议[J]. 人民教育，2003 (11).

引入某项特色课程，那么就要首先就要做一下调查，比如，问卷或者访谈，了解孩子在发展方面是否有这方面的需求；了解该项特色课程与幼儿园已有的课程之间有什么关系，是否会有交叉或冲突，如何协调二者之间的关系；了解该项课程是否会影响教师的日常教学，对教师专业发展有何促进作用等，这都是课程评价需要考虑的内容。

再如，幼儿园在实施某项特色课程之后，究竟有哪些成效？又如何评判？那么我们就可以通过评价幼儿及教师的发展来实现，在实施该课程之后，测查幼儿在语言、社会性交往等方面有何提升，了解教师在思想观念、教育教学技巧、师幼互动等方面有何进步，都属于课程评价的范围。这种评价不同于对目标达成程度的了解，而是对效果的全面把握，也包括对预定目标之外的效果把握。假如该项特色课程能够有效地促进家园之间的合作，同时又能够取得良好的社会效益，尽管这些不属于课程原来的目标，但属于课程所产生的实际效果，那么也归到课程评价的内容上。

再比如，某项特色课程正在实施过程中，那么课程评价的需求就是，了解该项特色课程究竟取得了哪些效果，又有哪些需要改进的问题，问题的原因又在哪里？如何改进等。此时，园长应当静下心来，认真思考，同时积极听取作为课程实施者的教师们的想法和建议，将问题明晰化，将解决方案确定化，这样才能不断地改进和完善课程。当然，这是一个不断反复和循环的过程，发现课程、解决问题，再发现问题，再解决问题……这都是课程评价所发挥的诊断与改进功能。

幼儿园到底该选择何种课程？哪种课程更适合自己的园所？这是每所幼儿园在发展过程中都必须考虑的问题之一。此时，幼儿园要做的就是对备选的课程进行比较，包括课程目标、内容、实施与评价等，从整体上评价其优缺点。当然，这种评价必须结合园所自身的特点和需求来开展，如幼儿园自身的理念定位是什么，想要培养什么样的人；幼儿园自身有何条件来实施想要选择的课程，如教师目前的素养和水平是否能够胜任、园所的场地和设备是否能够满足、家长在理念及行为上能否接受和配合等，都是选择和比较课程时园长必须考虑的问题。

总之，在开展具体的课程评价工作之前，园长有必要进行整体的考虑，同时多听取园内教师的想法和建议，共同明晰幼儿园课程评价的需求。只有在了解自身课程评价需求的基础上，才能进入到具体的课程评价工作之中。

（二）制定课程评价方案

在课程评价的目的明确之后，就要着手制定课程评价方案，即如何把目的细化为具体的目标，并且列出切实可行的方法。一般来说，课程方案的设计包括明确课程评价的目标、确定课程评价的对象、确定参与课程评价的人员、选择课程评价的方法、选择或制定相应的评价工具五个方面。

1. 明确课程评价的目标

评价的目标直接影响着课程评价方案的设计。每一个课程评价方案中应首先对评价目标进行简要、清晰的阐述。

课程评价目标的确定首先基于幼儿园对课程的需求，这与我们之前所介绍的课程评价的功能有着密切的联系。课程评价的目标无外乎有如下几种：需求评估、课程诊断与修订、课程比较与选择、对目标达成程度的了解及成效判断。因此，课程评价方案的制定需要谨慎地考虑幼儿园自身对课程的需求，但无论何种需求，其最终目的都是围绕人的发展来进行。关于这一点，我们可以从以下有关课程评价目的的资料中看出。

 资料链接

一、以班级为基点的幼儿园课程评价的目的

课程评价的主要目的是完善和改进原有的幼儿园课程。具体来说，一是完善原有课程，发展新课程，二是对课程实施管理，包括选择、推广课程和幼儿园教育质量鉴定。前者是站在幼儿园内部，对课程的价值进行判断、然后完善课程，后者是站在行政者角度对课程进行评价。

课程评价的最高目的是促进人的发展，即通过使幼儿经验不断增长实现幼儿的发展。课程目标、课程设计、课程内容、课程实施、课程评价等都是围绕幼儿经验的增长组织起来的。幼儿园课程评价作为课程开发过程中的反馈调节系统，必然是以促进幼儿发展为最高目的，这也是发展性课程评价的本质追求之所在。

除促进幼儿的发展外，课程评价还能促进教师、家长等一切和课程相关人员的发展。课程评价的过程可了解教师的教学能力，教学中存在的问题，教学后需要改进的地方，最终促进教师的专业发展。课程评价的过程也可提高家长对幼儿园活动的参与意识，增进家长对幼儿园教育活动的认识和育儿知识，促进幼儿园的家园共育，最终促进幼儿园的课程发展。

——朱晓梅. 以班级为基点的幼儿园课程评价研究[J]. 中国优秀硕士学位论文全文数据库，社会科学Ⅱ辑，2011(S1 期)

二、多元文化课程评价的目的

1. 关于幼儿园多元文化课程评价

"课程评价是研究课程价值的过程，是判断课程在改进学生学习方面的价值的哪些活动构成。"课程评价在整个教育系统中占有十分重要的地位，是课程研究和课程改革必不可少的环节。幼儿园多元文化课程是指以肯定文化多元为前提，合理选择、整合多元文化资源以满足所有幼儿的发展要求，旨在消除歧视和偏见，促进社会正义的一种课程形态。澳大利亚的幼儿园多元文化课程评价主要看课程是否反映澳大利亚是一个多元文化社会，是否体现文化多元的价值倾向，是否提供幼儿得到与分享的体验，是否利于培养不同文化背景幼儿之间的友好行为等。

2. 澳大利亚多元文化课程评价理念

澳大利亚幼儿园多元文化课程评价得到了联邦、州政府和幼儿园的高度重视，且贯穿于幼儿园课程发展的全过程，是一种持续的发展性评价。澳大利亚幼儿园多元文化课程评价旨在更好地促进不同文化背景下幼儿的和谐发展，并以人的终身发展为导向；促进幼儿对多元文化社会的认识，关注对多元文化理解与适应，强调幼儿对身边事物的感受、体验和积极探索，关注师幼互动在多元文化课程建设中的价值。澳大利亚多元文化课程面向所有澳大利亚人，无论是土著人、盎格鲁-撒克逊人或来自非英语国家背景的人，也不管他们是出生在澳大利亚还是海外。

——王俞. 澳大利亚幼儿园多元文化课程评价模式的启示与思考[J]. 教育艺术，2012(9)：159-160

2. 确定课程评价的对象

幼儿园课程评价对象可以分为三个方面：一是课程方案。二是课程实施过程。三是课程实施效果。

倘若要具体到特定的课程评价对象，那么就需要根据不同的课程评价目的来确定评价的范围。如果评价的目的是了解某项课程方案是否适合幼儿园，那么评价的对象就聚焦在课程方案上。如课程方案是否依据了科学原理或理论、课程结构是否合理、各个课程要素是否高度一致并符合原先的指导思想等。如果评价的目的是了解课程实施过程中的问题并加以改进，那么评价的对象就聚焦在幼儿在课程中的反应（主动性、参与程度、情绪等）、教师的态度与行为（对儿童的控制程度、管理方式、教育机制和技巧等）、师生互动的质量、学习环境（条件和利用方式等）等方面。如果评价的目的是对课程成效的判断，那么评价的对象就聚焦在儿童学习后的发展状况、发展状况与课程目标的符合程度、产生的非预期结果、教师的变化和提高等方面。①

3. 确定参与课程评价的人员

课程评价的人员也即参与课程评价的主体。从理论上来说，课程评价应该吸纳各种不同类型的人员（如课程专家、管理人员、幼儿以及家长等）的参与，特别是开展教育实践的教师的加入。对于教师而言，亲身参与评价能够帮助他们窥探课程发展过程的全貌，深入理解课程的性质与目标，进而采取有效的方法完成课程所规定的各项任务，是非常有必要的。反观我国幼儿园课程评价现状，基本上还是一种自上而下的"单向性评价"，即由领导对教师、对幼儿的单向评价，评价主体单一，被评价对象的自我评价没有得到应有的重视。而在世界课程评价领域中，评价主体的多元化和对自我评价的重视已经成为现代教育评价的重要标志之一。

4. 选择课程评价的方法

在确定了课程评价目的、评价对象之后，就需要选择相应的方式方法来开展课程评价。

以诊断性评价、形成性评价和总结性评价的运用为例，如果课程评价的目的是了解课程方案的可行性与合理性，评价的对象就是即将实施的课程方案，那么评价的方式就可以采用诊断性评价，如了解园所及幼儿和教师的发展需求、考察课程开发和实施的设备状况等，从而使课程方案更加具有合理性与可行性。如果课程评价的目的是诊断和改进课程，那么课程评价的方式就可以采取形成性评价，考察并收集课程实施过程中存在的优缺点的资料，并作为改进和完善课程的依据。如果课程评价的目的是了解课程对目标的达成程度或者对课程进行成效的判断，那么就可以采用总结性评价的方式，收集课程实施结束后的资料，并进行整体的判断。

再以量化评价和质性评价的运用为例。如果评价的目的是判断课程计划对课程目标的达成程度，将课程目标作为评价的标准，那么就较多地采用量的研究方法，强调通过具体的数学统计、运算和量化分析，进而从量的关系上对课程进行判断。如果评价课程评价目的是对实施中的课程进行诊断和改进，注重计划和实施的全过程，那么可以采用量化评价和质性评价相结合的方式。如果课程评价注重的是评价者、被评价者、教师与幼儿等共同建构意义的过程，那么评价多采用质的研究方法。

总的来说，课程评价方法需要结合课程评价的目的、对象以及评价主体进行

---

① 冯晓霞.幼儿园课程[M].北京：北京师范大学出版社，2001：114.

综合的考虑和灵活的运用。这一点需要评价者结合实际的情况进行准确的判断与选择。

5. 选择或制定相应的评价工具

在课程评价的方法确定之后，就需要考虑选择何种评价工具。评价工具的选择和运用需要充分考虑评价目的、评价对象、参与评价的人员及对应的评价方法。

在幼儿园课程评价中，经常使用的评价工具可以分为两大类：一类是成人评价工具，其对象是学前教育行政管理人员、幼儿园领导、教师和其他工作人员等；另一类是幼儿评价工具，其对象是所有学龄前的幼儿。一般来讲，成人评价工具可以用书面测验，而幼儿评价工具则较少用书面测验。幼儿评价工具中观察、谈话等方法比成人评价工具中观察、谈话技术适用的场合要多，但这不是绝对的。譬如，我们评价幼儿教师的能力、兴趣、态度等方面时，书面测验常常难以奏效，这时便可以采用以观察等为主的技术。[1] 成人评价工具的种类一般有测验、客观评定（打分、等级）等，幼儿评价工具的种类一般有测验、观察、谈话、个案研究法、投射法及表现性评价等。

总的来说，一个完整的评价工具应当包括：评价项目、评价标准、评价方法、评价结果的呈现方式等部分。在考虑选择评价工具的时候，可以参考相应的研究成果，也可以咨询相关专家。

（三）实施课程评价

不同的课程评价观会影响我们采用不同的课程评价模式或课程评价方案，但评价过程中要解决的一些基本问题和基本步骤则是所有评价模式或评价方案都必须面对的问题。幼儿园在进行课程评价时，也要经历如下几个步骤。

第一，理解目标。即课程评价人员要确定他们要评价什么，并由此决定如何设计评价方案。在这一阶段，课程评价人员要详细说明评价的目的，要识别评价是在哪些政策和限制条件下进行的，要决定评价在哪个课程范围（如整个课程计划，还是某个课程领域，等等）中进行以及如何安排评价的时间，等等。

第二，收集信息。在这一阶段，课程评价人员要确认评价所需的信息，并且采取适宜的方法收集这些信息。

第三，组织材料。课程评价人员要对所搜集到的信息进行编码、组织、储存

---

[1] 霍力岩，潘月娟，黄爽等. 学前教育评价（第3版）[M]. 北京：北京师范大学出版社，2015：216.

和提取，使之有效地运用于评价。

第四，分析材料。课程评价人员要选择和运用适当的分析技术，对经由处理的材料进行归纳、整理和分析。

第五，报告结果。评价者要决定评价报告的性质，并注意到该报告的读者是谁。评价者的报告可以是非正式的，也可是正式的；可以是描述性的，也可以是数据分析的。①

（四）对课程评价的元评价

课程评价的元评价是对课程评价方案进行检验，是对课程评价本身的内省和思考。

所谓元评价就是对评价的评价，以向评价者指出他们的评价工作中存在的问题、出现的偏差和蕴含的片面观点，以及这些不足的性质和原因，并估计这些不足的影响程度，提出改进的策略和建议。如果评价本身非常重要，那么某种形式的元评价就必须进行。② 因此课程的元评价，其目的是改进评价的方法和过程本身，使得评价能够更加科学、合理与适宜。

那么，我们如何开展元评价工作呢？元评价的内容和范围很广，包括对以下内容的评价：评价目的、评价对象、评价程序和方法（包括评价技术）、评价结果、评价者的选择、评价的组织与培训（评价制度），评价为谁服务（包括评价者与评价听取人的关系）、评价的理论基础、对评价工作所开展的研究等。对于幼儿园来说，对课程评价的元评价可主要考虑以下内容：评价是否准确可靠、评价是否实用和可行、评价的理论基础是否正确和科学、评价的结构和功能是否完整、评价的框架体系是否完善、评价使用的方法是否合理。对课程评价本身的元评价的方法和程序与课程评价有诸多相似之处，可以参考相关方法和程序进行。

需要注意的是，元评价需具有以下四类特点：实效性、可行性、适宜性、准确性。其中，实施时间是制定元评价计划中应考虑的最重要问题之一。如果把元评价放在评价之后，将为时太晚，对课程所发生的影响将很有限。因此，应尽量从评价一开始就筹划进行元评价。

综上所述，课程评价是教育活动的基本反馈机制，是深化课程改革、提高教

---

① 施良方. 课程理论——课程的基础、原理与问题[M]. 北京：教育科学出版社，1996：167.

② 中央教育科学研究所. 简明国际教育百科全书·教育测量与评价[M]. 北京：教育科学出版社，1991：65-67，90-93.

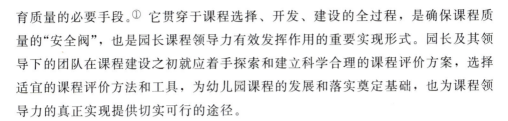

育质量的必要手段。[①] 它贯穿于课程选择、开发、建设的全过程，是确保课程质量的"安全阀"，也是园长课程领导力有效发挥作用的重要实现形式。园长及其领导下的团队在课程建设之初就应着手探索和建立科学合理的课程评价方案，选择适宜的课程评价方法和工具，为幼儿园课程的发展和落实奠定基础，也为课程领导力的真正实现提供切实可行的途径。

 资料链接

可参考的评价模式

一、目标评价模式

目标评价模式是在泰勒的"评价原理"和"课程原理"的基础上形成的。"评价原理"可概括为七个步骤：①确定教育计划的目标；②根据行为和内容来界说每一个目标；③确定目标使用的情境；④设计呈现情境的方式；⑤设计获取记录的方式；⑥确定评定时使用的计分单位；⑦设计获取代表性样本的手段。泰勒的评价原理是以目标为中心而展开的，它是针对 20 世纪初形成并流行的常模参照测验的不足而提出的。在这一评价原理的基础上，泰勒提出更为有名的"课程原理"。"课程原理"的四个步骤为：①确定课程目标；②根据目标选择课程内容；③根据目标组织课程内容；④根据目标评价课程。我们可以看出，确定课程目标是最为关键的一步，其他所有步骤都是围绕目标而开展的。

目标评价模式强调要用明确的、具体的行为方式来陈述目标，评价是为了找出实际结果与课程目标之间的差距，并可利用这种信息反馈作为修订课程计划或修改课程目标的依据。由于这一模式既便于操作，又容易见效，所以在很长时间里在课程领域占主导地位。但是，如果评价以目标为中心，那么目标的合理性如何判断。在对目标评价模式进行批判的基础上，逐渐形成了以下几种评价模式。

——施良方. 课程理论：课程的基础、原理与问题[M]. 北京：教育科学出版社，1996：155-156

二、目标游离评价模式

目的游离评价模式由斯克里文提出。他认为，课程评价者应该关注课程计划的实际效应，而非预期效应，即原先确定的目标。他认为，目标评价模式只考虑到预期效应，忽视了非预期的效应。有些课程计划以典型的方式来实现其目标，

---

① 虞永平，彭俊英. 对我国幼儿园课程评价现状的分析和建议[J]. 人民教育，2003 (11).

同时也带来了某些极为有害的副效应；有些课程计划在达到预期结果方面效果不佳，但也带来了重要的非预期效果。因此他主张采用目的游离评价的方式，把评价的重点从"课程计划预期的结果"转向"课程计划实际的结果"上来。评价者不应受预期的课程目标的影响。[①] 评价的指向不应该只是课程计划满足目标的程度，而且更应该考虑课程计划满足实际需要的程度。严格地说，目的完全"游离"的评价是不存在的，目的游离评价不是一个完善的模式，因为它没有一套完善的评价程序。将其称为评价的原则也是有道理的。

——施良方. 课程理论：课程的基础、原理与问题[M]. 北京：教育科学出版社，1996：156-157

三、CIPP 模式

CIPP 模式是用四种评价方式的第一个英文字母命名的，即背景评价（Context evaluation）、输入评价（Input evaluation）、过程评价（Process evaluation）和结果评价（Product evaluation）。这种模式最早是由 Daniel Stuffle-beam 和 Egon Guba 提出来的。

CIPP 模式的提倡者认为，评价是为做出某种决策而描述、获得和提供有用信息的过程。"评价最重要的目的不是证明，而是改善。""评价是作为一种工具，用它来帮助人们把教学计划做得更好"。CIPP 模式强调的是为决策者提供改进教学计划的依据，使具体的课程方案更加符合实际，而不是简单地评价一个课程方案的好与不好。

CIPP 模式分为四种评价决策类型：确定目标的计划决策，设计教学程序的建构决策，运用、管理和改善程序的实施决策；对结果进行判断和反映的再循环决策（recycling decisions）。

CIPP 模式主要围绕着为决策者提供信息进行评价。这种评价是对教育过程进行全面的评价，因而可以比较准确地了解课程在哪些方面是恰当的，在哪些方面还存在问题。由于研究者的主要目的不在于对课程做出最终的判断，而是为课程的决策者提供有用的信息，所以，研究者可以用一种比较客观的眼光来看待评价对象，尽可能全面地描述和分析研究对象的特征，为教育决策者提供更有效的信息。

——林智中，马云鹏. 课程评价模式及对课程改革的启示[J]. 教育研究，1997，9：33-34

---

① Stecher, R. E. The Contenance of Educational Evaluation[J]. Teachers College Record，1967(68).

四、CSE 评价模式

CES 评价模式是以美国洛杉矶加利福尼亚大学评价研究中心(Center for Study of Evaluation)命名的一种评价模式,该中心自 20 世纪 60 年代后期以来一直在研究和推广这一评价模式。

CSE 评价是一种较为实用的评价模式。它包括四个活动阶段:(1)需要评价,自我发展需要评定,找出预期得到的与预期不想得到的东西之间的差异,也就是"问题的选择";(2)选择计划,就是对各种可供选择的计划在达成目标方面的有效性和成功的可能性之间做出评价;(3)形成性评定,指发现课程计划在教育过程中成功与不足之处,以便随时修正某些偏离目的的地方,从而保证目标的达成,是计划的修正阶段;(4)总结性评定,指在经历上述几个阶段之后,对教育质量做出全面的评价和相应的判断,以确定课程计划是否推广或保留、修正或终止,是计划的批准或采纳阶段。

CSE 模式的目的是为课程计划改革服务,它将评价活动贯穿课程改革的全部过程,使评价的形成性职能与总结性职能得到了较好的统一,因此在课程评价中得到了广泛的运用。

——施良方. 课程理论:课程的基础、原理与问题[M]. 北京:教育科学出版社,1996:161

五、作品取样系统

作品取样系统——表现评价是档案袋评价的重要代表。近期在中国大陆出版的《作品取样系统——教室里的真实性表现评价》及《作品取样系统——3-6 岁儿童发展指引》由美国著名评价专家山姆·迈索尔斯等研究和提出,除了给我们提供了 3-6 岁儿童发展的基本指标外,对如何具体地收集、分析和解释学习者的作品提供了策略和途径。作者认为,作品取样系统是一种真实性表现评价,目的在于协助教师运用教室内真实的经验、活动与作品来记录并评价儿童的技巧、知识和行为。作品取样系统是一种融于课程的评价,通过儿童在解决问题、写日志、搭建积木、用各种素材绘图、进行实验或与同伴互动时所表现的所知所能,让老师更了解班上儿童。

作品取样系统的优点在于:

(1)增强学生的学习动机。它强调学生所能做的,而不是学生所不能做的;它让学生参与评价过程。

(2)增进教师对学生如何学的了解。它要求教师要记录与评价学生在多个领域上的成长与发展,以及学生多样化的学习风格。

(3)提供向家长报告学生进步情况的有效方法。它包含的信息是个别化的，专门针对每一个学生的。对家长而言这种内容是熟悉的，对他们也是有意义的。

(4)适用各种学生。适用的范围包括一般学生、特殊学生或不同文化、经济背景的学生。

(5)提供沟通与合作的机会。它以美国三岁到五年级的课程标准为基准，以三种相互重叠的记录方式，提供不同阶段或前后年级的教师一个共同的语言与标准，也提供教师、行政主管与家庭一个合作的机会。

——虞永平. 生活化的幼儿园课程[M]. 北京：高等教育出版社，2010：176-177

六、高瞻（宽）课程评价简介

持续评估是教育过程不可分割的一部分，为此，高宽课程提供了有效的评估工具和材料以便开展对儿童和项目的评估。高宽课程的设计者曾经说过："一个功能良好的评价儿童发展的工具可为父母和纳税人提供信息，让他们知晓对幼儿教育的哪些投资是物有所值的，同时为每一个关心儿童发展的人勾勒出儿童阿湛的各个维度。评价工具为早期教育和保育的目标提供了一个操作性的定义。"高宽课程的评估工具包括《儿童观察记录表》和《项目质量评估表》等。

《儿童观察记录量表》是高宽学前项目中用来评估儿童进步的工具。与许多其他传统的测验狭隘技能的评估体系不同，《儿童观察记录量表》重在评估发展适宜性教育项目中所倡导的广义的认知、社会情感和身体能力。《儿童观察记录量表》所展示出来的结果可以帮助教师和管理人员决定如何去改善项目，以使项目能够满足儿童的发展需求，同时满足群体中作为完整个体的儿童个性化需求。高宽课程的《项目质量评估量表》是一个有效的项目质量评估工具，共涉及七个关键领域：学习环境、一日流程、成人—儿童互动、课程计划和评估、家长参与和家庭服务、工作人员资格评定和专业发展以及项目管理。项目质量评估的结果可以用来反映实践的质量指标。

——安·S. 爱泼斯坦. 学前教育中的主动学精要——认识高宽课程模式[M]. 霍力岩等译. 北京：教育科学出版社，2011：14-15

七、北京市半日活动评优指标

北京市半日活动评优指标主要从生活活动、活动区活动、教学活动、户外活动、教育环境及综合评价6个方面对幼儿教师的半日工作进行详细而有针对性的评价。这实质上是对幼儿园课程的整体评价，其明确的指向性对于幼儿教师教育教学水平的提高，专业素养和专业能力的提升具有重要的意义。

2011 年北京市幼儿教师半日工作评优标准

区县　　　幼儿园　　　教师姓名　　　年龄班　　　日期　　　评委签名

评价标准	分值				
1. 生活活动	7—6	5—4	3—2	1	小计
1.1　有符合幼儿年龄特点的、科学合理的生活常规，各环节过渡自然流畅。					
1.2　保教结合，目标实施自然。					
1.3　幼儿有良好的生活卫生习惯和初步的自理能力，生活愉快、自主、有序。					
2. 活动区活动	7—6	5—4	3—2	1	小计
2.1　近期教育目标自然渗透在活动区，符合幼儿发展需要。					
2.2　能有目的地投放游戏材料，游戏材料体现丰富性和层次性。幼儿有充分的自主游戏时间和空间。					
2.3　教师关注幼儿的游戏情况，发现幼儿的需要，给予适时适度的、多种形式的支持和引导。					
2.4　幼儿游戏时积极、专注，情绪愉快，能遵守必要的游戏常规。					
3. 教学活动	7—6	5—4	3—2	1	小计
3.1　目标符合本班幼儿年龄特点和实际水平，具体明确。					
3.2　内容贴近幼儿的生活，幼儿感兴趣。					
3.3　过程层次清楚，突出重点、难点，体现本学科的核心价值。					
3.4　教师关注幼儿的学习过程，能做出及时有效的应答。					
3.5　幼儿积极、主动，思维活跃，在学习过程中有进步。					
4. 户外活动	7—6	5—4	3—2	1	小计
4.1　目标科学、明确、符合幼儿身体发展需要。					
4.2　活动材料丰富，具有趣味性、层次性、挑战性。					
4.3　活动安排科学合理，符合季节特点，强度、密度适宜。					
4.4　教师能够根据幼儿的不同发展水平，有目的地进行指导。					
4.5　幼儿在活动中积极、愉快，动作发展符合本年龄班应有的水平。					

续表

评价标准	分值				
5. 教育环境	7—6	5—4	3—2	1	小计
5.1 班级氛围民主、和谐，师生之间、幼儿之间关系平等、友好。					
5.2 环境的创设因地制宜，安全、合理。					
5.3 教师充分利用周边资源，为幼儿的生活、学习提供有效支持。					
5.4 幼儿参与环境创设，成为环境的主人，并在与环境互动中获得积极发展。					
6. 综合评价	7—6	5—4	3—2	1	小计
6.1 半日活动的设计与实施科学合理，符合《纲要》精神。					
6.2 各领域内容能有机结合，自然渗透，寓教育于一日生活之中。					
6.3 在日常工作中对幼儿进行观察，对幼儿的发展水平心中有数。					
6.4 关注幼儿的个体差异，因人施教。					
6.5 能够以有效的方式调动幼儿的思维，引导幼儿积极、有意义地学习。					
6.6 结合自身教育实践，能够有针对性地进行客观准确的反思。					
	11—8	7—4	3—2	1	小计
6.7 在半日活动中具有较高的职业素养和教育智慧。					
总分					

——北京市教育委员会学前教育处. 北京市幼儿园优秀半日活动集萃[M]. 北京：北京少年儿童出版社，2012：474

参考文献

[1]唐淑．中国学前教育史(第三版)[M]．北京：人民教育出版社，2015．

[2]冯晓霞．幼儿园课程[M]．北京：北京师范大学出版社，2001．

[3]施良方．课程理论：课程的基础、原理与问题[M]．北京：教育科学出版社，1996．

[4]李敏谊，周晶丽．幼儿园园长作为课程领导者的历史与变迁——基于北京市某园长课程领导实践的个案研究[J]．学前教育研究，2014(12)．

[5]邓大龙，洪劬颉．中小学校长课程领导力研究述评[J]．江苏教育研究，2015(7)．

[6]王利．学校课程领导研究[D]．兰州：西北师范大学博士学位论文，2007．

[7]肖云，钱军平．新课程背景下中学校长课程领导力探究[J]．长江师范大学院学报，2012(8)：50-54

[8]郭大伟．校长校本课程领导力研究——对上海市若干中小学的实证调查[D]．上海：华东师范大学硕士学位论文，2009．

[9]李永培．校长课程领导力与学校发展[J]．中小学管理，2011(2)．

[10]陈水英．校长课程领导力与教学有效性的相关性研究[D]．上海：华东师范大学专业硕士学位论文，2010．

[11]王旭阳．校长课程领导力研究[D]．沈阳：沈阳师范大学硕士学位论文，2014．

[12]徐向东．校长课程领导力提升的着力点[J]．思想理论教育，2011(10)．

[13]唐德海．校长课程领导力考量的六个维度[J]．现代中小学教育，2013(1)．

[14]杨立国．校长课程领导力建设：从观念到行动[J]．中小学管理，2009(9)．

[15]张瑜．校长课程领导力的研究——以上海市青浦区第一中学为例[D]．上海：上海师范大学硕士学位论文，2012．

[16]夏心军．校长课程领导力：学校特色发展的应然选择[J]．教育理论与实践，2012(5)．

[17]孙向阳．校长课程领导力：从"个力"走向"合力"[J]．江西教育科研，2007(11)．

[18]陈明宏．校长课程领导的研究[D]．上海：华东师范大学博士学位论文，2007．

[19]余进利．五向度课程领导框架的构建[D]．上海：华东师范大学博士学

位论文，2005.

[20]郭雄. 试论校长课程领导力[J]. 上海师范大学学报（基础教育版），2009(6).

[21]周洪飞. 上海市提升幼儿园课程领导力的行动与研究[J]. 幼儿教育，2013(7、8).

[22]谭一琪. 上海市民办中小学校长课程领导力研究[D]. 上海：华东师范大学硕士学位论文，2013.

[23]喻梦洋. 普通高中校长课程领导力个案研究[D]. 开封：河南大学硕士学位论文，2014.

[24]叶娅. 角色理论视野下的校长课程领导力研究[D]. 新乡：河南师范大学硕士学位论文，2013.

[25]罗丽，洪秀敏. 园长领导力的现状调查与分析[J]. 幼儿教育（教育科学），2012(7、8).

[26]罗德. 早期教育中的领导力[M]. 郭良菁等译. 上海：华东师范大学出版社，2007.

[27]姜美玲，陈静静，吕萍. 学校内涵发展中的校长领导力[J]. 全球教育展望，2010(8).

[28]徐兰. 民办幼儿园园长园本课程领导权力研究[D]. 重庆：西南大学硕士学位论文，2013.

[29]陈懿婷. 私立幼儿园园长领导力现状分析——以长春市五所私立幼儿园为例[D]. 长春：东北师范大学硕士学位论文，2010.

[30]高敬，王梳园. 台湾幼儿园园长课程领导力指标研究[J]. 上海教育科研，2016(1).

[31]冯慧. 幼儿园园长课程领导策略的个案研究[D]. 重庆：西南大学硕士学位论文，2013.

[32]冀蒙. 幼儿园园长变革型领导行为及其影响因素研究[D]. 重庆：西南大学硕士学位论文，2014.

[33]田丽飒. 对幼儿园园长课程管理行为的研究——以上海市幼儿园园长为例[D]. 上海：华东师范大学硕士学位论文，2011.

[34]白芸. 如何提升园长的课程领导力[J]. 福建教育，2013(11).

[35]林剑萍. 园长的课程领导力[J]. 福建教育，2013(11).

[36]李朝辉. 从管理走向领导 小学校长课程领导的个案研究[M]. 沈阳：辽宁人民出版社，2014.

[37]王段霞. 园长课程领导的现状与策略研究[D]. 上海：华东师范大学硕士学位论文，2008.

[38]陈雪. 园长课程领导力现状调查研究——上海市Y区为例[D]. 上海：上海师范大学硕士学位论文，2015.

[39]邹鲁峰. 幼儿园园长课程领导力的个案研究[D]. 南京：南京师范大学硕士学位论文，2011.